网络视听系列教材

网络主播

中国网络视听协会　编著

中国广播影视出版社

图书在版编目（CIP）数据

网络主播 / 中国网络视听协会编著 . -- 北京 : 中国广播影视出版社 , 2025. 5. -- (网络视听系列教材).
ISBN 978-7-5043-9363-0

Ⅰ . F713.365.2

中国国家版本馆 CIP 数据核字第 2025D6E014 号

网络视听系列教材

网络主播

中国网络视听协会 编著

出 版 人 纪宏巍
责任编辑 王丽丹
封面设计 高　兴
内文设计 周雨阳
责任校对 马延郡

出版发行 中国广播影视出版社
电　　话 010-86093580　010-86093585
社　　址 北京市西城区真武庙二条 9 号
邮　　编 100045
网　　址 www.crtp.com.cn
电子信箱 crtp8@sina.com

经　　销 全国各地新华书店
印　　刷 鸿博昊天科技有限公司

开　　本 787 毫米 ×1092 毫米　1/16
字　　数 260（ 千 ）字
印　　张 19
版　　次 2025 年 5 月第 1 版　2025 年 5 月第 1 次印刷

书　　号 ISBN 978-7-5043-9363-0
定　　价 96.00 元

网络视听系列教材

网络视听系列教材

《网络主播》

主　　审　魏开鹏

副主审　尤　晓　陈金琳　余　力

主　　编　李洪岩

副主编　李晨溪

编写成员　（按姓氏笔画排序）

王小康　王亚囡　刘　丹　闫中华　毕瀚文

陈　婧　张　超　张耀元　苏　娜　林怿洵

孟湛东　姚　敏　高婉君　高嘉悦　褚　彦

总 序

聂辰席

近年来，网络视听迅猛发展，截至 2024 年 12 月，我国网络视听用户规模达 10.91 亿，网络视听已成为“第一大互联网应用”，在巩固壮大宣传思想阵地、丰富人民群众精神文化生活、助力网络强国建设和经济社会发展方面发挥着越来越重要的作用。在这样的背景下，网络视听的社会责任越来越大，实现高质量发展的紧迫性也越来越强。这对网络视听行业人才队伍建设提出了新的更高要求。因此，编写一套规范、专业、权威、实用的网络视听教材，既是学习贯彻习近平文化思想的具体举措，也是网络视听行业人才培养的迫切需要，对于推动网络视听行业高质量创新性发展具有重要意义。

网络视听系列教材在国家广播电视总局网络视听节目管理司指导下，围绕强化从业人员的思想引领、守正创新、专业熏习和业务能力提升，由中国网络视听协会牵头组织编写。其最大的特点是讲政治。教材是重要的意识形态阵地，属于思想政治范畴，必须突出政治性、思想性。教材坚持以习近平新时代中国特色社会主义思想为指导，坚定拥护“两个确立”，坚决做到“两个维护”，深入学习贯彻习近平文化思想和习近平总书记关于网络强国的重要思想，全面贯彻落实党的二十届二中、三中全会精神，深入落实广电总局《全国广播电视和网络视听“十四五”人才发展规划》“加强视听新媒体人才培养，建立完善网络视听从业人员教育培训机制”相关要求，坚持正确的政治方向、舆论导向、价值取向，坚持以人民为中心的创作导向，坚持推动习近平新时代中国特色社会主义思想在网络视听行业落地生根。

网络视听系列教材具有很强的政策性。教材坚持围绕中心、服务大局，及时传播党中央声音，宣介行业政策法规，努力把党和政府的部署要求转化为网络视听行业的实际行动。整套教材致力于多方面呈现网络视听政策解读、管理要求、行业标准、工作部署等相关内容，充分展示行业发展的宝贵经验，为广大使用者和读者提供有价值的全景式信息。

网络视听系列教材具有很强的实用性。目前主要编写的是基础教材，包括《网络视听概论》《网络视听节目内容审核》《网络视听节目策划与制作》《网络视听业务运营》《网络主播》《网络视听应用技术基础》六个分册，旨在成为行业的技能知识读本、岗位的操作指南、从业人员的规范手册、行业管理部门的审核标准、职业技能等级和职称的认证依据、网络视听创业人员的入行门径。整套教材注重规范性，既讲网络视听是什么、做什么、怎么做，又讲怎么做得出新出彩。对网络视听中一些模糊的、边缘性的内容也都力求讲清楚，明晰网络视听的关联和边界。

网络视听系列教材具有很强的知识性。作为社会各界了解网络视听行业的知识读本，教材以富有“网感”的内容、创新的网络思维、新颖的数据化视角、立体的案例解析，系统梳理总结十余年来网络视听的实践和发展；依托相关主管部门、头部企业、研究机构等的实际经验，从多维度全面展示网络视听行业现状特点、前沿趋势、价值愿景，内在结构和逻辑，为广大读者提供了丰富的网络视听业务知识。

网络视听系列教材具有很强的专业性。教材服务于广大网络视听从业者业务提升和想就业于网络视听的新人尽快入门。整套教材的分册既“术业有专攻”，又相互关联、逻辑严密，有知识、有案例、有经验分享、有深入浅出讲解，是想步入网络视听行业人员的就业指南。

新时代以来，网络视听的理论创新和实践创新是十分生动的，我们的学习也应该是生动的。这套教材集中反映了新时代网络视听的创新成果，展示了网络视听的本质属性和特征，尤其是其思想性、艺术性和技术性。希望对广大使用者和读者有所裨益。

感谢各参与单位和编撰团队对系列教材编写工作的辛劳付出和支持，希望广大使用者和读者提出宝贵建议，我们将根据形势发展和大家的意见把系列教材进一步修改好。

前 言

在数字化时代背景下，网络主播作为一种新兴职业，正以其独特的方式影响着信息传播和社会文化。随着互联网技术的飞速发展，网络主播已经成为连接亿万网民的重要桥梁，不仅在娱乐休闲、经济服务等常见领域发挥着作用，更在文化传播、价值观塑造等方面扮演着重要角色。为了帮助网络主播更好地理解这一职业，提升专业技能，以及在遵守法律法规的前提下，实现个人价值和社会价值的双重提升，我们特别编写了本书。

本书是网络主播成为新职业之后发布的第一本权威的全面的指导用书。它不仅为新入行的网络主播提供必要的基础知识和技能培训，也为已有一定经验的主播提供深度的行业分析和战略指导。我们的目标阅读对象包括但不限于网络主播、内容创作者、新媒体运营人员以及对网络主播行业感兴趣的学者和研究人员。

全书的逻辑架构分为三大部分：第一部分聚焦于网络主播的素养和行为规范，第二部分介绍网络主播的专业知识，第三部分讲解网络主播的专业技能。三个部分有宏观与微观，有理论与实践，有基础与提高，旨在为读者提供一个系统化的研习路径，从基础到深入，逐步构建网络主播的职业能力。

本书的内容重点在于强调网络主播的职业责任、法律意识、文化素养和个人品牌建设。特别强调了网络主播在内容创作和传播中应遵守的法律法规，以及如何通过提升个人素养来增强公众形象和影响力。书中也包含了相关业务分析和实操方法，帮助读者更好地理解和应用理论知识。

编者团队在教材编委会的指导下，旨在为网络主播的职业发展提供权威、系统的参考，也希望借此标志网络主播专业研究和业务教学的正式化和专业化，更好推动网络主播行业的健康发展。

目录

第一部分 网络主播的素养和行为规范

第二部分 网络主播的专业知识

第三部分 网络主播的专业技能

第一部分

网络主播的素养和行为规范

第一章 网络主播的界定与分类

章节概述

本章节将对网络主播进行界定、分类，重点对网络主播常见的几种分类进行介绍，同时介绍长、中、短视频及播客等几种主要的节目形态。

学习目标

1. 了解网络主播的界定
2. 熟悉网络主播的分类
3. 掌握网络主播视听节目类型

关键词

网络主播　网络直播　网络音 / 视频　长中短视频　播客

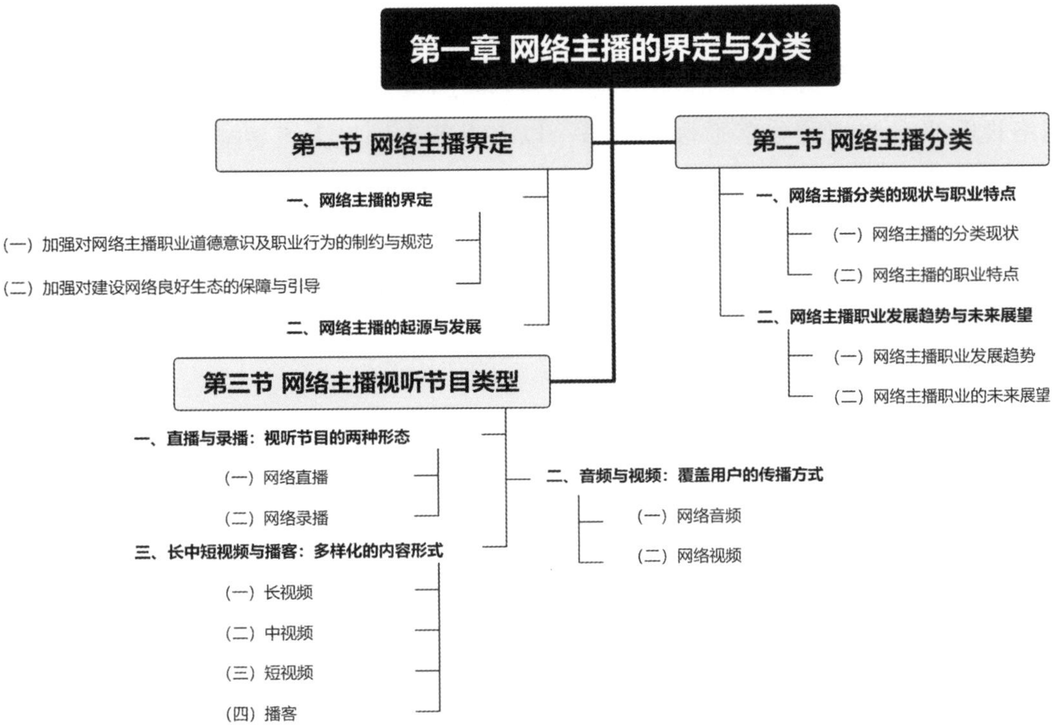

图 1-1 本章脉络图

第一节 网络主播界定

主播的概念源于广播电视的节目主持人，随着互联网行业的发展，特别是网络视听平台和短视频平台的兴起，网络主播的概念内涵和外延不断丰富延伸。作为具有社会影响力的职业，网络主播有较强的媒介属性和传播属性，既具有一般新闻传播主体的普遍性规律，也具有其自身的特殊性规律。正确认识、准确把握和严格遵守网络主播的普遍性与特殊性，既是传播需求，也是数字经济和媒体融合发展的需求，有助于建立立体多样的现代传播体系，推动经济社会高质量发展。

一、网络主播的界定

根据 2022 年国家广播电视总局、文化和旅游部联合印发的《网络主播行为规范》，网络主播是指通过互联网提供网络表演、视听节目服务的主播人员，包括在网络平台直播、与用户进行实时交流互动、以上传音视频节目形式发声出镜的人员，以及利用人工智能技术合成的虚拟主播。结合目前业界实际情况，网络主播泛指通过网络视听平台或视频分享平台等渠道，以本人或者通过人工智能技术合成的虚拟主播担任主持、主讲工作，与用户进行实时互动，传播和展示资讯、专业知识、日常生活、才艺、技能的人，也包括开展商品或服务的推荐推销、获取直接或者间接经济收益、发挥社会影响力的人。网络主播在传播科学文化知识、丰富精神文化生活、促进经济社会发展等方面，发挥着越来越重要的作用。

中国网络视听协会编制的《中国网络视听发展研究报告（2025）》数据显示，截至2024年12月，全网短视频账号总数达16.2亿个，职业主播数量达3880万人，同比增长1.5倍。每日全国上线短视频突破1.3亿条。庞大的从业者体量、可观的市场规模，推动网络视听成为数字经济发展的重要力量。

党的十八大以来，以习近平同志为核心的党中央高度重视互联网工作。2015年5月18日，习近平总书记在中央统战工作会议上指出，互联网是当前宣传思想工作的主阵地。这一表述阐明了互联网与网络传播主体的重要地位。

党的二十大以来，国家对加强宣传思想文化工作的重视，对深入开展社会主义核心价值观宣传教育的重视，对网络生态的重视，达到了新的高度。党的二十大报告特别强调，要加强全媒体传播体系建设，塑造主流舆论新格局。现阶段，我国对网络主播的行为规范主要包括两个方面内容：一是加强对网络主播职业道德意识及职业行为的制约与规范；二是加强对建设网络良好生态的保障与引导。

（一）加强对网络主播职业道德意识及职业行为的制约与规范

根据2022年国家广播电视总局、文化和旅游部联合印发的《网络主播行为规范》，作为活跃在网络空间中的网络主播更应当坚持正向行为规范和要求，发挥正能量引领作用，共同营造创新、协调、绿色、开放、共享的网络空间。具体包括：自觉遵守中华人民共和国宪法和法律法规规范，维护国家利益、公共利益和他人合法权益；遵守网络实名制注册账号有关规定，实名注册并规范使用账号名称；保持良好声屏形象，表演、服饰、妆容、语言、行为、肢体动作及画面展示等要符合大众审美情趣和欣赏习惯；尊重公民和法人的合法权益；遵守知识产权相关法律法规；依法履行纳税义务；规范使用国家通用语言文字；学习掌握从事主播工作所必需的知识技能，从事如医疗卫生、财经金融、法律、教育等需要较高专业水平直播的网络主播，应取得相应执业资质。

（二）加强对建设网络良好生态的保障与引导

网络主播的职业规范与网络生态的保障引导相辅相成，互相支撑，共同为培育积极健康、向上向善的网络文化，营造风清气正的网络空间提供保障。

《网络主播行为规范》指出，网络主播应坚持正确政治方向、舆论导向和价值取向，树立正确的世界观、人生观、价值观，积极践行社会主义核心价值观；坚持以人民为中心的创作导向，反映时代新气象、讴歌人民新创造；坚持健康的格调品位，自觉摒弃低俗庸俗媚俗，抵制破坏网络表演、网络视听生态的不良行为；引导用户文明互动、理性表达、合理消费；建立健全网络主播信用评价体系，进一步完善行业规范和自律公约，探索建立平台与主播约束关系机制，积极开展道德评议，强化培训引导服务，维护良好网络生态，促进行业规范发展。对违法违规、失德失范、造成恶劣社会影响的网络主播要定期公布，引导各平台联合抵制、严肃惩戒。

从上述规定来看，网络主播要有人格操守，要肩负社会责任。践行网络主播道德规范，需要在思想上进一步提高认识，业务上自觉实践，行动上加强自律，自觉维护职业荣誉，用更专业的本领和更多优秀的作品服务人民，造福社会。

图 1-2 网络主播现场工作图

二、网络主播的起源与发展

传播技术是推动媒体变革与发展的主要驱动力。网络主播的起源与发展是传播新技术下的时代产物，也是媒介形态与传播手段、方式不断变革的见证，同时还是媒体格局变化下传播职业与时俱进的体现。早在2005年前后，网络上就出现了类似于今天网络主播的雏形，当时的主播类型相对单一，功能比较简单，多以发布信息为主。

2014年，习近平总书记在致首届互联网大会的贺词中指出："互联网日益成为创新驱动发展的先导力量，深刻改变着人们的生产生活，有力推动着社会发展。"①2024年，国家主席习近平向世界互联网大会乌镇峰会开幕视频致辞，指出让互联网更好地造福人民、造福世界。随着互联网技术持续更新，网络主播的传播方式发生着巨大的变革。从最初的语音交流到后来的弹幕、视频实时交流，再到如今的VR直播、生成式人工智能的AI主播，网络主播正在不断适应新技术的变革，迈向更加成熟的职业化道路。

网络主播最初是利用网络语音互动进行网络传播活动的。随着日益多元的需求，部分用户开始在网络语音平台上聊天、唱歌等，催生了一批网络语音主播。社交媒体时代，在网络直播平台中，用户可以通过弹幕与主播、其他用户进行交流互动，极大地提高了用户的参与度，让用户不再是单纯的观看者，而是身在其中的参与者，与整个直播平台构成了一个整体。网络主播也由单一的语音直播变为视频直播，直播内容与形态也日益丰富。

随着人工智能等先进技术的发展，虚拟主播、语音合成等媒介技术也走进公众视野，成为被各界关注的行业新星。而这一趋势在传统媒体和新媒体里都有所体现。

图1-3 《人民日报》首款AI虚拟主播"果果"
（图片来源于人民日报官网）

① 《习近平向首届世界互联网大会致贺词》，《人民日报》，2014年11月20日。

伴随媒介技术革命和网络平台、内容形态的多元化，网络主播的规模不断扩大，用户数量不断攀升。网络视听行业在蓬勃发展的同时，也对从业者提出更高要求，网络主播应在守法合规的前提下，在内容创新、多元模式拓展、跨界合作等方面进行探索。

第二节 网络主播分类

目前，网络主播有不同的分类标准，基于不同标准，可以划分出不同类型。

按照内容标准，可以划分出资讯主播、知识主播、艺术主播、专业技能主播等。

按照功能标准，可以划分出教育主播、服务主播、娱乐主播、电商主播等。

按照播出时间标准，可以划分出录播主播、直播主播等。

按照呈现形式标准，可以划分出音频主播、视频主播等。

按照活动场所不同，可以划分为室内主播、户外主播。

按照当下发展热点标准，可以划分为真人主播、虚拟主播。

综合以上分类标准，网络主播可划分为资讯主播、专业技能主播、才艺主播、电商主播，基本涵盖了目前的主播类型。

还有一些主播类型，介于上述多种标准之间，比如直播带货类主播至少具有直播特点和电商特点，既传播内容，又销售商品，这种集多种特点于一身的主播可以称之为综合类主播。

一、网络主播的分类现状与职业特点

互联网等传播新技术的推动，促进了网络主播的多样性发展，出现了更加多元化的网络主播类型。互联网中会聚了不同平台、不同垂类、不同传播形态等多种类别的网络主播，用户接收到的信息更加定制化、精准化、个性化。

（一）常见的网络主播类型

网络主播的类型多样，从信息资讯到知识分享，再到娱乐和游戏等多个领域，每种类型的主播都有其独特的特点和用户群体。网络主播作为新兴职业，与人民群众的经济、文化、社会、生活息息相关，与网络视听行业的健康发展息息相关。随着媒体深度融合，越来越多的网络主播也从单一的形态向“直播 +”发展，与综艺、表演、电商、游戏、美食、旅游、聊天等融合发展，衍生出更多新的网络主播业务。

1. 资讯主播

与传统媒体的新闻主播相比，资讯类主播的职能既需要恪守资讯传播工作的原则，也需要创新求变，适应新时代资讯用户。资讯主播最突出的特点是表达语态和编辑思维的变化。资讯类主播需要将每日重点资讯做编辑与整理，同时，在播报中要熟悉用户接收信息的习惯、偏好等，对资讯呈现形态做出调整。除语态变化之外，还需要配合视频、音乐、音响等元素丰富表达形态。尤其是在直播状态中，资讯类主播还需及时与用户互动，了解用户关切并做出反馈。

2. 知识主播

知识主播通常是具备某方面专业积累，通过知识分享、讲授等方式进行直播。例如，心理学主播帮助用户进行心理咨询，有的会接受用户打赏，或者通过后端的课程来进行盈利，此举也推动了互联网中的“知识付费”业务。根据相关数据显示，预计 2025 年中国知识付费市场规模将达 2808.8 亿元。[①] 知识类主播转变了传统知识讲授的方式，通过具有趣味性、互动性的语言与形式，进一步激发用户的参与感、求知欲，提升用户获取知识的动力。

3. 户外主播

户外主播在户外场景下进行现场直播或内容制作，表现形式多种多样。主要以团队直播者居多，其中主播会同步直播完成各种户外探险项目、各类挑战型项目。真实场景和挑战性强是户外类主播的主要特征。目前，除探险、自驾等户外直播外，乡村户外直播、户外擂台 PK 等形式的直播也日益流行。不同类型的网络主播也选择将户外作为演播场景，使直播更生动丰富。

---

① 艾媒咨询：《2023 年中国知识付费行业现况及发展前景报告》，https://www.iimedia.cn/c400/92443.html，访问日期：2023 年 3 月 27 日。

4．电商主播

电商主播是指在网络平台上为消费者提供产品展示、产品体验、产品分享等行为，促进用户对商品了解并消费的主播群体。与传统线上购物相比，电商主播通过充分阐明产品详情，直观地展示功能效果，弥补了静态图文网页的弊端。电商主播除直播“带货”之外，日常还会通过视听创作进行产品宣传，吸引潜在用户。电商主播也是目前市场影响力较大的网络主播类型。2023 年全年直播电商交易规模突破 4.9 万亿元；2024 年 1—11 月，全国直播电商零售额达 4.3 万亿元，其增长势头为电商行业贡献了 80% 增量。[①]

图 1-4 中国直播电商市场规模及增长率示意图（2018—2023）[②]

5. 才艺主播

才艺主播是最原始、最常见的一种主播类型。才艺主播通常具有一定的才艺，如唱歌、跳舞、说唱等，且常与用户实时互动。这类主播通过直播内容吸引用户，以娱乐为目的来吸引用户，获得大量人气，吸引用户打赏。随着更多专业才艺型主播的加入，该类型主播的职业门槛与要求也越来越高。

① 中国社科院财经战略研究院课题组、中国市场学会：《2024 年直播电商行发展趋势观察》，https://news.qq.com/rain/a/20241230A0A58000，访问日期：2024 年 12 月 27 日。

② 中国计量科学研究院、中国海关科学技术研究中心等联合发布：《直播电商行业高质量发展报告（2022—2023 年度）》http://www.xfrb.com.cn/article/council/13503750649856.html，访问日期：2023 年 9 月 21 日。

6. 游戏主播

游戏主播，又称电竞主播，是通过游戏赛事直播或解说游戏（以网络游戏为主）吸引用户观看，并通过用户打赏、广告营销等方式获得收入的网络主播群体。

2017 年，我国成立了首个电子竞技本科专业。自 2018 年起，国际奥委会开始将电子体育项目纳入其管辖范围。国际奥委会代表们认为："具有竞技性的电子游戏项目，可以被认为是一种体育运动。"近年来，电子竞技发展势头迅猛，直播平台与游戏开发商、电竞俱乐部等展开合作，逐渐形成了电子竞技生态圈。

7. 虚拟主播

虚拟主播利用数字建模完成语音合成、人脸建模、形象驱动、图像处理等，可根据平台需要创设主播形象、完成文字文本到音视频自动输出，还支持多语言、多场景等多模态视频的生成。随着大模型技术的成熟与广泛应用，虚拟主播也在不断迭代升级和扩容。目前，虚拟主播可根据个人偏好和兴趣进行内容的个性化服务，还可以通过人工智能算法策划、播报相关和吸引人的内容，成为备受关注的网络主播类型。

总体而言，随着网络视频行业的爆发式增长，技术的发展让网络主播生产制作内容的门槛逐步降低，短视频内容生产者团队也在平台推动下迅速壮大，加之垂类视频直播的纷纷崛起，网络主播在类型、来源等方面更趋多样化。

（二）网络主播的职业特点

网络主播作为伴随新媒体出现的新兴职业，正在不断发展变化。网络主播职业具备以下几个特点。

1. 移动直播崛起，直播广受关注

随着移动互联技术和智能手机等便携式摄制设备的不断普及，网络主播从 PC 端逐渐延伸到移动端。通过突破原有的时空环境，更多的个人用户选择观看移动直播，移动直播产生的影响力与经济效益也持续扩大。

2. 网络主播多元化，垂类主播发展迅速

除占有领先优势的游戏、才艺主播之外，教育、财经、电商、IT 等细分市场的垂直主播也出现了较强增长，保健、住房、军事、国际政治等内容在直播平台传播总量有所增加。商务会展、新品发布、艺术品拍卖等现场直播逐渐转为了常态化直播。

随着直播技术的进步、行业影响力的提升和直播内容在垂直度和深度方面的发展，大量90后、00后新生力量关注并从事网络主播职业。随着网络主播总量的不断增长，不同年龄段用户多元化的内容需求也得到不同程度的满足，观看网络直播的用户数量逐年递增。在线用户的黏性和投入也得到较大提升。

3. “直播 + 营销”的模式促成跨界新发展

直播平台可以为用户提供直观的展示场景，在不断持续的互动中，商家可以实时得到用户的反馈，通过解难答疑、红包互动等营销方式强化用户的购买意愿。除了常见的展示类营销，通过配合商家的推广活动与售后服务，网络主播还将影响到更多的意向客户。面对用户不断变化的需求，以及日趋同质化的传播内容，网络主播的职业竞争将更加激烈。

4. 专业机构参与，团队化运作成为新趋势

新加入的网络主播由过去松散的各自为战变成有组织、有培训的规范化方向发展。经纪公司、培训机构、孵化公司在网络主播身后的支撑作用愈加重要。经过训练后与专业公司签约的网络主播比例逐步增加，团队化运作，竞争淘汰机制也在网络主播职业中逐渐应用。

5. 监管力度增强，行业运营更加规范

在新媒体发展初期，不良内容曾在网络空间中传播。随着行业的发展，加强政策面的介入和提升监管力度已经得到广泛共识。禁止违法及低俗内容、保护知识产权和隐私等措施正在逐步加强。2016年4月，由20余家从事网络直播的企业发布《北京网络直播行业自律公约》，成为网络直播（表演）行业自我约束的重要标志。由国家互联网信息办公室发布的《互联网直播服务管理规定》同年12月1日起施行，为网络主播准入资质、内容审查、实名认证、黑名单、即时阻断等监管要求提供了依据。2022年6月，国家广播电视总局、文化和旅游部印发《网络主播行为规范》，以期进一步加强网络主播职业道德建设，规范从业行为，强化社会责任，树立良好形象，共同营造积极向上、健康有序、和谐清朗的网络空间。随着网络直播行业的发展，更多更新的举措同步跟进，粗犷化平台发展模式终结，监管部门与网络平台对网络主播个人要求与内容制作要求逐步完善。

二、网络主播职业发展趋势与未来展望

2022 年，我国人力资源和社会保障部正式发布新修订的《中华人民共和国职业分类大典》，新版大典中共标注数字职业 97 个，其中广播电视和网络视听行业的相关职业有“广播视听设备工程技术人员、数字媒体艺术专业人员、网络编辑、互联网营销师、智能楼宇管理员、全媒体运营师”等 6 类职业首次被标注为“数字职业”。2024 年，人力资源和社会保障部将网络主播正式确认为新职业。网络主播作为数字经济催生的新型职业，也已经成为各界关切的热点。

2024 年 12 月，国家广播电视总局发展研究中心发布的《中国短视频发展研究报告（2024）》（短视频蓝皮书）显示，近年来，短视频用户规模和使用率一直保持增长态势，从 2018 年 12 月至 2023 年 12 月的五年，短视频用户规模从 6.48 亿增长至 10.53 亿，使用率从 78.2% 增长至 96.40%。截至 2024 年 6 月，我国短视频用户数依然保持 10.50 亿。

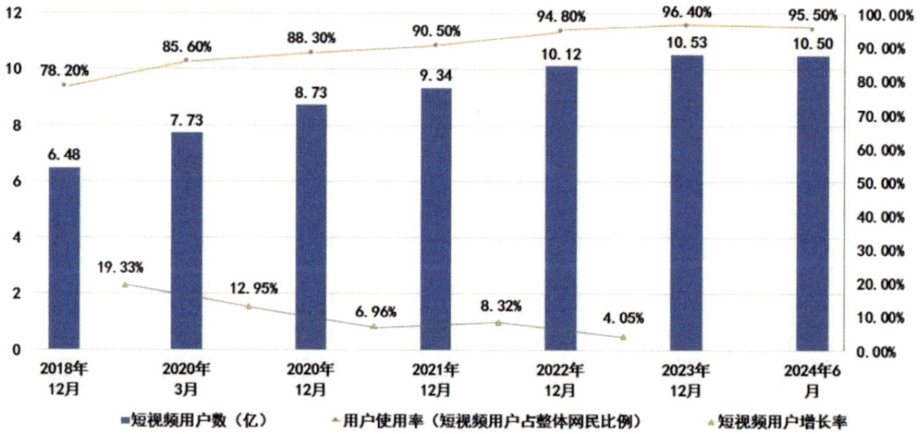

图 1-5 短视频用户规模、使用率及增长率

（一）网络主播职业发展趋势

1. 专业化

随着互联网视听产业链日趋成熟，专业化 MCN 机构（Multi-Channel Network）成为孵化、培育与管理网络主播的主要渠道，为网络主播的内容生产、运营模式、商业合作、流量投放等网络视听活动全方位赋能，使网络主播能更专注于专业内容的生产与传播，激发网络主播的创造性，进一步提高内容的专业性。

2. 规范化

《互联网直播服务管理规定》《网络主播行为规范》等规范性文件的相继出台完善了网络视听活动的法律法规体系建设，也为网络主播如何合法合规从事职业活动指明了方向，使网络主播行业有了明确的职业规范。具体而言，政府主管部门、行业协会、网络平台正在不断加强对网络主播的规范化管理，严厉打击网络主播违法犯罪行为，引导网络主播良性发展，推动网络视听行业的自律化发展，净化网络生态环境。

3. 多元化

内容与形态的多样化是网络视听活动的突出特性之一。从内容与形态方面来看，网络直播的类型变得更加丰富，产生更多的垂直细分领域。从用户方面看，“互联网 +”的出现为网络视听活动这一产业与其他传统产业的融合提供更多新渠道，丰富的网络视听内容不断扩大用户范围，吸引除泛娱乐、体育和电商直播外的其他用户群体，为用户打开了解更多全新领域的窗口。

4. 智能化

随着互联网技术的快速发展，智能化成为整个互联网行业的发展热点。对网络主播行业发展而言，人工智能技术日益成熟，虚拟主播的即时性、便捷性等特点可以更好地满足用户的需求。此外，智能化还体现在对生产内容的数据分析、对用户的深度画像等技术应用，能让主播更好地了解用户，从而创作更适合用户的内容。此外，网络和传播技术的发展为用户提供了更加逼真的观看场景，提升了用户体验感，也进一步增强了主播与用户的互动。

（二）网络主播职业的未来展望

1. 健康向上的内容导向

网络主播承载了时代使命，在制作内容时，应时刻把握正确导向，突出主流价值引领。优秀网络主播可以发挥标杆作用，引领更多网络主播不断提升思想高度和精神境界，提高行业水准。

2. 丰富多样的文化内涵

网络主播本质上是文化的创造者、传播者与引导者。因此，网络主播需要赋予作品一定的文化内涵，进一步发挥文化价值。这就需要网络主播不断提升自身专业素养，强化职业道德意识，坚守人文艺术情怀，不能一味追求商业价值而忽视文化内容。

第三节 网络主播视听节目类型

网络视听节目服务，是指制作、编辑、集成并通过互联网向公众提供视音频节目，以及为他人提供上载传播视听节目服务的活动。网络视听节目通常分为直播与录播两种形态，同时通过音频、视频、播客等方式覆盖互联网用户，提供短、中、长三种不同时长、不同体例的节目。

一、直播与录播：视听节目的两种形态

（一）网络直播

网络直播是由网络主播提供的不经过录音或录像，依托互联网和手机或计算机等直播工具在网络直播平台上同步进行实况播送，多方展示，与用户通过弹幕或评论，即时互动的网络内容服务形态。

与传统的电视、广播等媒体平台的直播相比，互联网直播具有以下三个显著特点。

一是从传播者方面看，主播参与度高。网络直播或不受广播电视的平台资质限制，或不受平台的播出时间限制，各类出身的网络主播都可以按规定在网络平台上创建账号，从事网络直播业务。

二是从内容方面看，内容多样化。网络平台不仅可以同步转播传统媒体平台的晚会、访谈，还能利用互联网进行政务直播、户外旅行直播、网络游戏直播、商业发布会直播等内容。

三是从用户方面看，直播互动性强。由于互联网技术支撑，网络主播在直播中可以实时接收到用户的反馈，从而使传受双方进行互动及反馈。

网络直播平台作为视听交互的媒介，其所呈现的动作、语言、神态、节奏、音乐的联动场景，已经成为内容传播的重要部分。目前大多网络主播都会选择网络直播的方式，使用户拥有更加直观、立体、生动的社交体验与视觉感知。

（二）网络录播

网络录播是指通过手机、计算机、摄像机等录播系统将网络主播的影像、声音和周围环境等录制下来，并通过网络及服务器同步。录制内容可以经过后期加工并保存或上传至网络播出平台的服务器中，提供用户点播服务。

二、音频与视频：覆盖用户的传播方式

（一）网络音频

在媒体融合环境下，音频、视频直播通常互相交织、渗透。在无须或缺乏视频的情形下，网络音频直播往往发挥独特的传播作用，具有声音传播的独有特征，即交互性、情感性、社群化和场景化。

网络音频直播诞生于新的传播生态中。从宏观上看，网络音频直播包括广播电台节目直播、音频网站直播，移动车载终端、智能手机、Pad 终端直播，智能音箱、智能家居、智能机器人等智慧终端的音频直播。网络音频直播平台规模发展迅猛，智能化技术投入多，能满足用户多元化需求。网络音频内容主要应用于新闻播报、赛事、演唱会、发布会、专访、会议、在线教育、游戏等领域，具有广泛的发展前景。

（二）网络视频

网络视频是基于互联网平台提供的在线视频播放服务。视频平台凭借不同的技术基础，展现出多样的传播端口，包括基于电脑端、视频客户端、电视端或移动端，制作基于 PGC（专业生产内容）、UGC（用户生成内容）等不同生产者提供的多元内容，形成由长视频、短视频、互动视频等构成的多种呈现形态，以及由缓存下载、即时观看等构成视频内容消费形态，等等。

网络视频具有融合性、交互性、实时性、突发性等特点。

1. 融合性

网络视频的融合性表现为技术的融合性和媒体信息的融合性两个方面。技术的融合性是指将原来的电话、广播、电视、多媒体与计算机网络技术融为一体。媒体信息的融合性是指网络视频可以与音频、文字、动画等在内的多格式的、大量内容

的信息融合，还能与一些附加的控制信息（如超链接信息、脚本信息、特定应用信息）等融合。

2. 交互性

相较于传统的电视，网络视频具有强大的交互性。它允许用户向发送方要求发送指定的视频信息，并能控制播放时间和进程，满足用户的个性化需求。

3. 实时性

用户接收到的视、音频信息必须严格同步，这就决定了网络视频必须具有实时性，甚至是强实时，即不允许出现停顿的现象。网上直播、网上视频的声音和图像必须严格同步，否则会严重影响用户的观看效果。

4. 突发性

网络视频的出现对突发事件的传播具有鲜明优势，很大程度上弥补了传统新闻媒体在突发性事件报道时不够及时的问题。特别是“人人都有麦克风”的社交媒体时代，用户可以随手拍摄、迅速上网、光速传播，因事情突发而传播快，因传播快而视频短。

此外，网络视频比固定时间播放的电视剧更加灵活，可以选择倍速、进度拖拽、点选等互动服务，能满足用户个性化需求，内容题材也更为多样。互动性与个性化的优化，逐步激活了更多场景下的网络视频互动模式，驱动大众传播方式向更加自由化、私密化的网络视频服务迁移。

同时，基于国家政策、知识产权、商业运营、消费成本的需求，消费者付费意识和付费习惯有望得以逐步养成。网络视频作为新兴传播方式，为传统媒体转型发展提供了新驱动力，也使网络视频的消费趋势进一步从消费互联网向产业互联网延伸发展。

三、长、中、短视频与播客：多样化的内容形式

（一）长视频

一般认为，长视频是时长在30分钟以上的网络视频形式，内容涵盖网络剧、网络综艺、网络电影等。长视频单体信息量大，用户观看时间长，沉浸式观看体验强于碎片化观看。

长视频多为专业化职业化生产内容，通常需要专业的视频制作团队与平台共同

完成，即内部自行生产或购入版权，因此长视频内容通常需要在特定平台进行观看。

目前，长视频是以影视剧、综艺、网络电影、纪录片等为主的视频。其制作周期基本上是按年或季度起步，内容迭代周期较长。从内容分发效率来看，长视频的规模供给量较为有限，有限的供给量影响内容分发效率和分发价值。面向亿级用户进行分发，可覆盖到的垂类需求或者兴趣匹配度极为有限。

（二）中视频

中视频是介于短视频与长视频之间的产物。中视频多为横屏，其时长通常在 3 分钟以上、30 分钟以下，视觉信息丰富，内容容量大。目前，中视频获得了蓬勃的发展。与短视频相比，中视频的 PGC 用户多于 UGC，其内容创作需要创作者投入更多精力和时间。

（三）短视频

短视频，是一种常见的互联网内容传播方式，是在互联网新媒体上传播的、一般在 3 分钟以内的视频内容。随着移动终端普及和网络的提速，短平快的大流量传播内容逐渐获得各大平台、用户和资本的青睐。

短视频既满足了用户的表达需要，又符合碎片化的时间要求，成为消费者更加偏好的传播形式。高回报、低成本的优势使大量资金涌入短视频平台，短视频行业获得更多资金保障，得以迅速发展。

（四）播客

播客，有狭义和广义之分。狭义的播客是指在网络上可以随时听到的、单人或多人就某一主题进行的分享、聊天节目；广义播客，主题涵盖范围更广，包括分享音乐、家常、社会热点、书籍讨论、电影影评、新闻时事分析等。

在播客中，创作者可以根据自己的兴趣和风格，表达自己的观点和态度，展现个人风采。而用户在收听创作者聊天时，伴随着沉浸式的声音场景，仿佛化身为谈话的参与者，沉浸式参与到话题场景中。在播客节目中，产品的内容、收听的用户、播客创作者围绕着内容，相互渗透、相互弥补、成就共识。主播作为创作主体在输出观点的同时，可以将即时接收到的用户反馈作为节目内容的一部分，不断开拓话题的视角。

除此之外，播客还能够灵活地适应用户生活节奏。播客作为长时间的声音媒介，能够全面地适应多样性个体的生活节奏，无论是日常空闲还是通勤，播客可以随时以伴随状态出现。在视频信息超载的时代，越来越多用户愿意通过播客来获取更多有价值、有深度、有趣味的信息和知识。

在人工智能、虚拟主播、数字主播大量涌现的今天，具有个性化特点的播客呈现螺旋式上升的态势。

思考题

1. 建立健全网络主播行为规范的意义何在?
2. 网络主播的职业发展路径中面对哪些困境与挑战?
3. 如何看待目前短视频、中视频、长视频的发展态势?

第二章 网络主播思想政治素养

章节概述

本章旨在探讨网络主播在新时代的思想政治素养。随着网络主播职业从业人数快速增长，也暴露出网络主播素质良莠不齐、传播内容失范、商业营销混乱等系列问题，在一定程度上制约了网络主播职业的健康发展。网络主播要以习近平新时代中国特色社会主义思想为指导，坚持正确政治方向、舆论导向、价值取向、审美趣向，加强思想政治素养，培育向上向善的传播思想，践行社会主义核心价值观，为广大网民营造一个风清气正的网络空间。

学习目标

1. 以习近平新时代中国特色社会主义思想和文化思想为指引
2. 理解网络主播的思想水平要求、政治素养要求

关键词

思想水平　政治素养

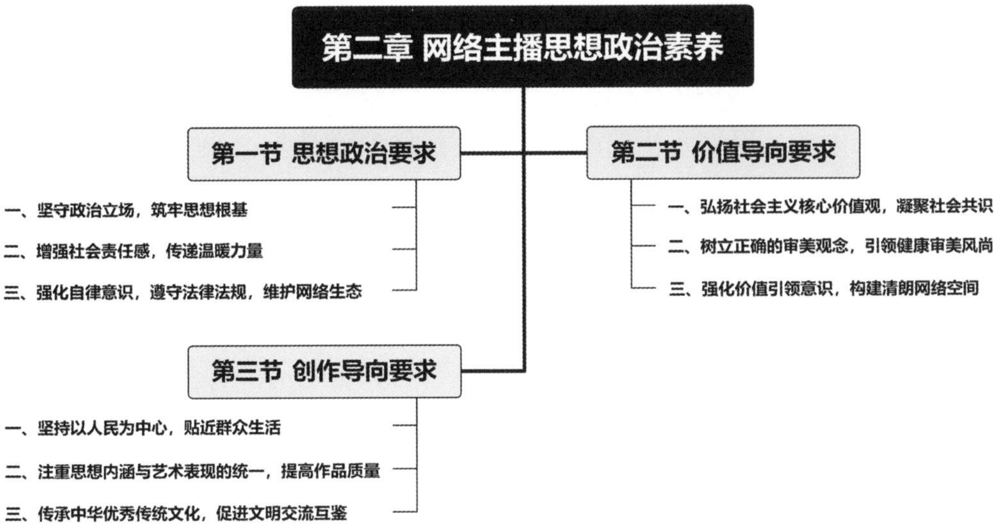

图 2-1 本章脉络图

在数字化浪潮的推动下，网络传播成为连接亿万网民的重要桥梁。它不仅是娱乐休闲的新阵地，还是文化传播、价值观塑造的重要平台。网络主播的言行举止不仅关乎个人形象与职业发展，还承载着传播正能量、引领社会风尚的功能。因此，提升网络主播的思想政治素养，不仅是个人成长的内在需求，还是构建和谐网络生态、推动社会文明进步的必然要求。本章将从思想政治要求、价值导向要求及创作导向要求三个方面，介绍网络主播应具备的素养与能力。

第一节 思想政治要求

思想政治要求是网络主播在大众传播环境中进行传播的前提和基础。网络主播需要自觉坚守政治立场，强化理论学习，增强社会责任感，同时强化自律意识，遵守法律法规，为构建和谐网络生态奠定坚实基础。

一、坚守政治立场，筑牢思想根基

在复杂多变的网络环境中，网络主播作为公众人物，其一言一行都可能产生广泛的社会影响。因此，坚守正确的政治立场，强化理论学习，是网络主播提升思想政治素养的首要任务。

与传统媒体相比，网络传播具有明显的不受时空限制、流通量大、开放度高、交互性强等特征。互联网成为社会主义意识形态传播的新手段、新阵地和新渠道，极大地增强了社会主义意识形态的辐射力、吸引力和影响力，有利于及时快捷地宣传党的政治纲领、思想路线和政策法规。但同时，网络以其双向性、互动式、复杂性、难控性的传播模式，改变了以往人际沟通和信息交流的方式，广大网民不仅是信息被动的接收者和消费者，亦是信息主动的创造者、发布者和传播者。

网络主播应了解我国的基本国情和发展道路，坚定不移地拥护党的领导，自觉维护国家主权、安全和发展利益。同时，网络主播还应坚持以习近平新时代中国特色社会主义思想和文化思想为指引，掌握其核心要义和实践要求，用科学理论武装头脑，指导实践。

理论学习不应停留在书本上，而应与实践紧密结合。网络主播可以通过参加线上线下的政治理论学习班、阅读党的理论著作和文件、关注国家大事和政策动态等方式，不断提升自己的政治素养和理论水平。

同时，在直播过程中，网络主播应善于将所学理论知识转化为生动鲜活的案例，用通俗易懂的语言向用户传播中国的声音和主张，引导用户形成正确的政治观念和价值取向。例如，知识分享型的主播可以在直播中分享自己对国家发展的认识与感受，分析国际形势变化对我国的影响，以及如何通过个人努力为国家发展贡献力量，等等。

二、增强社会责任感，传递温暖力量

社会责任感是网络主播不可或缺的重要品质。网络主播应时刻铭记自己的社会责任，积极投身公益事业和社会服务活动。这是回馈社会、传递正能量的表现，也是提升自身形象、赢得用户尊重的重要途径。

网络主播可以利用自己的影响力和粉丝基础，发起或参与各类公益活动，为特殊群体提供帮助，宣传环保理念等。这些行动不仅能直接帮助到需要帮助的人，更能激发更多人的公益热情和社会责任感，形成良好的社会风尚。在直播过程中，网络主播可以适时分享自己的公益经历和感受，引导用户关注社会问题，积极参与公益活动。

同时，网络主播还应积极传递正能量信息，抵制低俗、媚俗内容。主播可以通过分享励志故事、传递科学知识、倡导文明行为等方式，激发用户的积极心态和向上动力。例如，在直播中讲述老百姓的生活故事、美好行为，鼓励大家营造向上向善的氛围；介绍一些实用的生活小窍门和健康知识，提升大家的生活品质。

为了增强社会责任感，网络主播还可以主动与公益组织合作，成为其形象大使或宣传员。通过直播为公益活动造势，扩大公益事业的影响力，吸引更多人关注和参与。

三、强化自律意识，遵守法律法规，维护网络生态

网络空间虽是虚拟，但并非法外之地。网络主播必须自觉遵守法律法规和道德规范，强化自律意识，维护良好的网络生态。这要求网络主播在直播过程中严格遵守国家法律法规和相关规定，不传播违法违规信息，不侵犯他人隐私和权益，不参与网络暴力和恶意攻击等行为。

为了实现这一目标，网络主播应加强自我管理和约束能力，不断提高自己的法律意识和道德素养，应通过学习相关法律法规知识、关注网络道德建设动态、参与网络文明宣传活动等方式，增强自己的法治观念和道德自觉，应注重言行举止的规范性和文明性，避免使用粗俗语言以及出现不当行为，影响用户体验和网络环境。例如，在直播中遇到争议话题时，应保持冷静客观的态度，理性分析问题，避免情绪化表达；对用户的负面评论和攻击性言语，应予以正面引导或忽视处理，避免激化矛盾。

此外，网络主播还应积极倡导文明上网行为，引导用户树立正确的网络道德观念和行为习惯。可以通过设置直播规则、提醒用户遵守网络礼仪等方式，共同营造一个清朗、健康、和谐的网络空间，为构建良好的网络生态贡献自己的力量。

第二节 价值导向要求

价值导向要求是网络主播引领社会风气的关键遵循所在。网络主播应自觉树立正确的审美观念，弘扬社会主义核心价值观，强化价值引领意识，共同营造健康向上的网络文化氛围。

一、弘扬社会主义核心价值观，凝聚社会共识

社会主义核心价值观是当代中国精神的集中体现，凝结着全体人民共同的价值追求。网络主播作为公众人物，应积极弘扬社会主义核心价值观，通过直播，传递正能量信息，引导用户形成积极向上的价值观念和行为习惯。在直播中可以分享爱国、敬业、诚信、友善等社会主义核心价值观的具体实践案例，展示其在现实生活中的生动体现和重要作用，或者邀请道德模范和先进人物进行访谈和交流，讲述他们的故事和经历，激励用户向他们学习看齐。

同时网络主播还应关注社会热点问题，积极发声，传递正能量信息。面对网络上的谣言和负面信息，要保持冷静客观的态度，及时澄清事实真相，避免误导用户；面对社会上的不良现象要敢于发声批评，揭露其本质和危害，引导用户形成正确的价值判断和行为选择。通过这些努力，网络主播可以成为一个有责任感有担当的公众人物，为凝聚社会共识、推动社会进步贡献力量。例如，在网络直播中，在面对不正之风和道德失范现象时，网络主播应勇于发声，助力传播和塑造正向的价值观。

二、树立正确的审美观念，引领健康审美风尚

审美观念是个人文化素养和价值取向的重要体现。网络主播作为网络文化的传播者之一，其审美观念直接影响着用户的价值判断和行为选择。因此，树立正确的审美观念、引领健康审美风尚是网络主播的重要使命之一。网络主播应注重提升个人审美素养和艺术鉴赏能力，通过学习和实践，积累丰富的艺术知识和经验。在直

播过程中要注重展现高雅艺术的魅力和价值，引导用户欣赏和追求真正的美，避免传播低俗媚俗的内容，以免对用户造成不良影响。

作为传播者，网络主播应“陶冶身心，涵养德行”，内心有一把衡量是非的标尺，能经常反省自己，谨慎行事，不肆意妄为，将高雅的审美趣味更多地体现在自己的一言一行之中。

为了实现这一目标，网络主播可以积极参与各类艺术培训和交流活动，不断提升自己的艺术修养和创作能力。同时加强与用户的互动和交流，了解他们的审美需求和喜好，有针对性地调整直播内容和形式，以满足用户的合理需求，并引导他们形成正确的审美观念和价值取向。例如，可以邀请专业艺术家进行直播互动，分享艺术心得和创作经验；或者组织线上艺术展览和音乐会等活动，让用户在欣赏中感受艺术的魅力和力量。通过这些努力，网络主播可以成为引领健康审美风尚的重要力量，为提升全社会的审美水平贡献自己的力量。

三、强化价值引领意识，构建清朗网络空间

网络空间是亿万网民获取信息、交流思想的重要平台。然而随着互联网的快速发展，网络空间也面临着诸多挑战和问题，如虚假信息泛滥、网络暴力频发等。这些问题不仅损害了网络空间的健康与和谐，也影响了社会的稳定与发展。因此强化价值引领意识，构建清朗网络空间，这是网络主播的重要的责任与义务。

为了实现这一目标，网络主播可以加强与专业文化机构和媒体的合作，共同组织和参与各类网络文化活动，激发网民的创作热情和参与热情，推动网络文化的创新和发展；通过宣介推广优秀网络文化作品，让更多人了解和关注网络文化领域的新成果和新动态；关注网络文化领域的新趋势和新问题，及时发声，引导公众形成正确的文化观念和价值取向，共同构建清朗网络空间。

此外网络主播还可以利用自身影响力，发起网络文明倡议活动，呼吁广大网民共同维护网络空间的健康与和谐。比如，宣传网络文明公约，倡导文明上网行为；参与或组织线上线下的公益活动，如网络安全宣传周等活动，提升公众的网络文明素养和安全意识。

第三节 创作导向要求

2024年是习近平总书记在文艺工作座谈会上的讲话发表十周年，关于时代性、人民性、创作文艺精品的论述在网络传播中显得尤为重要。本节将探讨网络主播如何坚持以人民为中心的创作导向，注重思想内涵与艺术表现的统一，传承优秀传统文化，推动文明交流互鉴，创作出更多优秀的文艺作品。

一、坚持以人民为中心，贴近群众生活

文艺是时代前进的号角，人民是文艺创作的源头活水。网络主播在文艺创作过程中应坚持以人民为中心，深入生活，扎根人民，从人民群众的伟大实践中汲取创作灵感和素材。通过直播展现人民群众的生活状态和精神面貌，反映他们的喜怒哀乐和所思所盼，让文艺作品更加贴近实际、贴近生活、贴近群众。同时网络主播还应关注人民群众的文化需求和精神追求，通过创新直播内容和形式，满足人民群众多样化的文化需求和精神追求。

为了实现这一目标，网络主播可以积极参与各类社会实践活动，如采风活动、志愿服务活动等，深入基层了解民情民意，积累创作素材和灵感；加强与专业文艺工作者和爱好者的交流与合作，学习和借鉴他们的创作经验和艺术技巧，不断提升自己的文艺创作能力和水平；关注网络文艺领域的新动态和新趋势，及时把握网络文艺的发展趋势和用户需求，不断创新传播内容和形式，以适应网络文艺发展的新要求和新挑战。

在传播过程中，网络主播可以尝试将人民群众的生活故事和情感体验融入其中，通过讲述真实感人的故事，展现人性的光辉和美好；运用生动形象的语言，描绘人民群众的生活场景和情感变化，让用户在欣赏中感受到生活的温暖和力量；结合时代背景和社会现实，创作具有深刻思想内涵和广泛社会意义的文艺作品，引导用户思考人生价值和社会责任。

二、注重思想内涵与艺术表现的统一，提高作品质量

文艺作品是思想内涵与艺术表现的有机统一体。网络主播在文艺创作过程中应注重思想内涵的挖掘和艺术表现的创新，力求做到思想深刻、情感真挚、形式新颖、表现生动。在传播中可以通过讲述感人至深的故事、展示独特的艺术形式、运用生动的语言和动作等方式，传达深刻的思想内涵和丰富的情感色彩，让用户在欣赏过程中和互动中受到启迪和感染。

同时网络主播还应关注文艺作品的多样性和创新性，积极探索新的艺术表现形式和手法。例如，可以运用跨界融合的方式，将不同艺术门类的元素融合在一起，创造出具有独特风格和艺术魅力的作品；或者尝试运用新的叙事方式和表现手法，打破传统框架，为用户带来全新的艺术体验等。通过这些努力，网络主播可以不断提升自己的文艺创作能力和水平，创作出更多具有思想性、艺术性、观赏性的文艺作品，丰富网络文化生态。

三、传承中华优秀传统文化，促进文明交流互鉴

智媒环境下，网络主播的一言一行在智能化小屏上传播的速度更快、范围更广、传播力更强，主播的文化素养参差不齐，影响网络视听行业的长远发展。在“万物可直播、人人皆主播”的当下，网络主播应主动进行文化学习，生产优质内容，培养网络主播“以文化人”的精神气质。

优秀传统文化是中华民族的瑰宝，是人类文明的共同财富。网络主播应积极传承和弘扬优秀传统文化，展示中华优秀传统文化的独特魅力和深厚底蕴，推动中华文化的传承与发展。网络主播可以展示传统戏曲表演、民族舞蹈、手工艺制作等内容，让用户感受中华文化的博大精深和独特韵味；可以介绍中华优秀传统文化的历史渊源和现实意义，激发用户对中华文化的认同感和自豪感。

同时网络主播还应积极推动文明交流互鉴，促进不同国家和地区之间的文化理解和尊重。网络主播可以介绍其他国家和地区的文化特色和历史传统，增进用户对不同文化的了解和认识；可以观察跨国界的文化交流活动，通过网络，与不同国家和地区的文艺工作者进行交流和合作，共同推动世界文化的繁荣与发展。通过这些努力，网络主播可以成为一个具有国际视野和文化担当的文艺传播者，助力推动人类文明进步。

思考题

1. 网络主播如何在自己的传播活动中体现思想政治素养？
2. 网络主播如何以习近平文化思想为指引开展创作活动？

第三章 网络主播法律素养

章节概述

本章围绕网络主播应遵守的法律法规进行梳理与分析，旨在强调网络主播应当注意严守法律红线，加强网络主播对法律知识的理解，提升网络主播的法律素养。

学习目标

1. 熟悉基本法律知识
2. 了解行业法律法规

关键词

法律素养　基本法律知识　行业法律法规

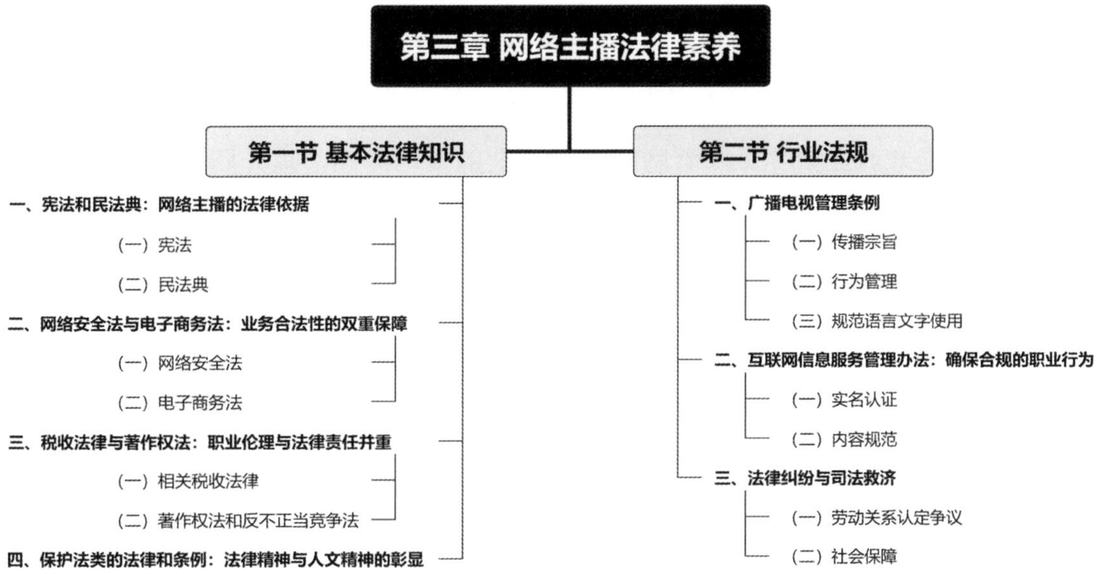

图 3-1 本章脉络图

法律素养体现在个体在法律方面所表现出来的学识、能力、技巧和情感态度等方面，具体包括对法律知识的掌握程度，较强的法治观念，平等、公正的法律品格，以及运用法律手段分析和处理问题的能力等。网络主播法律素养反映了网络主播在法律意识、法律知识、法律运用等方面具备的综合素质，具体体现在从事网络主播职业时是否了解相关法律法规，是否能够以法律法规作为行为底线和行为准则来指导自身职业活动，是否能够使用法律武器保护自身合法权益等。法律素养是网络主播应具备的基础素养。

网络主播作为新兴行业的从业者，提升法律素养有助于传播正能量，推动社会主义核心价值观的传播。网络主播掌握法律知识的重要性主要体现在以下几个方面。

第一，保护自身权益。了解和掌握法律知识可以帮助网络主播在签订合同、劳动权益保护、收入税收等方面避免合法权益受到侵害。例如，了解劳动法有助于区分劳动关系与劳务关系，确保在劳动争议中能够维护自己的权益。

第二，规范职业行为。网络主播需要遵守相关的法律法规，如版权法、网络安全法、个人信息保护法等，这些法律知识可以帮助主播规范自己的职业行为，避免触犯法律红线，如侵犯他人知识产权、传播不当信息等行为。

第三，预防法律风险。网络主播的行为存在一定的法律风险，一旦违法将会受到法律制裁。掌握法律知识有助于主播预防法律风险，如因不当言论引发诽谤诉讼、进行不合法的商业广告行为等问题。

第四，提升职业素养。随着网络主播职业的规范成熟，提升职业素养成为网络主播发展的必要条件。法律素养是职业素养的一部分，掌握法律知识可以体现网络主播的专业性，在竞争激烈的行业中脱颖而出。

第五，履行社会责任。网络主播作为传播信息的主体，其言论和行为对社会具有一定的影响力。了解和遵守法律，有助于网络主播在营造健康网络环境等方面发挥积极作用。

在当前网络主播行业日益规范化的背景下，法律知识对网络主播来说既是自我约束的准绳，也是合法保障自身权益的武器。

本章将从基本法律知识、行业法律法规两个方面对网络主播应具备的法律素养进行论述。

第一节 基本法律知识

一、宪法和民法典：网络主播的法律依据

宪法是国家的根本法，规定了国家的基本制度、公民的基本权利和义务。民法典是基本的民事法律，它系统整合了调整平等主体之间人联系和财产关系的法律法规。宪法与民法典为网络主播职业活动提供了需要遵循的根本依据和基本原则。网络主播在从事职业活动时，应当了解并遵守法律规范，以确保其职业活动的合法性、合规性。

（一）宪法

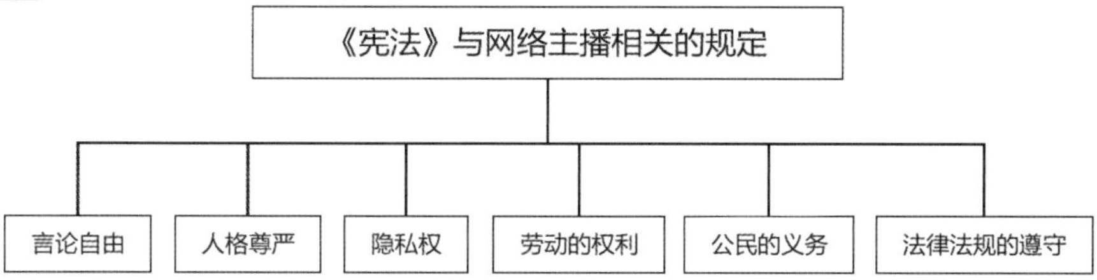

图 3-2 《宪法》与网络主播相关的规定

宪法是国家根本法，在法律规范体系中居于最高地位，其他法律都必须以宪法为制定的依据，一般法律规范不能与宪法规范相抵触，否则将失去法律效力。同时宪法还是一切组织或者个人活动的根本准则。宪法是国家生活和社会生活各方面的根本制度、基本制度、基本原则，具有根本的创制性，是国家各种具体制度的最终根据及渊源，其他的法律规范都是依据宪法规范、以宪法规范为基础建立起来的，其法律效力也来源于宪法规范。

《中华人民共和国宪法》（以下简称《宪法》）对公民的基本权利和义务进行了规定，网络主播作为公民的一部分，其行为也应当遵守宪法的规定。具体来说，网络主播应依据宪法的如下规定开展活动。

1. 言论自由

《宪法》第三十五条规定：“中华人民共和国公民有言论、出版、集会、结社、游行、示威的自由。”

《宪法》规定公民有言论自由的权利。网络主播在直播过程中应当享有表达意见的自由，但同时也要遵守法律法规，不得传播违法信息、色情暴力等不良内容。

2. 人格尊严

《宪法》第三十八条规定：“中华人民共和国公民的人格尊严不受侵犯。禁止用任何方法对公民进行侮辱、诽谤和诬告陷害。”

网络主播有权维护自身人格尊严，禁止他人进行侮辱、诽谤等行为；同时，网络主播不能有对他人进行侮辱、诽谤的行为。

3. 隐私权

《宪法》第四十条：“中华人民共和国公民的通信自由和通信秘密受法律的

保护。除因国家安全或者追查刑事犯罪的需要，由公安机关或者检察机关依照法律规定的程序对通信进行检查外，任何组织或者个人不得以任何理由侵犯公民的通信自由和通信秘密。”

网络主播享有通信自由和通信秘密的权利，同时也应该避免侵害他人的通信自由和通信秘密。

4. 劳动的权利

《宪法》第四十二条第一款至第三款规定：“中华人民共和国公民有劳动的权利和义务。国家通过各种途径，创造劳动就业条件，加强劳动保护，改善劳动条件，并在发展生产的基础上，提高劳动报酬和福利待遇。劳动是一切有劳动能力的公民的光荣职责。国有企业和城乡集体经济组织的劳动者都应当以国家主人翁的态度对待自己的劳动。国家提倡社会主义劳动竞赛，奖励劳动模范和先进工作者。国家提倡从事义务劳动。”

《宪法》第四十三条规定：“中华人民共和国劳动者有休息的权利。国家发展劳动者休息和休养的设施，规定职工的工作时间和休假制度。”

网络主播有劳动及休息的权利，在与平台公司签订合同时应注意保护自身合法的劳动及休息的权利。

5. 公民的义务

《宪法》第五十一条规定：“中华人民共和国公民在行使自由和权利的时候，不得损害国家的、社会的、集体的利益和其他公民的合法的自由和权利。”

网络主播应当遵守这一规定，不得传播有害信息，损害国家、社会、集体、他人利益。

6. 法律法规的遵守

《宪法》第五十三条规定：“中华人民共和国公民必须遵守宪法和法律，保守国家秘密，爱护公共财产，遵守劳动纪律，遵守公共秩序，尊重社会公德。”

网络主播在直播过程中应当遵守国家法律法规，符合社会公序良俗。

总的来说，宪法对网络主播的规定既保障了其作为公民的基本权利，也要求其履行相应的义务。网络主播在执业过程中要遵守法律法规，不得传播违法信息，不得有损害社会公共利益的行为。

（二）民法典

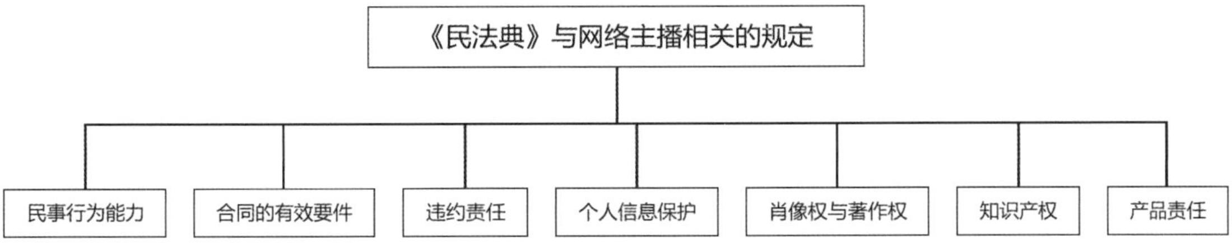

图 3-3 《民法典》与网络主播相关的规定

2020 年 5 月 28 日，十三届全国人民代表大会三次会议表决通过了《中华人民共和国民法典》（以下简称《民法典》），这是新中国历史上第一部以“法典”命名的法律。民法典共分为七编，分别是总则、物权、合同、人格权、婚姻家庭、继承和侵权责任，自 2021 年 1 月 1 日起正式施行。

《民法典》的出台，对保护民事主体合法权益，维护社会和经济秩序，构建社会主义法治国家具有重要意义。它不仅是公民日常生活中的“生活百科全书”，也是法律实务中的重要法律依据。作为基本民事法律，《民法典》对公民和法人的民事权益保护进行了全面规定。在网络内容创作这一新兴行业领域，《民法典》提供了相应的法律框架和行为准则。具体来说，《民法典》对网络主播的规定主要涉及以下几个方面。

1. 民事行为能力

依据《民法典》第十九条至第二十四条的规定，未成年人、限制民事行为能力人和无民事行为能力人在网络直播中进行的民事法律行为，需要由其法定代理人代理或同意追认。这意味着，从事网络直播的网络主播应是具有民事行为能力的主体，未成年人及不能完全辨认自己行为的成年人在网络直播中的打赏行为，如果没有法定代理人的同意，可能被视为无效。

2. 合同的有效要件

《民法典》第一百四十三条规定：“具备下列条件的民事法律行为有效：（一）行为人具有相应的民事行为能力；（二）意思表示真实；（三）不违反法律、行政法规的强制性规定，不违背公序良俗。”这意味着网络主播与直播平台签订的合同，只要符合上述要件，即为有效。

3. 违约责任

《民法典》第五百七十七规定："当事人一方不履行合同义务或者履行合同义务不符合约定的，应当承担继续履行、采取补救措施或者赔偿损失等违约责任。"

《民法典》第五百七十八条规定："当事人一方明确表示或者以自己的行为表明不履行合同义务的，对方可以在履行期限届满前请求其承担违约责任。"

《民法典》第五百七十九条："当事人一方未支付价款、报酬、租金、利息，或者不履行其他金钱债务的，对方可以请求其支付。"

如果网络主播与平台方或经纪公司签订合同，如双方未履行合同义务及约定，需要依法承担违约责任。

4. 个人信息保护

《民法典》第一千零三十二条至第一千零三十九条明确了个人信息的保护原则。

《民法典》第一千零三十二条规定："自然人享有隐私权。任何组织或者个人不得以刺探、侵扰、泄露、公开等方式侵害他人的隐私权。隐私是自然人的私人生活安宁和不愿为他人知晓的私密空间、私密活动、私密信息。"

《民法典》第一千零三十三条规定：除法律另有规定或者权利人明确同意外，任何组织或者个人不得实施下列行为：

（一）以电话、短信、即时通讯工具、电子邮件、传单等方式侵扰他人的私人生活安宁；

（二）进入、拍摄、窥视他人的住宅、宾馆房间等私密空间；

（三）拍摄、窥视、窃听、公开他人的私密活动；

（四）拍摄、窥视他人身体的私密部位；

（五）处理他人的私密信息；

（六）以其他方式侵害他人的隐私权。

《民法典》第一千零三十四条规定："自然人的个人信息受法律保护。个人信息是以电子或者其他方式记录的能够单独或者与其他信息结合识别特定自然人的各种信息，包括自然人的姓名、出生日期、身份证件号码、生物识别信息、住址、电话号码、电子邮箱、健康信息、行踪信息等。个人信息中的私密信息，适用有关隐私权的规定；没有规定的，适用有关个人信息保护的规定。"

《民法典》第一千零三十五条规定：处理个人信息的，应当遵循合法、正当、必要原则，不得过度处理，并符合下列条件：

（一）征得该自然人或者其监护人同意，但是法律、行政法规另有规定的除外；

（二）公开处理信息的规则；

（三）明示处理信息的目的、方式和范围；

（四）不违反法律、行政法规的规定和双方的约定。个人信息的处理包括个人信息的收集、存储、使用、加工、传输、提供、公开等。

《民法典》第一千零三十六条规定：处理个人信息，有下列情形之一的，行为人不承担民事责任：

（一）在该自然人或者其监护人同意的范围内合理实施的行为；

（二）合理处理该自然人自行公开的或者其他已经合法公开的信息，但是该自然人明确拒绝或者处理该信息侵害其重大利益的除外；

（三）为维护公共利益或者该自然人合法权益，合理实施的其他行为。

《民法典》第一千零三十七条规定："自然人可以依法向信息处理者查阅或者复制其个人信息；发现信息有错误的，有权提出异议并请求及时采取更正等必要措施。自然人发现信息处理者违反法律、行政法规的规定或者双方的约定处理其个人信息的，有权请求信息处理者及时删除。"

《民法典》第一千零三十八条规定："信息处理者不得泄露或者篡改其收集、存储的个人信息；未经自然人同意，不得向他人非法提供其个人信息，但是经过加工无法识别特定个人且不能复原的除外。信息处理者应当采取技术措施和其他必要措施，确保其收集、存储的个人信息安全，防止信息泄露、篡改、丢失；发生或者可能发生个人信息泄露、篡改、丢失的，应当及时采取补救措施，按照规定告知自然人并向有关主管部门报告。"

《民法典》第一千零三十九条规定："国家机关、承担行政职能的法定机构及其工作人员对于履行职责过程中知悉的自然人的隐私和个人信息，应当予以保密，不得泄露或者向他人非法提供。"

网络主播应根据《民法典》的规定保护自身及用户的个人信息，不得非法收集、使用、处理或泄露用户的个人信息。

5. 肖像权与名誉权

《民法典》第一千零一十八条至第一千零二十三条涉及肖像权和名誉权的保护。

《民法典》第一千零一十八条规定："自然人享有肖像权，有权依法制作、使用、公开或者许可他人使用自己的肖像。肖像是通过影像、雕塑、绘画等方式在一定载体上所反映的特定自然人可以被识别的外部形象。"

《民法典》第一千零一十九条规定："任何组织或者个人不得以丑化、污损，或者利用信息技术手段伪造等方式侵害他人的肖像权。未经肖像权人同意，不得制作、使用、公开肖像权人的肖像，但是法律另有规定的除外。未经肖像权人同意，肖像作品权利人不得以发表、复制、发行、出租、展览等方式使用或者公开肖像权人的肖像。"

《民法典》第一千零二十条规定：合理实施下列行为的，可以不经肖像权人同意：

（一）为个人学习、艺术欣赏、课堂教学或者科学研究，在必要范围内使用肖像权人已经公开的肖像；

（二）为实施新闻报道，不可避免地制作、使用、公开肖像权人的肖像；

（三）为依法履行职责，国家机关在必要范围内制作、使用、公开肖像权人的肖像；

（四）为展示特定公共环境，不可避免地制作、使用、公开肖像权人的肖像；

（五）为维护公共利益或者肖像权人合法权益，制作、使用、公开肖像权人的肖像的其他行为。

《民法典》第一千零二十一条规定："当事人对肖像许可使用合同中关于肖像使用条款的理解有争议的，应当作出有利于肖像权人的解释。"

《民法典》第一千零二十二条规定："当事人对肖像许可使用期限没有约定或者约定不明确的，任何一方当事人可以随时解除肖像许可使用合同，但是应当在合理期限之前通知对方。当事人对肖像许可使用期限有明确约定，肖像权人有正当理由的，可以解除肖像许可使用合同，但是应当在合理期限之前通知对方。因解除合同造成对方损失的，除不可归责于肖像权人的事由外，应当赔偿损失。"

《民法典》第一千零二十三条规定："对姓名等的许可使用，参照适用肖像许可使用的有关规定。对自然人声音的保护，参照适用肖像权保护的有关规定。”

网络主播应遵守《民法典》关于肖像权及名誉权的规定，维护自身及他人的肖像权和名誉权。

6. 知识产权

《民法典》第一百二十三条规定：民事主体依法享有知识产权。知识产权是权利人依法就下列客体享有的专有的权利：

（一）作品；

（二）发明、实用新型、外观设计；

（三）商标；

（四）地理标志；

（五）商业秘密；

（六）集成电路布图设计；

（七）植物新品种；

（八）法律规定的其他客体。

知识产权有专有性，为权利主体所专有。网络主播在进行内容生产时，应当尊重原作者的知识产权，避免侵权行为。

7. 产品责任

《民法典》第一千二百零三条规定：“因产品存在缺陷造成他人损害的，被侵权人可以向产品的生产者请求赔偿，也可以向产品的销售者请求赔偿。产品缺陷由生产者造成的，销售者赔偿后，有权向生产者追偿。因销售者的过错使产品存在缺陷的，生产者赔偿后，有权向销售者追偿。”

《民法典》第一千二百零四条规定：“因运输者、仓储者等第三人的过错使产品存在缺陷，造成他人损害的，产品的生产者、销售者赔偿后，有权向第三人追偿。”

《民法典》第一千二百零五条规定：“因产品缺陷危及他人人身、财产安全的，被侵权人有权请求生产者、销售者承担停止侵害、排除妨碍、消除危险等侵权责任。”

《民法典》第一千二百零六条规定：“产品投入流通后发现存在缺陷的，生产者、销售者应当及时采取停止销售、警示、召回等补救措施；未及时采取补救措施或者补救措施不力造成损害扩大的，对扩大的损害也应当承担侵权责任。依据前款规定采取召回措施的，生产者、销售者应当负担被侵权人因此支出的必要费用。”

《民法典》第一千二百零七条规定：“明知产品存在缺陷仍然生产、销售，或者没有依据前条规定采取有效补救措施，造成他人死亡或者健康严重损害的，被侵权人有权请求相应的惩罚性赔偿。”

网络主播在进行产品销售的过程中要注意，如果产品缺陷造成他人损害的情况，需要承担赔偿责任。

《民法典》为网络主播的行为提供了基本的法律准则，规定了其应尽的义务和享有的权利，同时也为网络直播行业的健康发展提供了法律保障。网络主播在直播活动中应当遵守民法典的相关规定，保护自己和他人的合法权益。

二、网络安全法与电子商务法：业务合法性的双重保障

2016 年 11 月 7 日，第十二届全国人民代表大会常务委员会第二十四次会议通过《中华人民共和国网络安全法》。这是我国较早完成的一部网络专门立法，此后我国还先后制定出台了《中华人民共和国数据安全法》《中华人民共和国个人信息保护法》等专门性法律。

（一）网络安全法

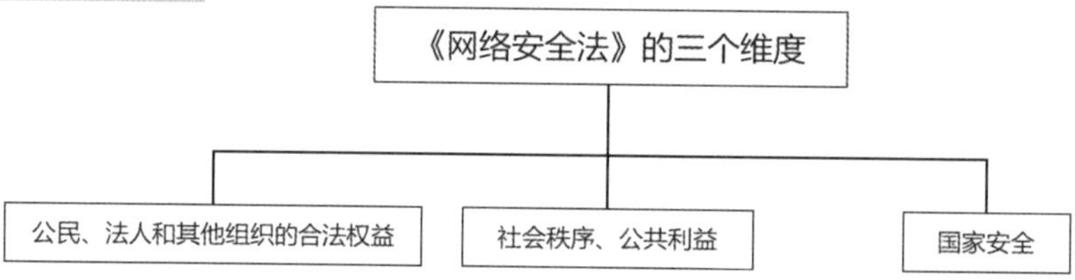

图 3-4 《网络安全法》的三个维度

2007 年，公安部、国家保密局、国家密码管理局、国务院信息工作办公室联合发布了信息安全等级保护管理办法，规定了信息系统的安全保护等级，指出：应根据信息系统在国家安全、经济建设、社会生活中的重要程度，以及遭到破坏后对国家安全、社会秩序、公共利益及公民、法人和其他组织的合法权益的危害程度等因素来确定安全保护等级。

2014 年 4 月 15 日，习近平总书记主持召开中央国家安全委员会第一次会议，首次提出“总体国家安全观”。强调统筹外部安全和内部安全、国土安全和国民安全、传统安全和非传统安全、自身安全和共同安全。在各种非传统安全领域中，网

络安全对于国家安全具有重要意义。网络安全的内涵是丰富的，它包括了国家安全、社会公共利益以及公民、法人和其他组织的合法权益。

2016 年出台的《中华人民共和国网络安全法》（以下简称《网络安全法》）从法律层面为网络信息内容治理提供了法律规范依据，以法律位阶规定的传媒内容底线，主要包括推动传播社会主义核心价值观的倡导性规范、规定内容底线的禁止性规范、网络运营者未尽管理义务的法律责任。网络主播必须时刻具备网络安全意识，并且应从个体、组织、社会、国家的层面依法守住网络安全。

1. 公民、法人和其他组织的合法权益

《网络安全法》第一条规定："为了保障网络安全，维护网络空间主权和国家安全、社会公共利益，保护公民、法人和其他组织的合法权益，促进经济社会信息化健康发展，制定本法。"可见，公民、法人和组织是网络安全的第一个维度。

依据《网络安全法》第十二条的规定，国家保护公民、法人和其他组织依法使用网络的权利。任何个人和组织使用网络应当遵守宪法法律，遵守公共秩序，尊重社会公德，不得侵害他人名誉、隐私、知识产权和其他合法权益等活动。

《网络安全法》第四十四条规定："任何个人和组织不得窃取或者以其他非法方式获取个人信息，不得非法出售或者非法向他人提供个人信息。"

《网络安全法》第十三条规定："国家支持研究开发有利于未成年人健康成长的网络产品和服务，依法惩治利用网络从事危害未成年人身心健康的活动，为未成年人提供安全、健康的网络环境。"

首先，公民、法人和其他组织的网络使用权利受到国家保护。其次，公民、法人和其他组织安全主要是指保护他们的个人信息和隐私不被泄露或侵犯，以及防止因内容或行为引发的法律风险和安全问题。

具体来说，公民的安全包括但不限于保护个人隐私、个人信息，防止网络攻击和恶意行为等，尤其重视对未成年人的保护。法人和其他组织的安全主要是指保护商业机密、知识产权等，防止因行为引发的法律风险和商业损失。

为了保障这些安全，网络主播需要采取一系列的安全措施，如个人数据加密、强化个人社交账号访问控制、设立防火墙、加强制作内容审核等，同时也需要加强对用户的引导，结合内容宣传网络安全知识，增强用户网络安全意识。

2. 社会秩序、公共利益

社会秩序、公共利益的安全指的是在网络主播职业活动中，网络主播应当遵守法律法规和社会公共道德，维护社会稳定和公共利益，避免因职业行为或制作内容引发的不良社会影响和网络安全问题。

依据《网络安全法》第十二条的规定，任何个人和组织不得传播暴力、淫秽色情信息，编造、传播虚假信息扰乱经济秩序和社会秩序。

具体来说，社会秩序的安全主要是指网络主播应积极维护社会稳定和公共秩序，防止因职业行为引发的社会混乱和不良影响；公共利益的安全主要是指网络主播应积极保护社会公共资源、公共环境和公共安全，防止因其行为或内容引发的环境污染、资源浪费、安全隐患等问题。例如，网络平台上的虚假宣传和误导行为，以及暴力、色情等不良内容等，不仅会对用户产生不良影响，还会破坏社会公序良俗。

3. 国家安全

《网络安全法》第一条明确将“维护网络空间主权和国家安全”作为立法目的；第四条规定“国家制定并不断完善网络安全战略”；第十二条规定“任何个人和组织不得危害网络安全，不得利用网络从事危害国家安全、荣誉和利益，煽动颠覆国家政权、推翻社会主义制度，煽动分裂国家、破坏国家统一，宣扬恐怖主义、极端主义，宣扬民族仇恨、民族歧视”。《国家安全法》第二十五条规定了维护网络与信息安全作为维护国家安全的任务要求。具体来说，网络主播职业行为中涉及侵害国家安全的行为包括了网络攻击、网络入侵、网络窃密、散布违法有害信息，损害国家网络空间主权、安全和发展利益。《中华人民共和国反恐怖主义法》第十九条中有如下规定：“电信业务经营者、互联网服务提供者应当依照法律、行政法规规定，落实网络安全、信息内容监督制度和安全技术防范措施，防止含有恐怖主义、极端主义内容的信息传播。”由此可见，为防止网络主播职业行为中出现危害国家安全的内容，需要政府主管部门、网络平台、网络主播等多方面的努力，共同维护国家安全与社会稳定。

（二）电子商务法

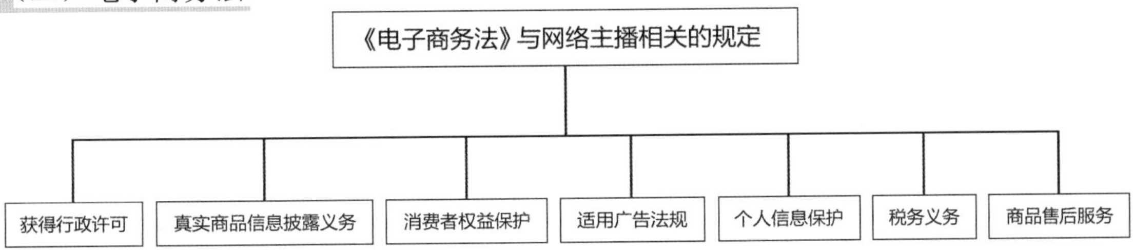

图 3-5 《电子商务法》与网络主播相关的规定

《中华人民共和国电子商务法》（以下简称《电子商务法》）于 2018 年 8 月 31 日通过，并于 2019 年 1 月 1 日正式实施。这部法律对电子商务市场的健康发展起到了重要的规范引导作用。《电子商务法》不仅适用于在中国境内发生的电子商务活动，也对涉及中国境外消费者的电子商务活动具有法律效力。通过这部法律，国家对电子商务领域进行了有效的法律监管，为消费者权益保护、市场秩序维护、产业创新发展提供了有力的法律支撑。

对网络主播的规定主要涉及网络主播营销活动的合法性、规范性以及网络主播的责任与义务。《电子商务法》第五条明确指出："电子商务经营者从事经营活动，应当遵循自愿、平等、公平、诚信的原则，遵守法律和商业道德，公平参与市场竞争，履行消费者权益保护、环境保护、知识产权保护、网络安全与个人信息保护等方面的义务，承担产品和服务的质量责任，接受政府和社会的监督。"网络主播应当遵守《电子商务法》的相关规定，确保其网络商业活动的合法性。

以下是《电子商务法》中几个关键知识要素，这将直接关联到网络主播的职责与行为规范：

1. 获得行政许可

《电子商务法》第十条规定："电子商务经营者应当依法办理市场主体登记。但是，个人销售自产农副产品、家庭手工业产品，个人利用自己的技能从事依法无须取得许可的便民劳务活动和零星小额交易活动，以及依照法律、行政法规不需要进行登记的除外。"

《电子商务法》第十二条规定："电子商务经营者从事经营活动，依法需要取得行政许可的，应当依法取得行政许可。"

《电子商务法》第十五条规定：“电子商务经营者应当在其首页显著位置，持续公示营业执照信息、与其经营业务有关的行政许可信息、属于依照本法第十条规定的不需要办理市场主体登记情形等信息，或者上述信息的链接标识。”

以上条款表明，网络主播若要进行互联网商品销售活动，需明确自身销售活动是否需要依法登记并取得行政许可，以及是否需要在网络销售过程中公示营业执照信息等，符合法律法规要求。

2. 真实商品信息披露义务

《电子商务法》第十七条规定：“电子商务经营者应当全面、真实、准确、及时地披露商品或者服务信息，保障消费者的知情权和选择权。电子商务经营者不得以虚构交易、编造用户评价等方式进行虚假或者引人误解的商业宣传，欺骗、误导消费者。”

这要求网络主播必须真实、全面地披露商品信息，不得进行虚假宣传或误导消费者。在介绍商品时，应确保所提供信息的真实性，包括商品的质量、性能、用途、价格等。

3. 消费者权益保护

《电子商务法》第六十一条规定：“消费者在电子商务平台购买商品或者接受服务，与平台内经营者发生争议时，电子商务平台经营者应当积极协助消费者维护合法权益。”

《电子商务法》第六十二条规定：“在电子商务争议处理中，电子商务经营者应当提供原始合同和交易记录。因电子商务经营者丢失、伪造、篡改、销毁、隐匿或者拒绝提供前述资料，致使人民法院、仲裁机构或者有关机关无法查明事实的，电子商务经营者应当承担相应的法律责任。”

消费者在购买商品时如发生争议，网络主播应当协助消费者维护其合法权益并妥善处理售后问题。

4. 广告法规适用

《电子商务法》第十八条规定：“电子商务经营者向消费者发送广告的，应当遵守《中华人民共和国广告法》的有关规定。”

网络主播的推销行为，适用《中华人民共和国广告法》的规定。这意味着主播在进行广告宣传时，应当符合广告法的所有要求，不得发布虚假广告。

5. 个人信息保护

《电子商务法》第二十三条规定：“电子商务经营者收集、使用其用户的个人信息，应当遵守法律、行政法规和有关个人信息保护的规定。”

《电子商务法》第二十四条规定：“电子商务经营者应当明示用户信息查询、更正、删除以及用户注销的方式、程序，不得对用户信息查询、更正、删除以及用户注销设置不合理条件。电子商务经营者收到用户信息查询或者更正、删除的申请的，应当在核实身份后及时提供查询或者更正、删除用户信息。用户注销的，电子商务经营者应当立即删除该用户的信息；依照法律、行政法规的规定或者双方约定保存的，依照其规定。”

网络主播应遵守本规定，保护消费者的个人信息不被非法收集、使用或泄露。

6. 税务义务

《电子商务法》第十一条规定：“电子商务经营者应当依法履行纳税义务，并依法享受税收优惠。参照前条规定不需要办理市场主体登记的电子商务经营者在首次纳税义务发生后，应当依照税收征收管理法律、行政法规的规定申请办理税务登记，并如实申报纳税。”

网络主播作为从事电子商务活动的自然人，应当依法纳税，遵守税务法律法规，对从事直播带货所得收入进行申报和纳税。

7. 商品售后服务

网络主播在直播带货的过程中，应自觉遵守相关法律法规，诚实守信，公平竞争，维护消费者的合法权益，促进行业的健康发展。违反上述规定的行为，可能会受到电子商务法中提到的行政处罚，如罚款、吊销营业执照等，严重者还可能构成犯罪，承担刑事责任。

三、税收法律与著作权法：职业伦理与法律责任并重

网络主播需要关注最新的税收政策和法律法规动态，确保自己的税务行为合法合规。同时网络主播往往使用音乐、视频、图片等材料来完成内容生产，在此过程中应特别注意保护他人及自身的著作权不受侵害。

（一）相关税收法律

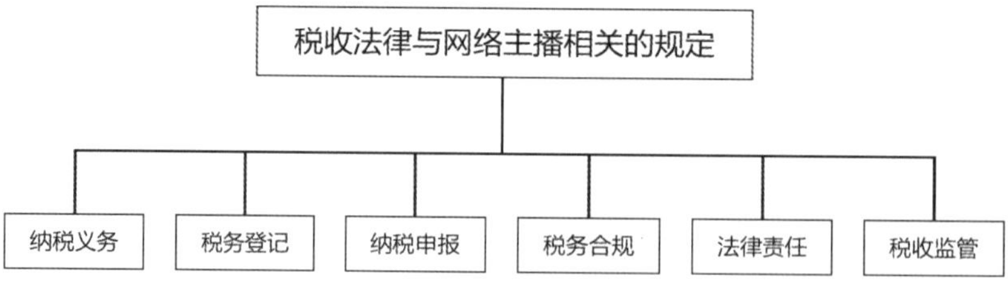

图 3-6 税收法律与网络主播相关的规定

网络主播的收入性质、税务处理方式等可能会随着法律法规的更新和社会经济条件的变化而有所不同，与网络主播相关的税收法律主要有：《中华人民共和国个人所得税法》，这是针对个人所得征收个人所得税的法律规定，网络主播在从事职业活动中取得的收入，应当依照该法律缴纳个人所得税；《中华人民共和国税收征收管理法》，这部法律是对税收征收管理的基本规定，包括税务登记、纳税申报、税款缴纳、税务检查等环节，网络主播需要遵守的相关税务程序和要求，均在该法律中有明确规定；《中华人民共和国增值税暂行条例》，网络主播若在直播过程中涉及商品销售或提供应税服务，那么还需要按照该条例的规定缴纳增值税；《中华人民共和国消费税暂行条例》，直播过程中涉及特定商品的销售，需要按照该条例的规定缴纳消费税。除以上法律之外，国家税务总局和其他相关部门可能针对网络主播的税收问题出台一些具体的实施细则、指导意见或通知等，网络主播也需要遵守这些规定。

总体来看，税收法律对网络主播的规定，主要体现在以下几个方面。

1. 纳税义务

网络主播作为个人从事直播活动取得的收入，属于个人所得税的征税范围。根据《中华人民共和国个人所得税法》，网络主播应当依法申报并缴纳个人所得税。

2. 税务登记

网络主播作为从事经营活动的个人，应当按照《中华人民共和国税收征收管理法》的规定，办理税务登记，并按时申报纳税。

3. 纳税申报

网络主播应当真实、准确、完整地报告自己的收入情况，通过正规渠道进行纳税申报，不得采取虚假报税等手段逃避税收。

4. 税务合规

网络主播在从事直播带货等商业活动时，还应当遵守相关的税务规定，如关于增值税、消费税等方面的法律规定。

5. 法律责任

若网络主播违反上述规定，未依法纳税或偷逃税款，将根据《中华人民共和国税收征收管理法》等法律法规承担相应的法律责任，可能面临追缴税款、加收滞纳金、罚款，甚至刑事责任。

6. 税收监管

税务部门将依托税收大数据分析，对存在涉税风险的网络主播，按照提示提醒、督促整改、约谈警示、立案稽查、公开曝光等五步工作法进行处置，以提升网络直播行业从业人员的税法遵从度。

网络主播偷税漏税的案例近几年频频出现在大众的视野。2021 年某市税务部门经税收大数据分析发现网络某主播涉嫌偷逃税款，“在相关税务机关协作配合下，依法对其开展了全面深入的税务检查。经查，该主播在 2019 年至 2020 年，通过隐匿个人收入、虚构业务转换收入性质虚假申报等方式偷逃税款 6.43 亿元，其他少缴税款 0.6 亿元。国家税务总局某市税务局稽查局依据《中华人民共和国个人所得税法》《中华人民共和国税收征收管理法》《中华人民共和国行政处罚法》等相关法律法规规定，按照该省《税务行政处罚裁量基准》，对该主播追缴税款、加收滞纳金并处罚款，共计 13.41 亿元。其中，对隐匿收入偷税但主动补缴的 5 亿元和主动报告的少缴税款 0.31 亿元，处 0.6 倍罚款计 3.19 亿元；对隐匿收入偷税但未主动补缴的 0.27 亿元，处 4 倍罚款计 1.09 亿元；对虚构业务转换收入性质偷税少缴的 1.16 亿元，处 1 倍罚款计 1.16 亿元”①。

依法纳税是每个公民应尽的义务。网络不是“法外之地”，每个取得收入、符合纳税标准的网络主播都应自觉依法纳税。

① 国家税务总局福建省税务局：http://fujian.chinatax.gov.cn/fjnsrxt/zszx/zswz/2024102111361334.shtml，2021 年 12 月 20 日。

（二）著作权法和反不正当竞争法

知识产权有广义和狭义之分。广义的知识产权是指：“人们给予自己智力活动创造的成果和经营管理活动中的经验、知识而依法享有的权利。”狭义的知识产权是指：“人们可以就其智力创造的成果所依法享有的专有权利。”[①] 知识产权法是“调整确认、保护和行使智力成果过程中所发生的各种社会关系的法律规范的总称。主要由专利法、商标法、著作权法、反不正当竞争法等若干法律或规章、司法解释、相关国际条约等共同构成。”[②] 与网络主播密切相关的法律有《中华人民共和国著作权法》和《中华人民共和国反不正当竞争法》。

1. 著作权法

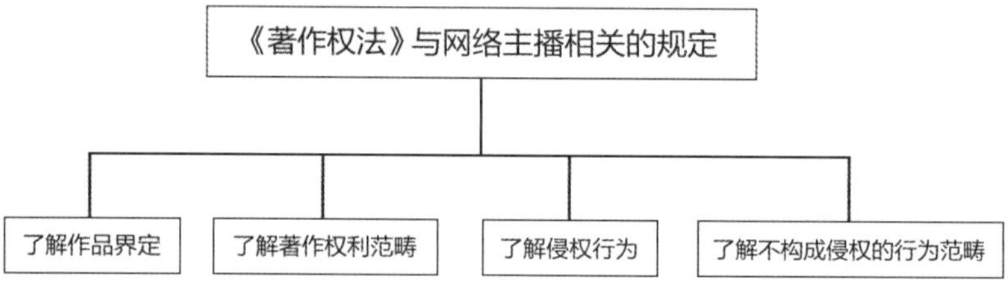

图 3-7 《著作权法》与网络主播相关的规定

《中华人民共和国著作权法》（以下简称《著作权法》）于 1990 年 9 月 7 日第七届全国人民代表大会常务委员会第十五次会议通过，《著作权法》根据时代发展已经三次修订。《著作权法》是为保护文学、艺术和科学作品作者的著作权，以及与著作权有关的权益，鼓励有益于社会主义精神文明、物质文明建设的作品的创作和传播，促进社会主义文化和科学事业的发展与繁荣的法律。

近年来，网络主播涉及违反《著作权法》的案件并不少见，案件数量逐年增加，收案量增长潜力大。“涉短视频著作权案件收案数量逐年增加、增幅明显，2019 年至 2021 年收案量分别为 540 件、729 件、1284 件。特别是 2021 年以来，长短视频之争日渐激烈，相关案件数也有较大增长。截至 2024 年 10 月，12426 版权检测中心监测到，平均每部短剧有 1168 条侵权链接。《2021 年中国短视频版权保护白皮

① 郑成思：《知识产权法教程》，法律出版社，1993，第 1 页。
② 陈健：《知识产权法》，中国政法大学出版社，2022，第 13 页。

书》指出了短视频侵权的几种常见情况："未经授权引用了原始权利人的视频素材、背景音乐等，侵害了原始权利人的著作权，常见为信息网络传播权；未在短视频上给原作者署名的，则可能侵犯其署名权；修改作品的文字、图像等内容的，则可能涉及修改权；对原作品进行歪曲、损害原作者声誉的，则可能侵犯其保护作品完整权。"[①] 因此，网络主播在进行内容生产时，应了解《著作权法》的内容，明确并掌握其中与从业相关的法律知识。

（1）关于作品的界定

《著作权法》第三条规定：本法所称的作品，是指文学、艺术和科学领域内具有独创性并能以一定形式表现的智力成果，包括：

（一）文字作品；

（二）口述作品；

（三）音乐、戏剧、曲艺、舞蹈、杂技艺术作品；

（四）美术、建筑作品；

（五）摄影作品；

（六）视听作品；

（七）工程设计图、产品设计图、地图、示意图等图形作品和模型作品；

（八）计算机软件；

（九）符合作品特征的其他智力成果。

网络主播需要明晰以上作品成果均受《著作权法》的保护。网络主播在进行内容生产的过程中要尤其注意对以上作品的合理引用，否则会造成侵权行为。

（2）著作权利范畴

《著作权法》第十条规定："著作权包括下列人身权和财产权：

（一）发表权，即决定作品是否公之于众的权利；

（二）署名权，即表明作者身份，在作品上署名的权利；

（三）修改权，即修改或者授权他人修改作品的权利；

（四）保护作品完整权，即保护作品不受歪曲、篡改的权利；

---

① 中国新闻出版广电报：《2021 年中国短视频版权保护白皮书》，http://www.ynsxwcbj.gov.cn/html/2021/banquanguanli_0528/2345.html，访问日期：2024 年 3 月 7 日。

（五）复制权，即以印刷、复印、拓印、录音、录像、翻录、翻拍、数字化等方式将作品制作一份或者多份的权利；

（六）发行权，即以出售或者赠与方式向公众提供作品的原件或者复制件的权利；

（七）出租权，即有偿许可他人临时使用视听作品、计算机软件的原件或者复制件的权利，计算机软件不是出租的主要标的的除外；

（八）展览权，即公开陈列美术作品、摄影作品的原件或者复制件的权利；

（九）表演权，即公开表演作品，以及用各种手段公开播送作品的表演的权利；

（十）放映权，即通过放映机、幻灯机等技术设备公开再现美术、摄影、视听作品等的权利；

（十一）广播权，即以有线或者无线方式公开传播或者转播作品，以及通过扩音器或者其他传送符号、声音、图像的类似工具向公众传播广播的作品的权利，但不包括本款第十二项规定的权利；

（十二）信息网络传播权，即以有线或者无线方式向公众提供，使公众可以在其选定的时间和地点获得作品的权利；

（十三）摄制权，即以摄制视听作品的方法将作品固定在载体上的权利；

（十四）改编权，即改编作品，创作出具有独创性的新作品的权利；

（十五）翻译权，即将作品从一种语言文字转换成另一种语言文字的权利；

（十六）汇编权，即将作品或者作品的片段通过选择或者编排，汇集成新作品的权利；

（十七）应当由著作权人享有的其他权利。

著作权人可以许可他人行使前款第五项至第十七项规定的权利，并依照约定或者本法有关规定获得报酬。”

网络主播应充分了解以上权利均受到《著作权法》保护，网络主播在进行内容创造时，应避免侵犯他人作品的著作权。

（3）侵权行为

《著作权法》第五十一条规定：未经权利人许可，不得进行下列行为：

（一）故意删除或者改变作品、版式设计、表演、录音录像制品或者广播、电视上的权利管理信息，但由于技术上的原因无法避免的除外；

（二）知道或者应当知道作品、版式设计、表演、录音录像制品或者广播、电视上的权利管理信息未经许可被删除或者改变，仍然向公众提供。

《著作权法》第五十二条规定：有下列侵权行为的，应当根据情况，承担停止侵害、消除影响、赔礼道歉、赔偿损失等民事责任：

（一）未经著作权人许可，发表其作品的；

（二）未经合作作者许可，将与他人合作创作的作品当作自己单独创作的作品发表的；

（三）没有参加创作，为谋取个人名利，在他人作品上署名的；

（四）歪曲、篡改他人作品的；

（五）剽窃他人作品的；

（六）未经著作权人许可，以展览、摄制视听作品的方法使用作品，或者以改编、翻译、注释等方式使用作品的，本法另有规定的除外；

（七）使用他人作品，应当支付报酬而未支付的；

（八）未经视听作品、计算机软件、录音录像制品的著作权人、表演者或者录音录像制作者许可，出租其作品或者录音录像制品的原件或者复制件的，本法另有规定的除外；

（九）未经出版者许可，使用其出版的图书、期刊的版式设计的；

（十）未经表演者许可，从现场直播或者公开传送其现场表演，或者录制其表演的；

（十一）其他侵犯著作权以及与著作权有关的权利的行为。

《著作权法》第五十三条规定：有下列侵权行为的，应当根据情况，承担本法第五十二条规定的民事责任；侵权行为同时损害公共利益的，由主管著作权的部门责令停止侵权行为，予以警告，没收违法所得，没收、无害化销毁处理侵权复制品以及主要用于制作侵权复制品的材料、工具、设备等，违法经营额五万元以上的，可以并处违法经营额一倍以上五倍以下的罚款；没有违法经营额、违法经营额难以计算或者不足五万元的，可以并处二十五万元以下的罚款；构成犯罪的，依法追究刑事责任：

（一）未经著作权人许可，复制、发行、表演、放映、广播、汇编、通过信息网络向公众传播其作品的，本法另有规定的除外；

（二）出版他人享有专有出版权的图书的；

（三）未经表演者许可，复制、发行录有其表演的录音录像制品，或者通过信息网络向公众传播其表演的，本法另有规定的除外；

（四）未经录音录像制作者许可，复制、发行、通过信息网络向公众传播其制作的录音录像制品的，本法另有规定的除外；

（五）未经许可，播放、复制或者通过信息网络向公众传播广播、电视的，本法另有规定的除外；

（六）未经著作权人或者与著作权有关的权利人许可，故意避开或者破坏技术措施的，故意制造、进口或者向他人提供主要用于避开、破坏技术措施的装置或者部件的，或者故意为他人避开或者破坏技术措施提供技术服务的，法律、行政法规另有规定的除外；

（七）未经著作权人或者与著作权有关的权利人许可，故意删除或者改变作品、版式设计、表演、录音录像制品或者广播、电视上的权利管理信息的，知道或者应当知道作品、版式设计、表演、录音录像制品或者广播、电视上的权利管理信息未经许可被删除或者改变，仍然向公众提供的，法律、行政法规另有规定的除外；

（八）制作、出售假冒他人署名的作品的。

2023 年，在北京互联网法院公布的数字版权十大典型案件中，有一个短视频典型案例涉及侵犯《著作权法》。原告系某影视剧信息网络传播权的专有使用权人。被告系某视频 App 的注册用户。被告通过账号传播涉案影视剧的 122 段片段短视频，视频已经包含了涉案影视剧的主要剧情及内容。原告认为被告的行为侵犯其享有的信息网络传播权，请求判令被告停止侵权，并赔偿相关损失。法院判决判令被告停止侵权，赔偿经济损失合理开支共计 37000 元。

《著作权法》保护的是独创性的表达，只要使用了作品具有独创性表达的部分，即属于作品信息网络传播权的控制范围。本案中，涉案图片集截取了涉案剧集中的 382 幅画面，这些画面并非进入公有领域的创作元素，而为原涉案剧集中具有独创性表达的内容，因此，提供涉案图片集的行为构成提供作品的行为。

合理引用的判断标准并非仅取决于引用比例，还取决于介绍、评论或者说明的合理需要。就涉案图片集提供的主要功能来看，其并非向公众提供保留剧情悬念的推介、宣传信息，而涵盖了涉案剧集的主要剧情和关键画面，将对原作品市场价值造成实质性影响，损害了作品的正常使用，已超过适当引用的必要限度，构成侵权。

（4）不构成侵权的行为范畴

在《著作权法》中还规定了合理使用著作人作品的行为范畴，具体如下：

《著作权法》第五十条规定：下列情形可以避开技术措施，但不得向他人提供避开技术措施的技术、装置或者部件，不得侵犯权利人依法享有的其他权利：

（一）为学校课堂教学或者科学研究，提供少量已经发表的作品，供教学或者科研人员使用，而该作品无法通过正常途径获取；

（二）不以营利为目的，以阅读障碍者能够感知的无障碍方式向其提供已经发表的作品，而该作品无法通过正常途径获取；

（三）国家机关依照行政、监察、司法程序执行公务；

（四）对计算机及其系统或者网络的安全性能进行测试；

（五）进行加密研究或者计算机软件反向工程研究。

网络主播进行内容生产时，需严格遵守《著作权法》的规定，尊重原创内容，避免侵权行为。同时，如果所创作的内容具有独创性的表达，符合法律定义，那么也受到《著作权法》的保护。网络主播在使用他人作品时，如音乐、图片、视频等内容时，如果没有获得权利人的授权，则会侵犯权利人的著作权。

2. 反不正当竞争法

《中华人民共和国反不正当竞争法》（简称《反不正当竞争法》）于 1993 年 9 月 2 日第八届全国人民代表大会常务委员会第三次会议通过，并于 2017 年 11 月 4 日和 2019 年 4 月 23 日两次修订实施。网络主播应了解并遵守反不正当竞争法，规范职业行为。

（1）法律规定主体

在《反不正当竞争法》中明确了不正当竞争的行为及主体，指出：不正当竞争行为，是指经营者在生产经营活动中，违反本法规定，扰乱市场竞争秩序，损害其他经营者或者消费者的合法权益的行为。该法所称的经营者，是指从事商品生产、经营或者提供服务（以下所称商品包括服务）的自然人、法人和非法人组织。

从事商品生产、经营及提供服务的网络主播均受到该法律的规约。

（2）不正当竞争的行为

《反不正当竞争法》第六条规定：经营者不得实施下列混淆行为，引人误认为是他人商品或者与他人存在特定联系：

（一）擅自使用与他人有一定影响的商品名称、包装、装潢等相同或者近似的标识；

（二）擅自使用他人有一定影响的企业名称（包括简称、字号等）、社会组织名称（包括简称等）、姓名（包括笔名、艺名、译名等）；

（三）擅自使用他人有一定影响的域名主体部分、网站名称、网页等；

（四）其他足以引人误认为是他人商品或者与他人存在特定联系的混淆行为。

《反不正当竞争法》第八条规定："经营者不得对其商品的性能、功能、质量、销售状况、用户评价、曾获荣誉等作虚假或者引人误解的商业宣传，欺骗、误导消费者。经营者不得通过组织虚假交易等方式，帮助其他经营者进行虚假或者引人误解的商业宣传。"

《反不正当竞争法》第十一条规定："经营者不得编造、传播虚假信息或者误导性信息，损害竞争对手的商业信誉、商品声誉。"

《反不正当竞争法》第十二条第二款规定：经营者不得利用技术手段，通过影响用户选择或者其他方式，实施下列妨碍、破坏其他经营者合法提供的网络产品或者服务正常运行的行为：

（一）未经其他经营者同意，在其合法提供的网络产品或者服务中，插入链接、强制进行目标跳转；

（二）误导、欺骗、强迫用户修改、关闭、卸载其他经营者合法提供的网络产品或者服务；

（三）恶意对其他经营者合法提供的网络产品或者服务实施不兼容；

（四）其他妨碍、破坏其他经营者合法提供的网络产品或者服务正常运行的行为。

2021 年 8 月某市某区市场监督管理局向李某某公司作出行政处罚，认定其虚假宣传产品性能的行为构成违法。该公司网络主播在推荐家用电器 A 产品时使用"全脸激活胶原蛋白、提拉紧致、提拉淡纹，效果巨明显……，坚持用了一个月，就相当于用了一次 B 产品，效果真的很可怕很神奇”等用语对上述产品进行引人误解的商业宣传。该市场监督管理局认为，A 产品与 B 产品两者从定价、产品、使用性能、功能、持续效果等方面都存在较大差异。该公司在无任何依据的情况下，将两者进行对比，容易引发用户不恰当的联想，足以对消费者造成误导。

2022 年 5 月，某主播在直播平台销售盲盒产品，谎称现场开蚌取珠。直播时，将事先准备好的成品珍珠放入河蚌内，假装现场开蚌取出成品珍珠，按天然珍珠推介给消费者。市场监督管理局依法对其作出没收违法所得 2106 元，罚款 30000 元的行政处罚。

以上两个案例中网络主播的行为均违反了《反不正当竞争法》规定，给消费者造成负面影响。网络主播进行内容生产时，需严格遵守《反不正当竞争法》的规定，避免产生不正当竞争的行为。

四、保护法类的法律和条例：法律精神与人文精神的彰显

网络主播作为网络传播主体，其需要遵守的法律涉及方方面面，其兼具社会性、精神文明性、商业性等综合特点，网络主播还需遵守其他综合性的法律和条例，保护好自己所面对和服务的对象。

网络主播要遵守《中华人民共和国未成年人保护法》相关条款规定，自觉保护未成年人身心健康，保障未成年人合法权益，促进未成年人德智体美劳全面发展，培养有理想、有道德、有文化、有纪律的社会主义建设者和接班人，培养担当民族复兴大任的时代新人。同时，坚持遵循保护与教育相结合的原则，引导未成年人树立和践行社会主义核心价值观。《中华人民共和国未成年人保护法》第五章特别提及“网络保护”问题，规定国家、社会、学校和家庭应当加强未成年人网络素养宣传教育，培养和提高未成年人的网络素养，增强未成年人科学、文明、安全、合理使用网络的意识和能力，保障未成年人在网络空间的合法权益。

网络主播要遵守《中华人民共和国英雄烈士保护法》，加强对英雄烈士的保护，维护社会公共利益，传承和弘扬英雄烈士精神、爱国主义精神，培育和践行社会主义核心价值观，激发实现中华民族伟大复兴中国梦的强大精神力量。法律明确规定，广播电台、电视台、报刊出版单位、互联网信息服务提供者，应当通过播放或者刊

登英雄烈士题材作品、发布公益广告、开设专栏等方式，广泛宣传英雄烈士事迹和精神。并且明确规定，英雄烈士的姓名、肖像、名誉、荣誉受法律保护。任何组织和个人不得在公共场所、互联网或者利用广播电视、电影、出版物等，以侮辱、诽谤或者其他方式侵害英雄烈士的姓名、肖像、名誉、荣誉。任何组织和个人不得将英雄烈士的姓名、肖像用于或者变相用于商标、商业广告，损害英雄烈士的名誉、荣誉。

比如，网络主播要遵守《中华人民共和国消费者权益保护法》及《中华人民共和国消费者权益保护法实施条例》，在涉及商业性代言、直播带货等活动中不仅要牢固树立保护消费者权益的意识，还要真正了解相关商家资质、商品质量，避免在直播带货等商业性的活动中损害消费者利益，进而也避免损害自己作为网络主播的信誉和形象。

第二节 行业法规

一、广播电视管理条例

1997 年 8 月 11 日中华人民共和国国务院发布《广播电视管理条例》，并于 2013 年 12 月 7 日和 2017 年 3 月 1 日，以及 2020 年 11 月 29 日修订，是中国政府为了加强广播电视管理、发展广播电视事业、促进社会主义精神文明和物质文明建设而制定的法规。

《广播电视管理条例》是我国广播电视行业的重要法规，网络主播在涉及节目制作和播出时，天然地应当遵守《广播电视管理条例》的相关规定。

（一）传播宗旨

《广播电视管理条例》第三条规定："广播电视事业应当坚持为人民服务、为社会主义服务的方向，坚持正确的舆论导向。"

网络主播作为网络视听内容的生产者，应该坚持传播正能量，传播积极向上的人生观与价值观，促进社会和谐进步。

（二）行为管理

《广播电视管理条例》第三十二条规定：广播电台、电视台应当提高广播电视节目质量，增加国产优秀节目数量，禁止制作、播放载有下列内容的节目：

1. 危害国家的统一、主权和领土完整的；
2. 危害国家的安全、荣誉和利益的；
3. 煽动民族分裂，破坏民族团结的；
4. 泄露国家秘密的；
5. 诽谤、侮辱他人的；
6. 宣扬淫秽、迷信或者渲染暴力的；
7. 法律、行政法规规定禁止的其他内容。

网络主播在进行节目制作和播出时，应当遵守国家关于广播电视节目内容的相关管理规定，不得制作、播放违反规定的内容。

（三）规范语言文字使用

《广播电视管理条例》第三十六条规定："广播电台、电视台应当使用规范的语言文字。广播电台、电视台应当推广全国通用的普通话。"

网络主播在制作节目时建议使用规范的语言文字，遵守语言规范，确保发音标准、清晰，以便更好地与全国各地用户沟通交流。在特定场合、针对特定群体或制作特色内容时，合理使用方言或外语时，应考虑用户的理解能力，通过添加字幕等方式，避免造成用户理解障碍。

网络主播应当认真学习并遵守《广播电视管理条例》，确保职业行为合规合法。同时也应当关注最新出台的相关政策法规，以适应不断变化的行业环境。

二、互联网信息服务管理办法：确保合规的职业行为

2000 年 9 月 20 日，中华人民共和国国务院第 31 次常务会议通过《互联网信息服务管理办法》，2000 年 9 月 25 日公布施行。根据 2011 年 1 月 8 日《国务院关于废止和修改部分行政法规的决定》修订。2021 年 1 月 8 日，国家网信办就《互联网信息服务管理办法（修订草案征求意见稿）》公开征求意见。征求意见稿全面更新

与升级了我国互联网信息服务管理制度，代表着我国网络治理的新风向。

网络主播作为互联网信息服务提供者，必须了解《互联网信息服务管理办法（修订草案征求意见稿）》相关要求，融入建立健全网络综合治理体系、营造清朗的网络空间、建设良好的网络生态的国家网络治理战略中。

（一）实名认证

网络主播应当完成实名认证，直播平台需要对网络主播的身份信息进行核验。

《互联网信息服务管理办法（修订草案征求意见稿）》第十九条规定：任何组织和个人办理、使用互联网网络接入、互联网信息服务、域名注册和解析等互联网服务，应当提供真实身份信息，不得违反本办法规定的真实身份查验要求，实施下列行为：

1. 使用虚假身份信息、冒用他人身份信息，办理互联网服务；
2. 未提供真实身份信息，获取、使用他人注册的互联网账号、资源；
3. 为他人规避实施真实身份查验的要求提供技术支持或者帮助。

（二）内容规范

网络主播在直播过程中必须遵守相关法律法规，不得传播违法和不良信息，不得进行虚假宣传、欺诈等违法行为。

《互联网信息服务管理办法（修订草案征求意见稿）》第十五条规定：任何组织和个人不得设立用于实施违法犯罪的网站、通信群组、网络账号、移动智能终端应用，不得开办用于实施违法犯罪的互联网服务。

任何组织和个人不得明知他人利用互联网信息服务实施违法犯罪而为其提供技术支持、广告推广、支付结算、代办网络服务等帮助。

任何组织和个人不得倒卖移动电话卡、上网卡、物联网卡。用户将已依法办理真实身份信息登记的移动电话卡、上网卡、物联网卡转让给他人使用的，应当依法办理过户手续。

第二十五条规定：任何组织和个人不得以营利为目的或为获取其他非法利益，实施下列行为，扰乱网络秩序：

1. 明知是虚假信息而发布或者有偿提供信息发布服务的；
2. 为他人有偿提供删除、屏蔽、替换、下沉信息服务的；

3. 大量倒卖、注册并提供互联网信息服务账号，被用于违法犯罪的；

4. 从事虚假点击、投票、评价、交易等活动，破坏互联网诚信体系的。

第二十六条规定：任何组织和个人从事互联网信息服务应当遵守宪法法律，遵守公共秩序，尊重社会公德，不得制作、复制、发布、传播含有下列内容的信息，或者故意为制作、复制、发布、传播含有下列内容的信息提供技术、设备支持或者其他帮助：

1. 反对宪法所确定的基本原则，危害国家安全、荣誉和利益，泄露国家秘密，煽动颠覆国家政权，推翻社会主义制度，煽动分裂国家，破坏国家统一；

2. 宣扬恐怖主义、极端主义，宣扬民族仇恨、民族歧视，破坏民族团结，破坏国家宗教政策，宣扬邪教和封建迷信；

3. 编造、传播扰乱金融市场秩序的信息，以及其他扰乱市场秩序、经济秩序的虚假信息；

4. 编造、传播险情、疫情、警情、自然灾害、生产安全、食品药品等产品安全以及其他方面扰乱社会秩序的虚假信息；

5. 仿冒、假借国家机构、社会团体及其工作人员或者其他法人名义散布的信息，或者为实施违法犯罪而冒用他人名义散布的信息；

6. 散布煽动非法集会、结社、游行、示威或者其他扰乱社会管理秩序、破坏社会稳定的信息；

7. 传播淫秽色情、暴力、赌博、凶杀、恐怖的信息，以及教唆犯罪，传授犯罪手段、方法，制造或者交易违禁物品、管制物品，实施诈骗以及其他违法犯罪活动的信息；

8. 侮辱或者诽谤他人，侵害他人名誉、隐私、知识产权或者其他合法权益，以及危害未成年人身心健康，不利于未成年人健康成长的信息；

9. 法律、行政法规禁止的其他信息。

网信部门、电信主管部门、公安机关和其他有关部门对互联网信息服务进行监督检查，及时查处违反本办法规定的行为。

网络主播应严格遵守《互联网信息服务管理办法》等行业规定，规范行业行为。

三、法律纠纷与司法救济

随着网络主播从业人数的不断增长，网络主播遭遇欠薪、网络主播与经纪公司就账号使用权发生纠纷等网络主播被侵犯合法权益的事件不断发生，引发社会广泛关注。

网络主播自身的权益也需要得到保障。除《中华人民共和国劳动法》外，2020年7月14日，国家发展改革委等部门发布的《关于支持新业态新模式健康发展激活消费市场带动扩大就业的意见》以及2021年7月16日人力资源和社会保障部等部门联合印发的《关于维护新就业形态劳动者劳动保障权益的指导意见》对属于非正规就业群体范畴的网络主播等劳动者的劳动关系、劳动权益保障、工资薪酬保障、休息等权利以及义务等方面进行了规定。网络主播作为新业态的从业者，其权益保护问题也逐渐凸显，目前网络主播权益受到侵害主要集中在以下几方面。

（一）劳动关系认定争议

目前网络主播与供职单位存在纠纷争议较多的主要集中在劳动关系的认定上。

认定劳动关系的标准是统一的。首先，当事人之间签订的合同名称和内容对于用工关系形态的认定并不具有决定作用，根据最高人民法院等相关部门颁布的相关规定以及典型案例，认定确定当事人之间用工关系的性质要坚持用工事实优先原则，即根据用工事实来确定用工关系的性质而非根据合同的名称。其次，劳动关系认定的标准坚持人格从属、经济从属和组织从属三种从属性标准，即《关于确立劳动关系有关事项的通知》（劳动部[2005]12号文）所确定的标准：1. 用人单位和劳动者符合法律、法规规定的主体资格；2. 用人单位依法制定的各项劳动规章制度适用于劳动者，劳动者受用人单位的劳动管理，从事用人单位安排的有报酬的劳动；3. 劳动者提供的劳动是用人单位业务的组成部分。

此外，《最高人民法院关于为稳定就业提供司法服务和保障的意见》中明确，“人民法院应当根据用工事实和劳动管理程度，综合考虑劳动者对工作时间及工作量的自主决定程度、劳动过程受管理控制程度、劳动者是否需要遵守有关工作规则、劳动纪律和奖惩办法、劳动者工作的持续性、劳动者能否决定或者改变交易价格等因素，依法审慎予以认定”。

判断经纪公司与网络主播之间是否存在劳动关系，不能依据是否存在财产关系简单认定，而应从主体资格、人身从属性与经济从属性等方面进行综合判断。网络主播对公司的从属性越强，双方之间的劳动关系法律属性就越强。同时还应考虑双方的劳动关系是否达成合意、用工单位的管理程度、收入来源等因素。

具体而言，基于网络主播提供的劳务具有互联网技术特征，人民法院对主播与公司人身从属性的认定并非局限于合同名称，而是侧重实际用工中，公司是否利用技术性手段实现考核、监督等管理目标，以及主播的工作是否受公司实时指挥、监督。同时，人民法院多以主播的服务行为与公司的业务关系为衡量要点，即不同模式下，主播提供的服务是否属于公司运营的关键组成部分。这些都是判断主播与公司是否构成劳动关系的重要依据。

用人单位招用劳动者时，若未订立书面劳动合同，但同时具备下列情形的，劳动关系成立：用人单位和劳动者符合法律、法规规定的主体资格；用人单位依法制定的各项劳动规章制度适用于劳动者，劳动者受用人单位的劳动管理，从事用人单位安排的有报酬的劳动；劳动者提供的劳动是用人单位业务的组成部分。

因此，在判断经纪公司与网络主播之间是否存在劳动关系时，需要综合各方因素综合判断。作为网络主播，要学会依法维护自身合法权益，在签订协议时，一定要全面了解协议内容，注意协议性质，同时也要注意留存自己的工作证明、考勤表、公司规章制度、工资明细等相关证据，谨防发生纠纷后，因证据不足丧失维权的机会与权利。

（二）社会保障

部分网络主播享受的劳动保障并不充分，这很大程度上与网络主播的从业形态相关。部分网络主播为兼职工作，并没有享受经纪公司提供的劳动权益保障，并且部分网络主播直接面向网络直播平台，其与平台之间是“自雇型（自己雇自己）”的新型用工关系。由于主播与平台之间这种雇佣关系界定的“非传统性”和“不明确性”，网络主播并没有获得和其他职业相同的劳动保障。[①]

网络主播应自行缴纳或由所属公司缴纳社会保险。网络主播职业稳定性差，为网络主播购买社会保险可以增强网络主播从事该行业的信心。

休息权是劳动者的基本权利和法定权利，优先于用工单位利益，有效保障网络主播休息权才能保证网络主播高效参与劳动。因此，保护休息权在一定程度上符合

① 袁文全、毛嘉：《新业态下网络主播法律地位认定及权益保障的制度回应》，武汉大学学报（哲学社会科学版）,2022，第 75 卷第 6 期：144 －153。

从业者、用工单位、行业发展的共同利益。工作时间和休息时间的模糊性极易侵占网络主播的休息时间，在对网络主播群体权益进行保障过程中，这方面问题应引起网络主播本人与相关管理公司的足够重视。网络主播在签订协议时可进一步明确工作时间及工作时长，保障自身权益。

思考题

1. 网络主播的法律素养指的是什么？
2. 网络主播应该掌握的基本法律知识有哪些？这些法律知识对网络主播的行为有哪些作用？
3. 网络主播应该遵守的行业法律法规有哪些？这些法律法规对网络主播的行为有哪些作用？
4. 网络主播应该如何维护自身合法权利？
5. 网络主播 A 在直播过程中演唱歌曲，没有获得歌曲版权所有者许可，其行为是否构成侵权？为什么？

第四章 网络主播职业素养与行为规范

章节概述

本章旨在引导网络主播增强社会责任感，严守职业道德，明确行为规范。进一步提示网络主播不可触碰的底线与红线，强化网络主播规范意识。本章将通过网络主播道德与行为规范框架，指导网络主播在维护社会秩序和传播正能量等方面成为形象表率，促进网络主播职业的健康发展，为社会进步与经济发展作出应有贡献。

学习目标

1. 网络主播应遵守的道德规范与行为规范
2. 网络主播应提高的个人素养
3. 明确网络主播不应触碰的红线
4. 着重强调网络主播税务合规的意义
5. 深入学习《网络主播行为规范》等规范性文件

关键词

社会责任　道德规范　个人素养　底线红线　公益参与

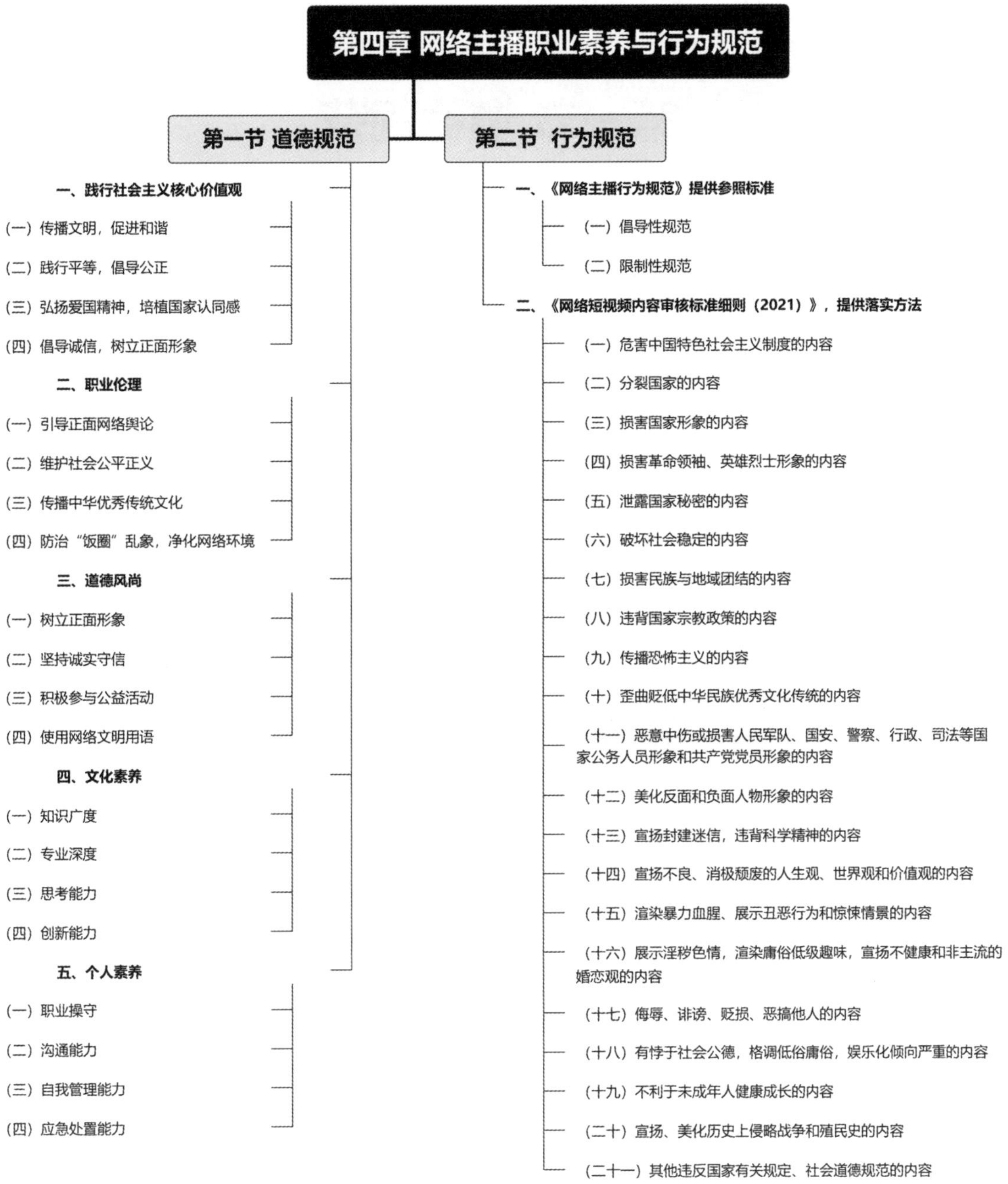
第四章 网络主播职业素养与行为规范
第一节 道德规范
一、践行社会主义核心价值观
（一）传播文明，促进和谐
（二）践行平等，倡导公正
（三）弘扬爱国精神，培植国家认同感
（四）倡导诚信，树立正面形象
二、职业伦理
（一）引导正面网络舆论
（二）维护社会公平正义
（三）传播中华优秀传统文化
（四）防治“饭圈”乱象，净化网络环境
三、道德风尚
（一）树立正面形象
（二）坚持诚实守信
（三）积极参与公益活动
（四）使用网络文明用语
四、文化素养
（一）知识广度
（二）专业深度
（三）思考能力
（四）创新能力
五、个人素养
（一）职业操守
（二）沟通能力
（三）自我管理能力
（四）应急处置能力
第二节 行为规范
一、《网络主播行为规范》提供参照标准
（一）倡导性规范
（二）限制性规范
二、《网络短视频内容审核标准细则（2021）》，提供落实方法
（一）危害中国特色社会主义制度的内容
（二）分裂国家的内容
（三）损害国家形象的内容
（四）损害革命领袖、英雄烈士形象的内容
（五）泄露国家秘密的内容
（六）破坏社会稳定的内容
（七）损害民族与地域团结的内容
（八）违背国家宗教政策的内容
（九）传播恐怖主义的内容
（十）歪曲贬低中华民族优秀文化传统的内容
（十一）恶意中伤或损害人民军队、国安、警察、行政、司法等国家公务人员形象和共产党员形象的内容
（十二）美化反面和负面人物形象的内容
（十三）宣扬封建迷信，违背科学精神的内容
（十四）宣扬不良、消极颓废的人生观、世界观和价值观的内容
（十五）渲染暴力血腥、展示丑恶行为和惊悚情景的内容
（十六）展示淫秽色情，渲染庸俗低级趣味，宣扬不健康和非主流的婚恋观的内容
（十七）侮辱、诽谤、贬损、恶搞他人的内容
（十八）有悖于社会公德，格调低俗庸俗，娱乐化倾向严重的内容
（十九）不利于未成年人健康成长的内容
（二十）宣扬、美化历史上侵略战争和殖民史的内容
（二十一）其他违反国家有关规定、社会道德规范的内容

图 4-1 本章脉络图

第一节 道德规范

在数字化时代，网络主播作为新兴职业，其影响力日益扩大。因此，网络主播承担起相应的社会责任、坚守起应有的道德规范变得尤为重要。本节内容旨在帮助网络主播建立职业道德框架，引导网络主播成为合法合规、积极向上的网络文化传播者。

一、践行社会主义核心价值观

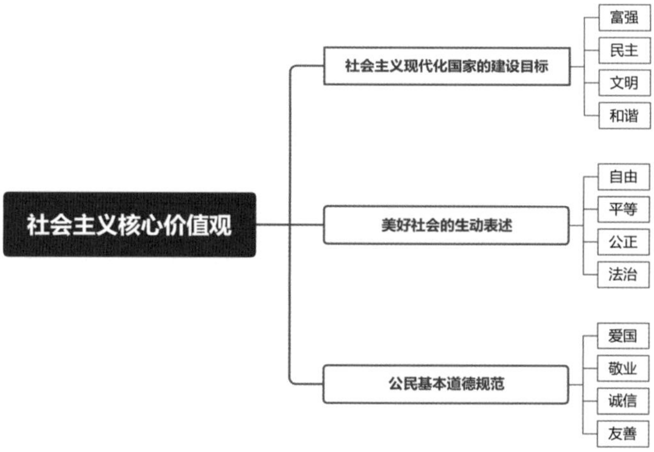

图 4-2 社会主义核心价值观

网络主播作为新媒体时代的践行者，其活动和影响直接触及广大网民。网络主播在传播信息、娱乐大众的同时，也肩负着引领社会风尚的责任。践行好社会主义核心价值观，对促进网络环境的健康发展、提升公民道德素养、构建和谐社会具有重要意义。

（一）传播文明，促进和谐

网络主播应传播积极健康的内容，倡导正能量，提倡文明礼貌的网络行为，避免传播负面信息和不良风气。通过分享积极向上的生活态度、有益于身心健康的知识等内容，引导用户树立正确的价值观和世界观，营造健康向上的网络环境。

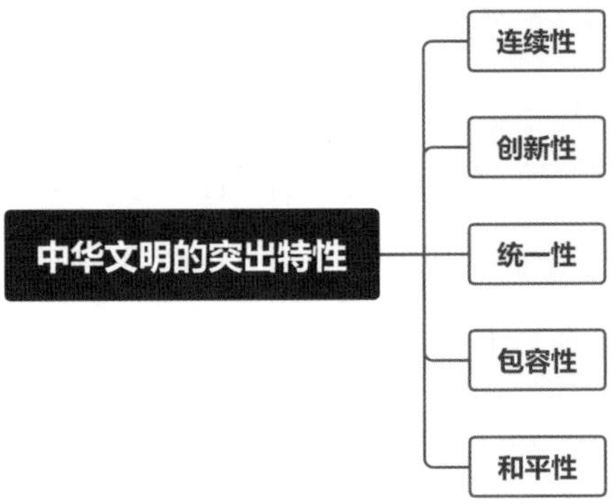

图 4-3 中华文明的突出特性

网络主播应积极弘扬中华优秀传统文化，突出展示中华文明的连续性、创新性、统一性、包容性、和平性，增强广大用户的民族自豪感和文化认同感。通过展示传统节日、非物质文化遗产、中国书画、古典音乐等内容，不仅可以丰富用户的文化生活，也有助于传承中华优秀传统文化。与此同时，网络主播应积极参与国际文化交流，通过介绍我国的发展成就、文化特色、旅游景点、民风民俗等内容，增强世界各国对中国的了解，促进国际友好交流。同时，生活或旅行在他国的网络主播也可以介绍其他国家的优秀文化和习俗，增进用户对世界多样性的认识与尊重，促进不同文明之间的理解与尊重。

网络主播在传播内容过程中应倡导公平正义，关注社会热点问题，客观理性地呈现事实，引导公众进行合理讨论。通过原创内容合理揭示与反思社会问题，将有助于增强公众的法治意识和社会责任感，促进社会公平正义。网络主播不仅是信息的传播者，还是价值观的传递者和社会风气的引领者。因此，网络主播应积极担负起社会责任，用自身影响力为传播中华优秀传统文化与构建和谐社会贡献力量。

（二）践行平等，倡导公正

在新时代，网络主播如何做到促进平等、倡导公正，成为检验其社会价值和影响力的重要标尺。在内容制作中，网络主播在选题、言论表达上应避免性别、种族、地域、阶层等方面的歧视与偏见，通过营造平等开放的交流氛围，鼓励不同背景的用户参与并发声，促进人与人之间的理解与尊重。与此同时，网络主播可以利用自身影响力，关注社会弱势群体，给予他们关爱和支持。

（三）弘扬爱国精神，培植国家认同感

爱国主义是我们民族精神的核心。网络主播应通过多种形式，弘扬爱国精神，培育广大用户的国家认同感。在选题策划及内容制作上，网络主播应倡导正确的历史观，正视历史、尊重历史、学习历史，通过介绍我国历史中涌现出的英雄人物，帮助用户树立正确的历史观念，培植国家认同感，展现中华民族的优秀传统和革命精神。网络主播还可通过介绍新中国成立以来我国经济社会发展成就、科技创新成果、文化艺术繁荣等方面的内容，全面展示新时代中国的蓬勃发展，激发用户的爱国热情与自豪感。

网络主播通过自身影响力，传播正面信息、分享中国故事、增强文化自信，将有效提升国家认同感，共同维护国家利益和民族尊严，促进社会主义核心价值观的广泛传播。

（四）倡导诚信，树立正面形象

诚信是社会主义核心价值观的重要组成部分，网络主播在进行网络视听活动中应恪守诚信原则，言行一致，在进行网络商业营销行为时，网络主播应确保推荐商品的真实性和质量，避免夸大商品效果或隐瞒商品缺陷。在销售过程中，主播应真实介绍商品特点、使用方法及可能存在的限制，为用户提供全面、客观的购买信息。此外，网络主播还应建立完善的售后服务机制，确保在购买后能够获得及时有效的售后支持，保障消费者权益，维护自身的诚信形象。

网络主播在直播和传播信息时，应坚持诚信原则，确保所传播的信息真实、准确。面对各种新闻、事件、数据等信息，网络主播应主动进行核实和验证，避免盲目转发未经证实的消息或谣言。在解读和评论时，网络主播应基于事实，保持客观公正，尊重知识产权，引用信息时注明出处。在面对不确定或争议性信息时，网络主播应明确表态其为个人观点，避免误导用户。在提供信息、分享观点时应保证内容的真实性，不传播虚假信息，不进行误导性宣传，通过自身行为引导用户树立诚信的道德观念。网络主播的诚信行为不仅能够赢得用户的信任和尊重，也能够树立个人正面形象。促进整个网络经济环境的健康发展，提升社会整体诚信水平。

网络主播需要不断提升自身素质，加强学习，提高政治素养和专业水平，深刻理解社会主义核心价值观的内涵和要求，以更加成熟稳重的态度面对职业工作与日

常生活，积极践行社会主义核心价值观，用自己的实际行动影响和带动社会大众，共同为实现中华民族伟大复兴的中国梦贡献力量，成为社会主义核心价值观的传播者和践行者。

二、职业伦理

（一）引导正面网络舆论

网络主播不仅是文化传承者，还有机会成为文化引领者与创新者。网络主播通过个人创意内容的展示，可以引导新的网络文化潮流和社会风尚，影响广大用户的生活方式和思维模式，因此网络主播在进行网络视听活动时，应努力塑造清朗的网络环境。网络主播应通过传播内容弘扬真、善、美，抵制假、恶、丑，引导用户树立正确的世界观、人生观和价值观，这要求主播在内容制作上注重深度与温度，用积极健康的内容影响用户，引导他们正确理解社会现象，形成理性、平和的态度面对生活与工作。网络主播在日常直播中，应积极传播正能量，如分享正面新闻、社会榜样的事迹、个人成长经历等，激励用户以积极的心态面对挑战，鼓励他们为社会的进步贡献自己的力量。通过这种方式，不仅能提升用户的精神状态，还能促进社会整体正能量的积累。

网络主播在网络平台拥有一定的话语权与影响力，在引导正确网络舆论方面也担负重要责任。在这一背景下，网络主播应意识到自身言论与行为对社会舆论与公众意见有着不可忽视的影响。在处理社会热点和敏感话题时，网络主播应展现出足够的社会责任感和政治敏锐度，避免传播不实信息或偏颇观点，努力与用户形成理性、客观的讨论氛围。与此同时，网络主播也应承担起引导舆论的责任，避免传播未经证实的信息，对容易引发公众情绪波动的话题，更应持审慎态度。通过提供多角度、全面的信息，帮助用户理性认识问题，避免情绪化、极端化的舆论导向。网络主播要引导正面舆论，自身要做表率，这要求主播不断提升自我修养，树立良好的职业道德，诚实守信，遵守社会公德。在内容制作与传播过程中，应自觉遵守法律法规，尊重他人，文明用语，保持清朗的网络环境。

网络主播作为当代社会的重要舆论引导者，肩负着引导正面舆论的社会责任。通过树立正确的价值观、妥善处理热点问题，网络主播不仅能为用户提供健康有益的信息，还能为构建健康的网络环境、促进社会和谐发展作出积极贡献。这不仅是对网络主播个人职业生涯的长远发展负责，更是对社会责任和道德担当的体现。

（二）维护社会公平正义

网络主播作为新媒体时代下的新职业，利用互联网平台进行网络视听活动，吸引了大量的用户。随着自媒体行业的快速发展，网络主播的影响力日益增强，其在维护社会公平正义方面承担着重要责任。

借助广泛覆盖用户的互联网平台和自媒体即时互动的特点，网络主播在揭露社会不公现象方面有着得天独厚的优势。网络主播可以及时揭露违法违规行为和不公正现象，通过网络主播的传播，社会不公事件可以引发社会的广泛关注，有助于推动相关部门采取措施，及时纠正不公。然而，网络主播的言行不仅能够影响到广大粉丝和用户的情绪与意见，更在一定程度上塑造了公众对社会事件的认知和态度，因此网络主播传播虚假信息还可能导致公众对真实事件的误解和偏见，进而影响社会公正。在网络社会，信息传播速度极快，一旦虚假信息被传播，就会迅速扩散，纠正谣言的成本相对较高。特别是当涉及敏感话题和重大社会事件时，不实信息的传播会严重扰乱社会秩序，侵害他人权益。因此，网络主播在处理和讨论这类话题时，更应谨慎，务必核实信息来源，确保传播内容的真实性。因此，网络主播在维护社会公平正义的过程中，必须秉持实事求是的态度，如实客观地传递信息，避免传播虚假谣言。这要求网络主播具有敏锐的社会责任感和正确的价值判断，避免因为追求关注度与热度而传播不实信息，损害公众利益。

此外，网络主播应当积极利用自己的影响力，参与打击虚假信息的传播。在确认信息真实性之后，网络主播可以通过直播平台普及辨识虚假信息的方法，提升公众的媒介素养。网络主播在维护社会公平正义中的责任不仅是避免传播虚假信息，更重要的是要成为推动社会进步的正能量传播者。这要求网络主播不仅要有强烈的社会责任感，还需要具备专业的信息判断能力，这样才能在复杂多变的信息环境中，成为公众信赖的信息来源。

网络主播在维护社会公平正义方面担负着重要的责任。在这个过程中，网络主播既是信息的传播者，也是价值观的引领者，网络主播的行为和选择也影响着社会的发展方向。因此，网络主播应当充分认识到自身社会责任，积极行动起来，为维护社会公平正义贡献自己的力量。

（三）传播中华优秀传统文化

在全球化背景下，网络空间是多元文化的交汇点。网络主播在正确传达中华优秀文化的内涵和价值观方面扮演着极为关键的角色。网络主播作为文化传递的桥梁和纽带，通过网络平台将中华文化的精髓和价值观念介绍给全世界，这不仅是文化自信的体现，也是对全球文化多样性的贡献。

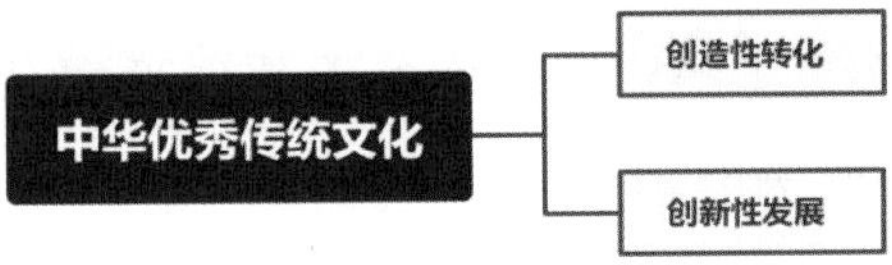

图 4-4 中华优秀传统文化

网络主播在传播中华优秀传统文化时，有机会也有责任推动中华优秀传统文化的创造性转化与创新性发展。网络主播应努力寻找生动有趣的叙事方式，使文化内容变得更加吸引用户，同时易于接受。在传播中华优秀传统文化时，网络主播还需要强调中华文化在当代社会的价值和意义，中华优秀传统文化不是封闭的体系，而是在与时俱进中发展。网络主播有责任向用户展示，如何将传统文化与现代生活相结合，如何从传统文化中汲取智慧与力量，以应对现代社会的挑战。比如将节气与农耕结合，展示说明传统文化与现代农业科学的关系。又如将非物质文化遗产传承与中华文明智慧相结合，展示传承创新的关系等。

网络主播在传播内容时，应挖掘马克思主义基本原理与中华优秀传统文化之间的内在联系，寻找共通点和呼应点。通过对内在联系的探索和解读，网络主播可以帮助用户理解马克思主义基本原理与中华优秀传统文化相互融合、相互促进、共同发展的关系。

网络主播在正确传播好中华文化的内涵和价值观等方面肩负重要责任。通过深入学习和理解中华文化、使用生动有趣的方式传达、强调文化的现代价值、促进文化交流与对话以及培养国际视野和跨文化沟通能力等方面，网络主播可以有效地将中华文化的精髓介绍给全世界，促进全球文化多样性和文化交流互鉴，为推动人类社会的和谐发展贡献力量。

（四）防治“饭圈”乱象，净化网络环境

2021年9月，中央宣传部针对文娱行业频发的流量至上、“饭圈”乱象、违法失德等文娱领域出现的问题，印发《关于开展文娱领域综合治理工作的通知》。在其指导下，网络主播作为融媒体文娱领域的重要组成部分，对防治“饭圈”乱象、规范职业行为、加强职业道德建设等方面承担着重要责任。该通知进一步强调了加强网络文化建设、净化网络环境、促进健康文娱消费等方面的重要性，为网络主播在实际操作中执行提供了明确的指导和要求。

在当前融媒体时代，网络主播或作为内容传播者，连接用户与新闻资讯；或身为明星，旗下拥有众多用户。因此，网络主播肩负着塑造健康粉丝文化和防止“饭圈”乱象的重要使命。网络主播应利用自身的影响力，积极倡导和塑造健康的粉丝文化，努力构建健康、积极的互动交流环境，通过社交媒体等渠道，传播理性追星、文明交流的理念，引导粉丝正确看待竞争，反对任何形式的攻击和贬低其他艺人或粉丝团体的行为，从而减少“饭圈”文化中的负面现象。在此基础上，为根治“饭圈”乱象等文娱领域出现的问题，网络主播需要与政府监管部门、网络平台等相关方加强合作，积极响应监管部门和平台的相关要求，配合开展内容审查、粉丝用户管理等工作。与此同时，网络主播还应向平台和监管部门反映和建议改进文娱行业管理的措施和方法，共同促进网络主播职业与文娱行业的健康发展。

消除“饭圈”乱象，规范网络主播职业行为，加强职业道德建设是一个系统工程，需要网络主播、平台、政府监管机构以及广大粉丝的共同努力。网络主播作为新时代的文化传播者，应以自身的行动影响并引导粉丝，促进网络文化的健康发展，共同营造一个清朗、健康、积极向上的网络环境，从而净化网络空间，提升网络文化品质，为建设社会主义文化强国贡献力量。

三、道德风尚

（一）树立正面形象

网络主播作为新时代信息传播的重要角色，他们生产的内容、个人行为，对广大用户尤其是年轻群体有着深远的影响。网络主播不仅要关注专业能力的提升，要树立正面形象，将正确的价值观、职业观传递给用户，促进社会健康发展。

网络主播应积极培养良好道德品质，以身作则，成为用户心目中的榜样与正能

量担当，包括：爱国守法、明礼诚信、团结友善、勤勉自强、敬业奉献等。网络主播还应通过内容制作展现其积极向上的生活态度和价值观，通过分享个人的正面经历、弘扬传统美德、讨论励志话题等，鼓励用户面对困难保持乐观，用实际行动传递正能量，从而影响并带动用户养成健康的网络行为和积极的生活态度。此外，网络主播还应建立正确的职业观，应充分认识到网络主播不仅是职业选择，更是服务社会、实现个人社会价值的重要渠道。因此，网络主播应持续提升自我，追求职业生涯的长期发展，用实际行动获得广大用户的认可。通过树立正面形象，网络主播不仅可以提升个人竞争力，还可以在推动网络文化健康发展中发挥重要作用。

（二）坚持诚实守信

网络主播的诚实守信不仅关系到个人声誉和职业生涯的发展，更影响着网络文化风气和社会价值观导向。为了保持诚实守信，维护用户合法权益，网络主播在进行商业合作和广告植入时应更加注重透明度和公开性，也应确保所传递的商品或信息真实可靠，网络主播应基于个人真实体验和客观评价来推荐产品或服务，应坚持真实性原则，不失去个人独立判断和评价能力，还应避免夸大其词或提供不实信息，杜绝以编造虚假剧情、低俗化营销等方式诱导用户购买的相关行为。网络主播在进行商业活动的同时，应积极倾听用户的反馈意见，对用户的疑虑和不满及时回应并处理，这不仅有助于坚守诚实守信这一良好道德风尚，也能增进与用户的互动和沟通，提升用户满意度和忠诚度。

保持诚实守信是网络主播职业成功的关键。在快速发展的网络时代，只有建立在诚实守信基础上的网络主播才能获得用户的长期支持和信赖，进而形成良性循环，推动个人成长和行业发展。

（三）积极参与公益活动

网络主播应积极参与社会公益活动，树立良好社会形象。参与公益活动不仅可以帮助网络主播培养良好的社会责任感，还能增强其与用户的情感联系，积极参与公益活动也成为评价网络主播是否实现了社会价值的重要标准，体现了网络主播对社会的贡献与担当。

网络主播参与公益活动务必真实有效。真正的公益行为应该聚焦于亟待解决的社会民生问题，通过有效的公益活动，网络主播不仅能为需要帮助的人或群体带来实质性的改善，还能提升社会公众对于公益事业的认识和参与，进而促进社会和谐进步。相反，如果公益行为是出于追求个人名利的目的，进行虚假宣传或夸大其词，不仅无法为社会带来任何正面影响，反而会造成资源的浪费和公众信任的丧失。任何虚假的“假公益”行为都将会对网络主播自身声誉造成不可逆转的影响，严重损害社会对公益事业的信任。因此，网络主播在参与公益活动时，必须确保其真实有效，绝不能为了个人名利而进行虚假的“假公益”活动。

网络主播作为社会公众人物，承担着重要社会责任。通过长期可持续的公益参与，其不仅能够为社会带来积极改变，还能够实现自身社会价值，提升社会影响力。

（四）使用网络文明用语

网络文明用语，作为数字时代文明交流的重要组成部分，指的是在网络环境中使用的礼貌、健康、正面的语言文字，其不仅包含遵守基本的网络交流礼仪，还涉及表达方式的选择、对话内容的构建以及交流背后的价值观念。网络文明用语的推广和应用，对营造健康向上的网络环境、提升网络交流的质量、构建和谐的社会关系具有重要意义。网络主播作为新媒体时代的重要信息传播者和意见领袖，对塑造网络文化、引导公众行为具有不可忽视的作用。

网络主播应树立良好的个人形象和言行标准，在网络活动中严格遵守网络文明规范，使用礼貌、正面、健康的语言，通过自身表率作用，影响和带动用户。网络主播还应明确设立直播间规则，对不文明用语等行为做出严格限制，规则中应明确指出禁止使用任何形式的侮辱性语言、歧视性言论以及其他不文明用语，违者将被禁言或拉黑处理，通过以上努力，以身作则，营造良好的网络环境。

网络文明用语的推广和实践，需要社会各界的共同努力，网络主播、网络平台以及用户都应积极参与到文明上网的实践中，通过网络主播持续引导，进一步提高公众网络素养，让文明用语成为网络交流的基本准则，共同营造清朗、健康、文明的网络空间。

四、文化素养

（一）知识广度

随着网络视听行业的快速发展，用户对网络主播产出的内容质量和深度提出了更高要求，因此，网络主播不断扩大自身知识储备显得尤为重要。

坚持阅读是网络主播获取知识最直接、最有效的方式之一。在工作之余，网络主播应当培养广泛阅读的习惯，其阅读范围不应局限于专业知识学习，还应涵盖人文、社会、科学、艺术等领域。养成持续阅读的习惯能够提升网络主播的文化素养和思维深度，使其在创作与互动中多角度、深层次分析问题，为用户提供独到的见解与有价值的信息。

浏览新闻资讯是了解国内外最新动态的重要渠道。网络主播应按时浏览新闻资讯，包括政治、经济、科技、文化等各个领域重大事件和发展趋势，从而使自身生产的内容更加贴近时代发展，满足用户的需求和好奇心。同时，网络主播还可以根据最新的新闻事件设计互动话题，增加产出内容的丰富性和多样性，从而激发用户的参与热情，提高互动性。

实地探访，是感知世界最直接的方式之一。对网络主播来说，实地考察不仅是提升个人能力和拓宽视野的有效手段，也是增强其创作内容吸引力、提升用户互动体验的重要途径。相比于通过二手资料获取信息，网络主播通过实地探访能够收获亲身感受。深入而真实地感受能够为用户提供更加生动、具有感染力的互动体验，建立起情感共鸣。网络主播应不断通过自身努力，拓宽知识广度，扩大知识储备，不断提升创作内容质量。

（二）专业深度

网络主播在具备广泛知识面的同时，更应具备足够的专业深度。专业深度是指主播在其深耕的领域或垂类具有深厚理解、独到见解和专业技能。网络主播应不断提升专业深度，包括参加相关的线上或线下培训课程，学习最新的专业知识、表达技巧等。例如，音乐主播可以参加声乐和乐器演奏的专业培训，游戏主播则可以研究最新的游戏策略来提升自身操作水平，吸引用户关注。在丰富理论知识的同时，网络主播可以通过多种方式积累实践经验，如积极参与相关的专业比赛、展示活动、直播互动等。在实践过程中，网络主播不仅能提升自己的专业技能，还能学习如何应对突发情况，进一步提升现场应变能力。网络主播还应定期收集分析用户反馈，充分了解自身优势与不足，进一步明确未来发展方向。同时，网络主播也应随时进行自我评估，客观分析内容输出的质量，创新内容呈现形式。

网络主播通过不断提高自身专业深度，将有效提升个人竞争力，增强用户体验，塑造行业形象，实现个人价值。网络主播应持续不懈提升专业技能，为用户提供更高质量的内容，为网络视听行业发展贡献自己的力量。

（三）思考能力

在信息爆炸和观点多元的网络环境中，网络主播不仅是信息的传播者，也是网络文化的塑造者和公众意见的引导者。强化思考能力有助于网络主播更好地处理信息，进一步提升制作内容的质量和深度，从而引导用户理性思考，为健康理性的网络文化氛围贡献力量。

网络主播在创作时应时刻保持理性思考习惯。首先，对将要传递的信息与内容进行评估，判断其来源是否可靠、是否存在争议与不良社会影响，这要求网络主播不仅要关注信息的内容，更要留意信息提供方的背景、意图和准确性。网络主播应通过多渠道验证信息，对单一来源的信息持保留态度，避免传播未经证实的消息。其次，网络主播在传播内容时，应明确区分客观事实与主观观点，在传递信息时，应清晰地注明自己的解读或评价，避免将个人观点误导为事实，保证信息传播的客观性和公正性。

网络主播在工作中往往会遇到各种问题与挑战，如争议话题处理等。善于思考的主播能够有效分析问题的根源，评估不同解决方案的利弊，选择最合适的应对策略，这种能力不仅能提升内容产出的质量，也能增强主播在突发情况下的应变能力。

（四）创新能力

网络主播面临着激烈的行业竞争与不断变化的用户需求。创新能力成为网络主播的核心竞争力之一。创新能力不仅能够帮助网络主播在行业中脱颖而出，更能够持续吸引和维系用户，提升个人影响力，提高个人商业价值。

网络主播需要具备内容创新的能力，这包括发现新颖话题、设计独特的直播形式和制作创意内容。内容创新要求主播对行业趋势有敏锐的洞察力，能够捕捉到用户的兴趣和需求，并将其转化为吸引用户的内容。例如，结合当前热点事件制作主题直播，或是开发具有教育意义和娱乐性的互动游戏。随着科技的发展，直播技术不断进步。网络主播应具备探索和应用新技术的能力，利用先进的直播工具和技术手段提升直播的视听效果和互动体验。如使用多画面直播技术实现多角度转播，增加内容制作的丰富性和观赏性。

在网络主播直播过程中，能与用户进行实时互动，是提升直播吸引力的重要手段。网络主播还可以通过创新互动环节与互动机制，激发用户的参与热情，增强用户观看的沉浸感和归属感。例如，开发投票、答题、弹幕互动等环节，使用户能够在直播中扮演更加积极的角色。网络主播还需要具备个人风格的创新能力，通过不断尝试和调整，形成与众不同的直播风格和个人形象。这包括语言风格、视觉形象、互动方式等多个方面。个人风格的创新有助于主播塑造鲜明的个人品牌，增加用户的认同感和忠诚度。

网络主播的创新能力是其在数字媒体时代脱颖而出的关键，通过持续在内容、技术、交互方式、个人风格等方面的创新，网络主播不仅能够提升自身的专业水平和市场竞争力，还能够推动整个网络视听行业的发展与进步。因此，网络主播应积极培养创新能力，不断探索和尝试，勇于突破传统框架，为用户提供高质量的原创内容。

五、个人素养

（一）职业操守

网络主播的职业操守，包括对职业的热爱、注重自我的形象、对他人的尊重等方面。网络主播应不断学习，持续提升专业技能。这包括了解最新的视频制作技术、提高直播内容的创意与质量等。主播可以通过参加专业培训、学习同行优秀案例、掌握新的视频制作工具和平台功能等方式提升专业技能。此外，网络主播应积极参与网络视听行业交流与合作，拓宽视野，学习交流，共同推动行业发展。通过与行业内外的专家、同行建立良好的关系，网络主播可以获得相关经验知识，也能够为自身发展开拓更多可能性。

网络主播应有意识地设计和塑造自身公众形象，包括但不限于着装选择、谈吐举止、直播风格等。通过专业的形象设计，可以让主播在众多直播内容中脱颖而出，塑造独特而又亲和的公众形象，快速吸引用户的注意。

与此同时，网络主播在同一领域内不可避免地会遇到竞争和比较。对待同行和竞争对手，网络主播应坚持尊重与合作的态度，不在公开场合中贬低和攻击同行，应通过正面比较，学习对方的优点，展现网络主播职业间的健康竞争，互相尊重不仅能够促进行业的发展，也能够帮助其赢得用户喜爱与信任。在坚守职业操守的过程中，网络主播需要具备前瞻性的思考、不断学习的态度和强烈的责任心，以期实现个人价值的最大化。

（二）沟通能力

网络主播应具备较强的沟通交流能力。在职业活动中，网络主播不仅要传递信息，更要与用户有效互动并建立情感连接。无论是讲故事、解答问题还是分享信息，网络主播应清晰、流畅、准确地表达思想与情感。这要求主播具备较强的语言组织能力和词汇量，能够根据不同的内容主题和用户特点，选择合适的表达方式，切换恰当的语言风格。

除了语言表达，非语言沟通也是网络主播展现沟通能力的重要组成部分。这包括肢体语言、面部表情、声音调节等。包括通过控制语速、语调和音量来调节表达内容的节奏与氛围。恰如其分的非语言沟通能够让网络主播表达的内容更加生动有趣，增强用户的参与感和沉浸感。

值得网络主播注意的是，有效的沟通是双向的。网络主播在直播过程中应注重倾听用户的反馈，无论是通过直播间的评论、私信还是社交媒体，网络主播应对用户的问题和意见给予足够的关注和尊重，及时作出反馈和回应。通过不断学习和实践，网络主播可以有效提升自己的沟通能力，实现职业生涯的长远发展。

（三）自我管理能力

网络主播的个人修养还体现在自我管理能力上，自我管理能力涵盖时间管理、内容策划与质量控制、个人品牌建设等方面，这有助于网络主播在职业生涯中保持高效的工作状态。

在快节奏的网络环境中，时间管理对网络主播来说尤为重要。有效的时间管理不仅意味着合理规划直播时间和内容制作时间，还包括对个人休息和学习时间的合理分配。优秀的网络主播会制订详细的工作计划，包括直播计划、内容更新计划、用户互动计划等，并严格按照计划执行，确保内容的持续性和多样性，同时也留有充足的时间用于技能提升和个人休息。

与此同时，制作精良的内容是网络主播吸引用户的核心要素。网络主播应根据市场趋势和用户需求，策划高质量、有吸引力的直播内容。这不仅要求网络主播具备良好的市场洞察力，还要求网络主播对制作的内容进行严格的质量控制，确保内容能给用户带来持续的新鲜感。优秀的网络主播会定期回顾直播内容，评估内容传播效果，根据用户反馈调整内容制作策略。网络主播的个人品牌和形象也是自我管理的关键因素，网络主播应清晰定位自身直播风格与特色，塑造差异化、正向的个人形象，并通过社交媒体等手段加以推广，打造属于自己的个人品牌形象。在此基础上，网络主播还需要对自身的公众形象保持敏感，及时应对可能影响个人品牌的负面信息，通过正面行动和积极互动来巩固和提升其在用户心目中的形象。

（四）应急处置能力

网络主播经常面临突发事件的挑战，这些事件可能是争议性话题引发的用户反应与有组织的网络暴力等。网络主播妥善处置突发事件，对维护网络秩序、保护个人品牌形象将起到至关重要的作用。面对网络攻击时，网络主播应快速评估网络攻击的性质和严重程度，判断其是否影响到其工作安全、信息泄露。对于技术性的网络攻击，主播应采取相应的技术措施进行防御。这包括但不限于使用防火墙、安全协议、数据加密等方式来保护直播系统和个人信息的安全。同时，定期更新软件和系统，修补可能存在的安全漏洞，增强直播系统的抵御能力。

网络主播当面对人身攻击与不当言论时，其应对方式将直接影响个人形象，甚至可能影响用户群体的集体情绪与黏性。在网络空间，不当行为的形式多样，包括但不限于恶意评论、人身攻击、有害信息传播等形式。面对此类问题，网络主播应保持冷静并客观评估，区分其面对的是基于误解的负面评论，还是有组织的网络暴力。对于基于误解产生的不当行为，网络主播应通过沟通与解释来澄清事实，适当的沟通可以有效缓解矛盾，消除误解。网络主播可以利用网络平台，对事件的来龙去脉进行详细说明，同时提供相应的证据支持自身立场。而面对有组织的网络暴力或诽谤行为，网络主播应第一时间上报平台方并寻求帮助，还应保留相关证据，包括屏幕截图、聊天记录等，必要时可以通过报警、自诉等形式，通过法律途径维护自身合法权益。

网络主播通过掌握应急处置能力，不仅可以有效地应对职业活动中的突发情况，还能有效提升自身在用户心中的形象与公信力。

第二节 行为规范

一、《网络主播行为规范》提供参照标准

国家广播电视总局与文化和旅游部于 2022 年 6 月 8 日联合印发了《网络主播行为规范》（以下简称《规范》），该规范的发布标志着对网络主播职业的规范与引导进入了新阶段。这一规范不仅为网络主播的行为设定了明确的界限和标准，还从宏观上反映了社会对网络文化的期待与要求，体现了在数字时代背景下相关主管部门对网络主播从业人员道德建设的重视。网络空间是亿万网民共同的精神家园，维护好健康的网络环境是每位网络主播的责任与义务。

《规范》第一条明确了该文件的适用范围，第一条规定："通过互联网提供网络表演、视听节目服务的主播人员，包括在网络平台直播、与用户进行实时交流互动、以上传音视频节目形式发声出镜的人员，应当遵照本行为规范。利用人工智能技术合成的虚拟主播及内容，参照本行为规范。"《规范》通过对网络主播行为进行规范，将有效规范网络主播的从业行为，有利于网络主播的职业化发展。

依据全文内容可以将具体规范条款归纳为倡导性规范、限制性规范两种类型。

（一）倡导性规范

1. 第三条：网络主播应当遵守网络实名制注册账号的有关规定，配合平台提供真实有效的身份信息进行实名注册并规范使用账号名称。

解读：第三条聚焦于网络主播在进行账号注册时必须遵循的实名制要求，规定不仅体现了对网络环境管理的重视，也关系到网络主播个人职业行为的规范化。

通过实名注册，网络主播的身份得到了一定程度的公开和验证，有助于构建更加安全、清晰的网络空间。当网络主播以真实身份参与网络活动时，其行为与真实世界的身份紧密联系在一起，这无疑会增强网络主播对自己行为后果的认识和责任感。实名制使网络主播在发布内容、与粉丝互动时更加谨慎，从而减少可能发生的

违规行为。

规范的账号名称有助于维持良好的网络秩序。若账号名称包含涉及暴力、色情、歧视等不良信息，将会对网络环境产生负面影响。对网络主播而言，规范的账号名称是其个人品牌的一部分。恰当且正面的账号名称不仅易于用户记忆，还能传递出正能量，提升网络主播的职业形象。

2. 第四条：网络主播应当坚持正确政治方向、舆论导向和价值取向，树立正确的世界观、人生观、价值观，积极践行社会主义核心价值观，崇尚社会公德、恪守职业道德、修养个人品德。

解读：第四条的提出，反映了国家对网络主播制作与直播内容的高度重视。网络平台作为新兴的传播形式，具有覆盖面广、影响力大、互动性强等特点，网络主播在直播过程中的言行直接影响着广大网民。网络主播遵守第四条规定，不仅有助于网络主播个人职业素养的提升，还对提升社会环境质量、促进社会和谐稳定、推动文化繁荣发展具有重要意义。

3. 第五条：网络主播应当坚持以人民为中心的创作导向，传播的网络表演、视听节目内容应当反映时代新气象、讴歌人民新创造，弘扬中华优秀传统文化，传播正能量，展现真善美，满足人民群众美好生活新需要。

解读：第五条是对网络主播职业行为的核心要求之一，明确指出了网络主播在内容创作和传播过程中应遵循以人民为中心的导向，积极响应时代呼唤，通过内容传递积极向上的社会价值观和文化理念。这一条款不仅体现了对网络文化生态优化的追求，也强调了网络主播在塑造社会主流价值观中的重要作用。

4. 第六条：网络主播应当坚持健康的格调品位，自觉摈弃低俗、庸俗、媚俗等低级趣味，自觉反对流量至上、畸形审美、“饭圈”乱象、拜金主义等不良现象，自觉抵制违反法律法规、有损网络文明、有悖网络道德、有害网络和谐的行为。

解读：第六条明确要求网络主播在其直播与相关活动中应当秉持健康、高雅的格调品位。这不仅是对网络主播个人职业素养的要求，更是对整个网络主播职业文化底蕴的要求与考量。低俗、庸俗、媚俗等低级趣味的内容往往迎合极少数用户的非理性需求，短期内或许能够吸引眼球、聚集流量，但从长远来看，这类内容会严重损害网络主播的个人形象，降低行业整体品质，破坏网络文化环境，网络主播应自觉远离这类内容，通过提供有深度、有价值、有教育意义的内容，引领网络文化的健康发展。“流量至上”的观念时常驱使一些网络主播不惜一切代价追求流量，甚至采取制造争议、炒作话题、营造畸形“饭圈”等不正当手段，博取用户关注。这种现象严重扭曲了网络文化生态，导致畸形审美和错误价值观的传播。第六条规范强调网络主播应自觉反对这一现象，坚持内容为王，通过高质量内容赢得用户的认可和支持。第六条的制定，为网络主播的行为设定了明确的道德和法律边界，引导网络主播合法合规从事职业活动。这不仅有利于提升网络主播自身的职业素养和行业形象，也对优化网络文化环境、构建和谐社会具有重要意义。

5. 第七条：网络主播应当引导用户文明互动、理性表达、合理消费，共建文明健康的网络表演、网络视听生态环境。

解读：第七条聚焦于网络主播在维护网络环境、引导用户行为方面的责任和义务，强调了网络主播不仅是内容的提供者，也是网络文明的传播者和引导者。该条款的核心在于倡导网络主播应积极营造文明、理性、健康的网络交流环境。同时，随着网络直播经济的快速发展，“打赏文化”成为网络平台的一大特色，但过度消费、非理性消费的现象也日益严重，网络主播有责任引导用户合理消费，这包括但不限于倡导用户根据自身经济条件理性打赏、理性购买直播间产品及服务，避免诱导用户进行超出其经济承受能力的消费。第七条的最终目的在于共同建设文明健康的网络表演、网络视听生态环境。网络主播作为构建这一环境的关键力量，应当积极履行社会责任，通过自身的正面影响力促进良好网络风气的形成。

6. 第八条：网络主播应当保持良好声屏形象，表演、服饰、妆容、语言、行为、肢体动作及画面展示等要文明得体，符合大众审美情趣和欣赏习惯。

解读：第八条聚焦于网络主播的公众形象，强调了网络主播应展现良好的声屏形象与适宜的表现形式。这一规定从多个层面确立了网络主播作为公众人物应遵守的基本职业标准，通过规范网络主播的表演风格、言行举止等，促进网络主播职业的健康发展与优质文化内容创作。维护良好的声屏形象对于网络主播而言至关重要，其涵盖了网络主播的外表形象，如服饰、妆容，也包括了言行举止、语言表达等内在素质。规范要求网络主播在公众面前展现的形象应文明得体，这意味着网络应注意个人形象和行为的适宜性，避免出现任何可能引起用户不适或反感的表现。此规定专注于网络主播个人职业素养的提升，也是对整个网络主播职业文化建设的引导。

《规范》中的倡导性规范不仅是对网络主播行为的正面引导，更是培养了其职业精神和社会责任感，这将有助于塑造健康向上的网络文化，促进网络环境的良性发展。通过积极响应、不断学习，倡导性规范相关内容，网络主播能够紧跟时代发展的步伐，提升个人业务能力，为用户提供更高质量的内容。

7. 第九条：网络主播应当尊重公民和法人的名誉权、荣誉权，尊重个人隐私权、肖像权，尊重和保护未成年人、老年人、残疾人的合法权益。

解读：第九条着重强调了网络主播在职业活动中应尊重和保护公民个人及法人的合法权益，包括名誉权、荣誉权、隐私权、肖像权，以及特定群体如未成年人、老年人、残疾人的合法权益。这一规定从根本上体现了对个人权利的尊重和保护，也体现了对人权的基本尊重和法治精神的遵循。这要求网络主播在追求个人发展和内容丰富多彩的同时，不忘基本的道德底线和法律界限。通过尊重每一个人的基本权利，维护特定群体的合法权益，还有助于网络主播建立起积极的公众形象，赢得用户的信任和尊重。

8. 第十条：网络主播应当遵守知识产权相关法律法规，自觉尊重他人知识产权。

解读：第十条专门针对知识产权的尊重和保护提出了明确要求，体现了规范对创新成果尊重和保护的高度重视，同时也强调了网络主播在直播活动中应遵循的基本法律义务和道德准则。在数字化时代背景下，内容创作与分享变得极为便捷，知识产权保护尤为关键，对维护创作者权益、促进健康文化生态系统的构建具有重要意义。知识产权相关法律法规是保护文学、艺术和科学等作品创作者权益的法律体系，包括但不限于著作权法、商标法、专利法等。这些法律法规共同构成了知识产权保护的法律框架，旨在鼓励创新和保护创造性成果，确保创作者能够得到其智力成果的合法回报。网络主播作为互联网时代的内容传播者，应当充分理解并遵守这些法律法规的要求，确保在职业活动中不侵犯他人的知识产权。

通过遵循这条规范，网络主播可以在尊重他人创作成果的同时，促进自身内容的多样化和高质量发展。这不仅能够增强用户体验，也能够在更大程度上激发社会创新活力和文化创造力，共同促进数字文化产业的繁荣发展。

9. 第十一条：网络主播应当如实申报收入，依法履行纳税义务。

解读：第十一条明确要求网络主播应如实申报收入，依法履行纳税义务。在数字经济迅猛发展的今天，网络主播的收入水平也日益提高，网络主播依法纳税成为维护税法公平、构建健康网络环境的必要举措。如实申报收入是履行纳税义务的首要前提，只有准确无误地申报了所有收入，税务机关才能根据相关法律法规计算出应缴纳的税款金额，如实申报不仅是法律的要求，也是维护税法公平、保障公共财政收入的重要保障。对网络主播而言，如实申报收入有助于避免因隐瞒收入、逃避税款而面临的法律风险，包括但不限于补缴税款、缴纳滞纳金、承担行政处罚甚至刑事责任等。

依法履行纳税义务对于网络主播个人、整个网络视听行业以及社会经济发展均具有深远意义。对个人而言，依法纳税是体现网络主播职业道德和社会责任感的重要标志，有利于塑造良好的社会形象，获得用户支持。对行业而言，依法纳税有助于营造公平竞争的市场环境，推动行业健康有序发展。对社会而言，确保网络主播等新兴职业群体依法纳税，有助于增加国家财政收入，为政府提供公共服务提供稳定财政支持。

10. 第十二条：网络主播应当按照规范写法和标准含义使用国家通用语言文字，增强语言文化素养，自觉遏阻庸俗暴戾网络语言传播，共建健康文明的网络语言环境。

解读：第十二条专注于规范网络主播的语言使用习惯，其核心目的在于提升网络语言文化的整体素质，促进健康文明的网络环境建设。在数字化与网络化日益深入人们生活的今天，网络语言作为交流的主要工具，其正确、文明地使用尤为重要。规范要求网络主播使用国家通用语言文字，并坚持其规范写法和标准含义，语言表达时倡导使用普通话。这一要求不仅有助于保证信息传播的准确性和有效性，也是对国家语言文字政策的遵守，体现了网络主播对语言文化的尊重。综上所述，网络主播应充分认识到自身在共建文明网络语言环境中的作用和责任。

11. 第十三条：网络主播应当自觉加强学习，掌握从事主播工作所必需的知识和技能。对于需要较高专业水平（如医疗卫生、财经金融、法律、教育）的直播内容，主播应取得相应执业资质，并向直播平台进行执业资质报备，直播平台应对主播进行资质审核及备案。

解读：第十三条针对网络主播的职业素养和专业能力提出了具体要求，旨在提升网络主播的整体质量，确保内容的专业性和准确性，保护用户合法权益。网络主播应当自觉加强学习，不断提升知识水平和技能，通过不断学习，满足用户的多样化需求，同时也有助于提升网络主播自身的职业竞争力。对涉及较高专业水平的内容，如医疗卫生、财经金融、法律、教育等领域，第十三条规定网络主播不仅需要具备相应的专业知识和技能，还应当取得相应的执业资质。这一要求确保了网络主播在提供专业内容时具有足够的资质和能力，保障了内容的准确性和专业性，避免了传播错误信息可能对用户造成的误导和伤害。通过加强网络主播的职业素养和专业能力培养，提高专业内容的准确性和权威性，不仅能够保护消费者权益，防止错误信息的传播泛滥，还能够提升新媒体传播的公信力和社会影响力。此外，规范化的资质审核和备案流程也有助于规范网络视听市场，促进网络主播职业的长期健康发展。

服务性规范强调网络主播在提供网络视听服务过程中应当注意的职业行为和服务质量，明确了网络主播在专业知识和技能方面应达到的标准，为网络直播内容的质量提供有效保障。

（二）限制性规范

限制性规范是指《规范》第十四条明确禁止网络主播从事的不当行为。网络主播若违反该条款，网络平台将依据社区规则和管理条款，对违规主播实施警告、内容删除、限制或禁止直播功能、账号封禁等处罚。在严重违规的情况下，平台可能会永久封禁网络主播账号，禁止其在平台上进行任何形式的活动。除此之外，相关主管部门将根据网络主播违规行为的性质和严重程度，追究其法律责任。

1. 影响国家安全与社会稳定的行为

第一项：发布违反宪法基本原则及国家法律法规的内容。

第二项：发布颠覆国家政权，危害国家统一、主权和领土完整的内容。

第三项：发布削弱、歪曲、否定中国共产党的领导、社会主义制度和改革开放的内容。

第五项：违反国家宗教政策，在非宗教场所开展宗教活动，宣扬宗教极端主义、邪教等内容；

第八项：使用换脸等深度伪造技术对党和国家领导人、英雄烈士、党史、历史等进行伪造、篡改。

第十二项：编造、故意传播虚假恐怖信息、虚假险情、疫情、灾情、警情，扰乱社会治安和公共秩序，破坏社会稳定。

第二十九项：在涉及国家安全、公共安全，影响社会正常生产、生活秩序，影响他人正常生活、侵犯他人隐私等场所和其他法律法规禁止的场所拍摄或播出。

解读：《规范》第十四条针对严重影响国家安全与社会稳定的行为提出了一系列细致的规定，这些规定构成了网络主播在职业行为上必须遵守的底线。从维护国家安全、尊重宪法与法律，到禁止歪曲历史、宣扬极端思想，再到反对使用技术手段篡改重要人物和事件，这些规定共同构成了维护社会稳定和国家安全的防线。国家安全是社会稳定的基石。网络主播在创作内容时，必须坚决避免发布任何违反宪法和法律法规、危害国家统一和领土完整、颠覆国家政权的内容。这些行为不仅会对社会稳定构成威胁，还会使网络主播本人面临严重的法律后果。同样，网络主播也应避免宣扬任何形式的宗教极端主义、邪教思想，以及使用技术手段篡改重要历史人物和事件。网络主播的内容创作和发布不应成为传播虚假信息、扰乱社会秩序的渠道。编造、故意传播虚假恐怖信息、虚假险情等行为，会严重扰乱社会治安和公共秩序，破坏社会稳定。

网络主播与所有网民一样，都应严格遵守这些规定，严守个人的职业操守，不断增强自身社会责任感，为营造健康、文明、积极的网络环境作出应有贡献。

2. 影响文化传承与民族团结的行为

第四项：发布诋毁民族优秀文化传统，煽动民族仇恨、民族歧视，歪曲民族历史或者民族历史人物，伤害民族感情、破坏民族团结，或者侵害民族风俗、习惯的内容。

第六项：恶搞、诋毁、歪曲或者以不当方式展现中华优秀传统文化、革命文化、社会主义先进文化。

第七项：恶搞、歪曲、丑化、亵渎、否定英雄烈士和模范人物的事迹和精神。

解读：该类规定强调网络主播在内容创作时，必须尊重并传承民族优秀文化传统，避免发布任何诋毁民族优秀文化、煽动民族仇恨、歪曲民族历史或民族历史人物的内容。规范要求网络主播在传播中华优秀传统文化、革命文化、社会主义先进文化时，禁止任何形式的恶搞、诋毁、歪曲。尊重和弘扬中华优秀传统文化、革命文化、社会主义先进文化，对于构建社会主义核心价值体系，促进精神文明建设具有重要意义。网络主播在展现这些文化时，应本着最大限度的敬意和责任感，正确解读与传播。规范还要求网络主播在内容中恰当表现英雄烈士和模范人物的事迹和精神，禁止任何形式的恶搞、歪曲、丑化、亵渎和否定。英雄烈士和模范人物是民族精神的象征，他们的事迹和精神激励着一代又一代人奋勇前进。网络主播在处理相关内容时，应秉持最高的敬意，用恰当的方式传递革命先辈精神价值，激发用户的爱国热情。

文化是国家与民族的灵魂，文化的传承和发展对于维护民族认同感和增强国家凝聚力至关重要，网络主播作为具有广泛影响力的公众人物，应当在网络平台上积极传播正能量，为促进民族团结和文化多样性的发展贡献力量。

3. 违反法律与影响社会秩序的行为

第九项：损害人民军队、警察、法官等特定职业、群体的公众形象。

第十一项：宣扬淫秽、赌博、吸毒，渲染暴力、血腥、恐怖、传销、诈骗，教唆犯罪或者传授犯罪方法，暴露侦查手段，展示枪支、管制刀具。

第十四项：侮辱、诽谤他人或者散布他人隐私，侵害他人合法权益。

第十五项：未经授权使用他人拥有著作权的作品。

第十六项：对社会热点和敏感问题进行炒作或者蓄意制造舆论“热点”。

第十九项：介绍或者展示自杀、自残、暴力血腥、高危动作和其他易引发未成年人模仿的危险行为，表现吸烟、酗酒等诱导未成年人不良嗜好的内容。

第二十二项：破坏生态环境，展示虐待动物，捕杀、食用国家保护类动物等内容。

解读：本类规定旨在彰显法律尊严、维护社会秩序，通过对这些条款的综合解读，可以清晰地认识到网络主播在内容创作和直播活动中不应触犯的基本规定。网络主播应当尊重特定职业和群体的公众形象，如人民军队、警察和法官等，避免发布任何可能损害这些群体形象的内容，这不仅是对以上职业群体的尊重，也是对社会秩序和法律权威的维护。网络主播禁止宣扬淫秽、赌博、吸毒等不良行为，以及渲染暴力、血腥、恐怖等内容。这些行为和内容将破坏社会公共道德，引发公众不安，甚至诱导用户模仿犯罪。与此同时，为了防止网络平台成为犯罪行为的传播渠道，保护公众的安全，网络主播禁止传播教唆犯罪或传授犯罪方法，以及展示枪支、管制刀具等行为。

《规范》还要求网络主播尊重他人的合法权益，禁止侮辱、诽谤他人或散布他人隐私，这是基于对个人权利和尊严的保护。对于他人拥有著作权的作品，未经授权的使用行为不仅侵犯了知识产权，也破坏了文化创新和产业发展的良性生态。网络主播在处理社会热点和敏感问题时，需特别谨慎，不应进行炒作或制造舆论“热点”。这类行为将会放大社会矛盾，滋生社会负面情绪，影响社会和谐稳定。对《规范》明确禁止网络主播展示可能引发未成年人模仿的不良内容，如自杀、自残、暴力血腥场景以及吸烟酗酒行为的展示。这是基于保护未成年人的身心健康，防止不良信息对他们产生错误引导和不良影响。网络主播作为公众形象代表，更应担负起保护未成年人的社会责任，传递正面的价值观和生活态度。最后，规范禁止网络主播破坏生态环境、虐待动物，反映了社会对生态文明建设的高度重视，也体现了人类对动物权利的尊重。

4. 影响网络环境与侵犯消费者权益的行为

第十项：宣扬基于种族、国籍、地域、性别、职业、身心缺陷等理由的歧视。

第十三项：展现过度的惊悚恐怖、生理痛苦、精神歇斯底里，造成强烈感官、精神刺激并可致人身心不适的画面、台词、音乐及音效等。

第十七项：炒作绯闻、丑闻、劣迹，传播格调低下的内容，宣扬违背社会主义核心价值观、违反公序良俗的内容。

第十八项：服饰妆容、语言行为、直播间布景等展现带有性暗示、性挑逗的内容。

第二十项：利用未成年人或未成年人角色进行非广告类的商业宣传、表演或作为噱头获取商业或不正当利益，指引错误价值观、人生观和道德观的内容。

第二十一项：宣扬封建迷信文化习俗和思想、违反科学常识等内容。

第二十三项：铺张浪费粮食，展示假吃、催吐、暴饮暴食等，或其他易造成不良饮食消费、食物浪费示范的内容。

第二十四项：引导用户低俗互动，组织煽动粉丝互撕谩骂、拉踩引战、造谣攻击，实施网络暴力。

第二十五项：营销假冒伪劣、侵犯知识产权或不符合保障人身、财产安全要求的商品，虚构或者篡改交易、关注度、浏览量、点赞量等数据流量造假。

第二十六项：夸张宣传误导消费者，通过虚假承诺诱骗消费者，使用绝对化用语，未经许可直播销售专营、专卖物品等违反广告相关法律法规的。

第二十七项：通过“弹幕”、直播间名称、公告、语音等传播虚假、骚扰广告。

第二十八项：通过有组织炒作、雇佣水军刷礼物、宣传“刷礼物抽奖”等手段，暗示、诱惑、鼓励用户大额“打赏”，引诱未成年用户“打赏”或以虚假身份信息“打赏”。

第三十项：展示或炒作大量奢侈品、珠宝、纸币等资产，展示无节制奢靡生活，贬低低收入群体的炫富行为。

解读：网络主播宣扬任何形式的歧视行为，将严重违背社会主义核心价值观。网络主播应成为推动社会正义、倡导平等尊重的先锋，避免在内容中出现任何形式的歧视言论。展现过度的惊悚恐怖、生理痛苦、精神歇斯底里等内容，不仅可能对用户的身心健康造成负面影响，还会对社会风气产生不良导向。规范强调网络主播在创作内容时应考虑到用户的接受度，避免制作和传播可能引发不适或恐慌的素材。在处理绯闻、丑闻、劣迹等信息时，网络主播不应传播违反社会主义核心价值观和公序良俗的内容。这种行为将破坏网络环境，也会侵害当事人的名誉权和隐私权。规范中特别提到，网络主播在传播内容时应避免使用含有性暗示或性挑逗的内容。网络主播应严格控制制作内容的尺度，保证其符合法律法规和社会道德标准。利用未成年人进行非广告类的商业宣传或表演，引导错误价值观、人生观和道德观，是对未成年人身心发展极其不负责任的行为。规范要求网络主播在内容创作和直播活动中应充分考虑对未成年人的保护，避免利用未成年人获取不正当利益。

规范还特别指出了，网络主播禁止传播封建迷信、违反科学常识的内容，这类信息的传播不仅误导公众，也是对科学精神和理性思维的侵犯。网络主播作为信息传播的重要渠道，应积极传播科学知识，倡导理性思考。对于铺张浪费粮食、虐待动物等行为，规范也予以了明确禁止。网络主播应做到珍惜资源和尊重生命，积极倡导建设节约型社会，从自身做起，保护生态环境。

引导用户低俗互动，组织煽动粉丝互撕谩骂等网络暴力行为，不仅破坏了网络环境的和谐，也侵犯了他人的名誉权、隐私权等合法权益。网络主播应当发挥正面引导作用，倡导用户文明互动，共同营造一个健康、文明、友善的网络交流环境。除此之外，网络主播严禁以任何形式的虚假广告误导消费者，虚构交易数据。这些行为既侵犯消费者的知情权和选择权，也破坏了市场的公平竞争环境，损害了网络经济的健康发展。网络主播在进行商品推广和商业合作时，应坚持真实、诚信的原则，确保所提供商品或服务的真实性与合法性，还应避免通过展示过度奢侈的生活方式来贬低低收入群体，应更多地传递正能量，鼓励公众树立正确的价值观和消费观。

网络主播应以此为指导，自觉抵制和避免涉及的各种不良行为，通过自身影响力积极传播社会正能量，促进网络空间的健康发展。这不仅有助于形成良好的网络文化环境，更有助于推动社会主义核心价值观的普及和实践。网络主播在其职业活动中，应始终牢记自身肩负的社会责任和使命，以更加负责任和专业的态度参与网络文化建设，引领网络舆论走向，为维护清朗网络空间贡献自身力量。

（三）责任性规范

第 15—18 条是对网络主播相关主管部门、网络平台、经纪机构和网络视听有关协会提出的责任性条款，以确保《规范》的落实。

各级文、广电行政部门要坚持以习近平新时代中国特色社会主义思想为指导，加强对网络表演、网络视听平台和经纪机构以及网络主播的监督管理，切实压紧压实主管主办责任和主体责任。发现网络主播违规行为，及时责成相关网络表演、网络视听平台予以处理。网络表演、网络视听平台和经纪机构规范网络主播情况及网络主播规范从业情况，纳入文化和旅游行政部门、广播电视行政部门许可管理、日常管理、安全检查、节目上线管理考察范围。

各级文旅、广电行政部门、文化市场综合执法机构要进一步加强对网络表演、网络视听平台和经纪机构的执法巡查，依法查处提供违法违规内容的网络表演和网络视听平台，并督促平台和经纪机构及时处置违法违规内容及相关网络主播。

网络表演、网络视听平台和经纪机构要严格履行法定职责义务，落实主体责任。

根据本行为规范，加强对网络主播的教育培训、日常管理和规范引导。建立健全网络主播入驻、培训、日常管理、业务评分档案和“红黄牌”管理等内部制度规范。对向上向善、模范遵守行为规范的网络主播进行正向激励；对出现违规行为的网络主播，要强化警示和约束；对问题性质严重、多次出现问题且屡教不改的网络主播，应当封禁账号，将相关网络主播纳入“黑名单”或“警示名单”，不允许以更换账号或更换平台等形式再度开播。对构成犯罪的网络主播，依法追究刑事责任。对违法失德艺人不得提供公开进行文艺表演、发声出镜机会，防止转移阵地复出。网络表演、网络视听经纪机构要加强对网络主播的管理和约束，依法合规提供经纪服务，维护网络主播合法权益。这就是说，网络主播违反《行为规范》的行为会受到相应的处理。

各有关行业协会要加强引导，根据本行为规范，建立健全网络主播信用评价体系，进一步完善行业规范和自律公约，探索建立平台与主播约束关系机制，积极开展道德评议，强化培训引导服务，维护良好网络生态，促进行业规范发展。对违法违规、失德失范、造成恶劣社会影响的网络主播要定期公布，引导各平台联合抵制、严肃惩戒。

《规范》通过共计十八条条款，为网络主播提供了全面的职业行为指导。遵循规范，网络主播不仅能在职业发展中避免风险，更能在塑造良好网络风气、促进社会文化发展中发挥重要作用。

二、了解《网络短视频内容审核标准细则（2021）》

（一）网络主播了解细则的意义与作用

为提升网络视听节目内容质量，遏制错误虚假有害内容传播蔓延，营造清朗网络空间，根据国家相关法律法规、互联网视听节目的相关规定，中国网络视听节目服务协会制定了《网络短视频内容审核标准细则（2021）》[①]。

网络主播以语言传播为主，并融合了网络短视频的传播元素，了解该细则有助于网络主播规范传播行为，提高视听内容质量，优化传播效果。

一是有助于网络主播规范自身行为，避免违规。细则明确了短视频内容的红线，

① 中国网络视听节目服务协会：《网络短视频内容审核标准细则（2021）》，https://www.nrta.gov.cn/art/2021/12/15/art_113_58926.html，访问日期：2024 年 3 月 1 日。

主播通过学习可以避免触碰，防止因违规内容导致的账号封禁、直播中断等后果。同时也能够据此主动调整内容方向，制作更优质、更受欢迎的短视频。

二是维护行业秩序，促进行业发展。细则的出台有利于净化网络环境，维护公平竞争的市场秩序，为优质主播提供更好的发展空间。

（二）网络主播可参照的内容制作标准

网络主播参照细则，有利于从不同角度把握传播内容，规范传播行为。《网络短视频内容审核标准细则（2021）》共100条，涵盖了21个方面，详细列举了网络短视频内容需遵守的具体标准，这些标准涉及到短视频节目及其标题、名称、评论、弹幕、表情包等，要求其语言、表演、字幕、画面、音乐、音效中不得出现的内容。

比如，对宪法等国家重大法律法规的制定、修订进行曲解等危害中国特色社会主义制度的内容；对涉及领土和历史事件的描写不符合国家定论等分裂国家的内容；在不适宜的娱乐商业活动等场合使用国旗、国徽等损害国家形象的内容；抹黑、歪曲、丑化、亵渎、否定革命领袖、英雄烈士事迹、精神和形象的内容；泄露国防、科技、军工等国家秘密的内容；炒作社会热点，激化社会矛盾，影响公共秩序与公共安全等破坏社会稳定的内容；通过语言、称呼、装扮、图片、音乐等方式嘲笑、调侃、伤害民族和地域感情、破坏地域安定团结的内容；展示宗教极端主义、极端思想和邪教组织及其主要成员、信徒的活动等违背国家宗教政策的内容；详细展示恐怖主义行为等传播恐怖主义的内容；篡改名著、歪曲原著精神实质等歪曲贬低民族优秀文化传统的内容；恶意中伤或损害人民军队、国安、警察、行政、司法等国家公务人员形象和共产党党员形象的内容；对已定性的负面人物歌功颂德等美化反面和负面人物形象的内容；鼓吹通过法术改变人的命运等宣扬封建迷信，违背科学精神的内容；展现“饭圈”乱象和不良粉丝文化，鼓吹炒作流量至上、畸形审美、狂热追星、粉丝非理性发声等宣扬不良、消极颓废的人生观、世界观和价值观的内容；表现黑恶势力群殴械斗、凶杀、暴力催债等渲染暴力血腥、展示丑恶行为和惊悚情景的内容；展示淫秽色情，渲染庸俗低级趣味，宣扬不健康和非主流的婚恋观的内容；侮辱、诽谤、贬损、恶搞他人的内容；有悖于社会公德，格调低俗庸俗，娱乐化倾向严重的内容；侵害未成年人合法权益或者损害未成年人身心健康等不利于未成年人健康成长的内容；宣扬、美化历史上侵略战争和殖民史的内容；在节目中植入非法、违规产品和服务信息，弄虚作假误导群众等其他违反国家有关规定、社会道德规范的内容。

《网络短视频内容审核标准细则（2021）》针对社会高度关注的泛娱乐化、低俗庸俗媚俗问题的新表现，以及泛娱乐化恶化舆论生态、利用未成年人制作不良节目、违规传播广播电视和网络视听节目片段、未经批准擅自引进播出境外节目等典型突出问题，为各短视频平台内容安全提供了更为具体和明确的工作指引，有利于进一步提高短视频平台对网络视听节目的基础把关能力和水平。网络主播通过学习细则，有助于明确创作的总体要求和具体标准，明确内容创作的红线和底线，提升内容质量，规避违规风险，共同营造清朗的网络空间。

思考题

1. 网络主播如何通过自身努力积极践行并传播好社会主义核心价值观？
2. 结合《网络短视频内容审核标准细则（2021）》的要求，网络主播在制作内容前应如何全面学习来确保内容的合规性？
3. 网络主播应该遵守的行业法律法规有哪些？这些法律法规对网络主播的行为有哪些规定？

第二部分

网络主播的专业知识

第五章 网络主播语言规范

章节概述

融媒体时代网络主播已成为与用户紧密相连的重要媒介。网络主播在传播科学文化知识、丰富精神文化生活、促进经济社会发展等方面，肩负着重要职责，发挥着重要作用。为进一步规范从业行为，树立良好形象，共同营造积极向上、健康有序、和谐清朗的网络空间，网络主播应合理使用国家通用语言文字，努力保持语言表达的规范性和纯洁性。

本章主要围绕网络主播语言表达规范展开论述，详细探讨国家通用语言文字的定义及特点，强调国家通用语言文字的重要性和普遍意义；明确网络主播在实际操作中正确使用国家通用语言文字的具体指导方针和要求；总结出网络主播在语言表达中的常见习惯；明晰网络主播语言表达与网络主播品牌形象的关系。本章旨在倡导网络主播规范使用国家通用语言，配合不同平台在信息传播环节中保持语言规范的基本要求。

学习目标

1. 国家通用语言文字的定义及特点
2. 国家通用语言文字的普遍意义
3. 国家通用语言文字的使用要求
4. 网络主播语言风格要求

关键词

国家通用语言文字　语言规范　网络主播语言习惯

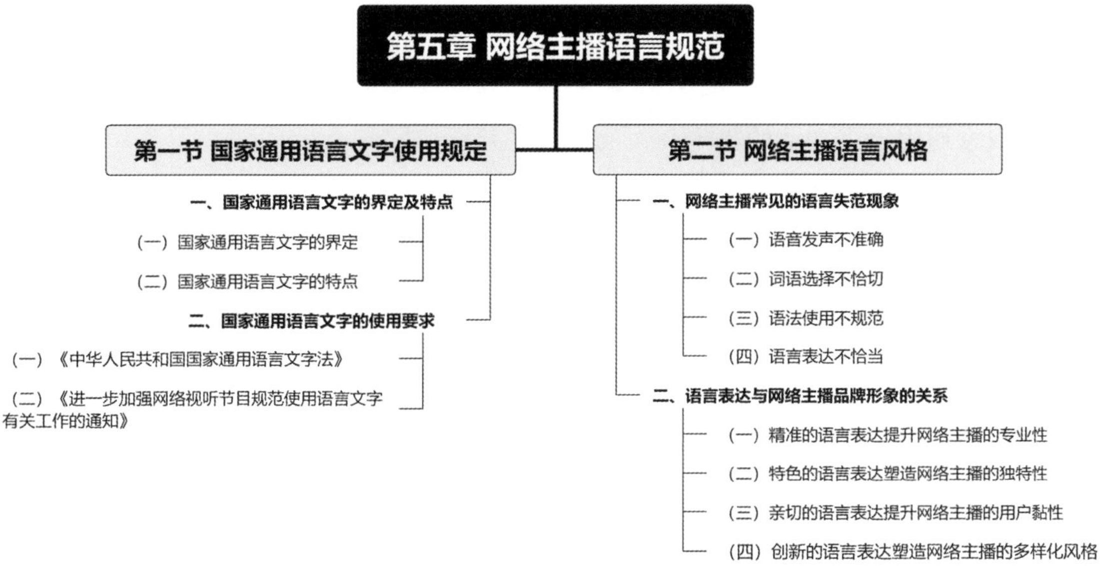

图 5-1 本章脉络图

第一节 国家通用语言文字使用规定

语言文字是人类最重要的交际工具和信息载体，是文化的基础要素和鲜明标志，是促进历史发展和社会进步的重要力量。语言文字事业具有基础性、全局性、社会性和全民性特点，是国家文化建设和社会发展的重要组成部分。

国家通用语言文字是各民族共享的语言工具。普通话和规范汉字作为中国的通用语言文字，是文明和文化传承的关键所在，在现代传播领域中扮演着不可或缺的角色。要深刻把握高质量发展这个时代的硬道理对语言文字工作提出的新要求、加快发展新质生产力为语言文字工作提供的新赛道、建设教育强国为语言文字工作赋予的新使命，进一步增强做好新时代语言文字工作的责任感和使命感。

网络主播在进行内容生产时应理解和掌握国家通用语言文字的定义、特点及意义，应规范使用国家通用语言文字，强化国家通用语言文字规范意识，提升国家语言文字应用能力。

一、国家通用语言文字的界定及特点

（一）国家通用语言文字的界定

国家通用语言文字，简称“通用语言文字”，是国家规定使用的语言和文字。中国的通用语言文字为普通话和规范汉字。2000年10月31日，《中华人民共和国国家通用语言文字法》颁布，确立了普通话和规范汉字作为国家通用语言文字的法律地位。其中，普通话是现代汉语的标准语，以北京语音为标准音、以北方话为基础方言、以典范的现代白话文著作为语法规范。《中华人民共和国宪法》规定：“国家推广全国通用的普通话。”

2020年，国务院办公厅下发的全面加强语言文字工作的指导性文件《关于全面加强新时代语言文字工作的意见》（以下简称《意见》）中，详细阐释《意见》制定的背景。新中国成立以来，党和国家高度重视语言文字工作。1955年全国文字改革会议和现代汉语规范问题学术会议上正式确定普通话作为现代汉民族标准语（共同语）；1986年，全国语言文字会议提出语言文字规范化、标准化、信息化建设；1997年，全国语言文字会议提出加强语言文字法制建设；2000年，国家通用语言文字法出台，标志着语言文字工作走上法制化轨道。

党的十八大以来，在以习近平同志为核心的党中央坚强领导下，语言文字工作承前启后、继往开来，取得了历史性发展和进步；2020年召开的新中国成立以来的第四次全国语言文字会议，描绘了当前和今后一个时期语言文字工作的宏伟蓝图，开启了新时代语言文字事业发展的新征程。在新的征程中，我们要准确把握新时代国家通用语言文字推广普及的特点规律，全面提升普及水平和质量，建设与我国综合国力和国际地位相匹配的语言文字事业。

明确推广和普及国家通用语言的重要性，对网络主播提升语言能力方面更具有引导意义。网络主播在信息传播中应积极使用国家通用语言文字，对维护国家主权和民族尊严，国家统一和民族团结，社会主义物质文明建设和精神文明建设具有一定积极作用。

（二）国家通用语言文字的特点

《中华人民共和国国家通用语言文字法》第十二条规定："广播电台、电视台以普通话为基本的播音用语"，第十九条规定，从事以普通话为工作语言的岗位人员应当具备使用普通话表达的能力，各行各业从事语言相关工作的人员，如播音员、节目主持人、影视话剧演员、教师、国家机关工作人员等，应当按照国家规定分别达到相应的等级标准，对尚未达到国家规定的普通话等级标准的，分情况进行培训。为此，了解国家通用语言文字的特点，有助于网络主播从语言基础上打下坚实基础，更利于优化个人语言能力。

普通话在语音、词汇和语法三方面都有明显特点。

1. 语音特点

（1）音节结构形式较少，声音响亮。普通话音系相对简单，相较于其他方言，声母、韵母及声调数量较少，因此相对容易学习。

（2）音节界限明晰，节律感强。普通话中双音节词占优势，并有约定俗成的轻重格式，听起来节奏分明，跌宕起伏。

（3）声调变化鲜明，富有表现力。普通话声调只有四类，但抑扬顿挫十分鲜明，高、扬、转、降区分明显，这种富于变化的声调特点，强化了普通话在传递情绪情感上的语言色彩。

2. 词汇特点

普通话的词汇在历史演变过程中出现了从单音节向双音节变化的趋势。由于这种趋势的出现，普通话词汇出现几种现象：第一，部分单音节词出现被双音节词代替的现象，如"眼"变成"眼睛"；第二，部分多音节词有缩减为双音节词的现象，如"外交部长"缩减为"外长"；第三，普通话新词的构成一般也多为双音节词汇，如"粉丝""点赞"。可见，双音节倾向是普通话词汇的主要特点。

3. 语法特点

普通话表达语法关系的方式主要靠语序和虚词来实现。汉语词类和句子成分之间的关系也并非一一对应。普通话中，词在句子中的先后顺序决定了语句意义和语法关系，即语序不同，意义不同，语法关系也不同。对网络主播而言，规范使用国家通用语言文字，不仅对传播优秀的语言文化有益，而且也有助于为广大网友规范使用语言做表率。

二、国家通用语言文字的使用要求

语言政策的颁布实施关系到国家统一、民族团结、社会进步，我们需要加大语言规范化、标准化工作力度，只有把全社会语言文字生活纳入法治轨道，才能更好地把握分寸，克服随意性。目前，我国已经形成了相对完善的国家语言文字法律制度体系。网络主播应认真学习相关语言政策，在政策层面上，了解和熟悉不同文件关于语言文字的侧重点，以高水平的认知推动个人语言能力发展，正确使用国家通用语言文字。

（一）《中华人民共和国国家通用语言文字法》

早在 1956 年 2 月 6 日，国务院颁布《关于推广普通话的指示》，在全国范围内积极推广普通话。同年 2 月 10 日，中央推广普通话工作委员会在北京成立。2000 年 10 月 31 日，第九届全国人民代表大会常务委员会第十八次会议通过《中华人民共和国国家通用语言文字法》，自 2001 年 1 月 1 日起施行。这是中华人民共和国第一部关于语言文字的专门法律，确立了普通话和规范汉字为“国家通用语言文字”的法定地位。确立了“政府主导、语委统筹、部门支持、社会参与”的体制机制，不断提高语言文字工作科学化、规范化水平。

《中华人民共和国国家通用语言文字法》共四章二十八条。第一章共八条，主要说明本法的宗旨，确定普通话和规范汉字作为国家通用语言文字的地位，强调国家通用语言文字的使用所应遵循的原则，重申各民族语言平等、自由使用和发展自己语言文字的权利。第二章共十二条，主要规定国家机关、学校及其他教育机构、广播电台、电视台、公共服务行业等应使用普通话和规范汉字，以及应当使用普通话的人员的普通话水平应当达到国家规定的等级标准，并且规定了不可以使用方言、繁体字、异体字和外国语言文字的几种情形。还说明《汉语拼音方案》的性质、作用和应当进行汉语拼音教学的情形。第三章主要规定国家通用语言文字的管理、监督办法和法律责任，以及对违法的处罚。第四章说明本法的施行日期。

《中华人民共和国国家通用语言文字法》的产生是时代、社会进步的需要，是现代化建设的需要，是语言文字工作发展的需要。网络主播要认真研读《中华人民共和国国家通用语言文字法》，网络主播作为公众人物，有义务使用国家通用语言传递准确、清晰的信息，避免因语言障碍导致的误解和歧义，学习《中华人民共和国国家通用语言文字法》有助于提升网络主播的公信力和影响力，增强与用户的互动和沟通。网络主播应严格按照法律规定，自觉增强语言法治观念，加强语言规范化，提升语言能力。

（二）《进一步加强网络视听节目规范使用语言文字有关工作的通知》

国家广电总局办公厅发布《进一步加强网络视听节目规范使用语言文字有关工作的通知》（以下简称《通知》）（广发办电〔2022〕179号），为进一步推动网络视听节目规范使用语言文字，建设健康文明规范有序的语言文字传播环境，内容重点如下：

一是强调网络视听节目制作机构、网络视听节目服务机构要自觉遵守国家通用语言文字法、行业规章及现代汉语的语言规则，维护国家语言文字的规范性、准确性，充分发挥网络视听节目宣传和规范使用语言文字的重要作用。

二是明确网络视听节目规范使用语言文字的具体范围，其中包括网络直播节目、短视频、网络综艺节目、网络视听广告等各类网络视听节目的语言文字使用要求。

三是明确网络视听节目中不得随意更换文字、变动结构或曲解内涵，不得随意插入网络语言或外国语言文字，不得使用或介绍仿照成语、外语词等形式生造的词语，不得使用字母缩写代替汉字。坚决遏阻庸俗暴戾网络语言传播。

四是强调网络视听节目服务机构严把各类网络视听节目尤其是短视频的语言文字使用和审核关，确保网络视听节目中语言文字使用坚持正确导向，符合语言规范，不得仅依靠语音识别技术生成节目中的文字而不加以审核编辑。涉及政治、重大新闻事件等内容的网络视听节目（含短视频），必须由人工审核节目中的文字。

五是各省级广电管理部门应切实履行属地管理责任，建立长效机制，加强网络视听节目语言文字使用监管治理，建设健康文明的网络文字环境。

网络视听作为日益重要的文化宣传阵地，在提升汉语普及、规范汉字使用、净化语言环境方面具有越来越重要的作用。网络视听节目制作机构、网络视听节目服务机构应认真学习《通知》中的具体内容，主动承担规范使用国家通用语言文字，提升全社会语言文字规范化水平的社会责任。

第二节 网络主播语言风格

2016年以来，网络直播行业成为数字经济消费与数字文化传播的重要驱动力。网络直播行业的规范治理和健康发展备受全社会关注。网络主播作为网络直播的创作主体之一，其正确运用国家通用语言，合理营造和谐、纯洁的语言环境，对规范使用语言文字，起到示范引领的作用。为此，2022年6月22日，国家广播电视总局、文化和旅游部联合发布《网络主播行为规范》（以下简称《规范》），《规范》第十二条表示："网络主播应当按照规范写法和标准含义使用国家通用语言文字，增强语言文化素养，自觉遏阻庸俗暴戾网络语言传播，共建健康文明的网络语言环境。"为此，了解网络主播语言表达现状，有助于保持网络主播良好的声屏形象，敦促网络主播规范使用国家通用语言文字并优化内容传播效果。

一、网络主播常见的语言失范现象

近年来，随着网络主播行业的飞速发展，越来越多的非专业人士加入网络主播行列，致使语言失范现象日益明显。网络主播在语言表达中有一些常见的不规范习惯，主要表现在以下几方面。

（一）语音发声不准确

网络视听节目类型多样，网络主播队伍人员复杂，队伍构成上包括专业和非专业语言工作者。无论何种类型，在语言表达中存在的普遍问题是语音发声不准确，主要表现在两方面。一方面，在语音失范方面，主要表现为语音不纯、发音错误。一部分网络主播没有接受过专业的普通话训练，为此在网络自制节目中主播的语言习惯过于随意，声调、字音等错误现象比比皆是。另一方面，在发声失范方面，由于网络主播不会科学地运用气息控制和口腔控制，容易造成语句表述缺乏连贯性、发音不够清晰、吐字干瘪等问题，致使语言传播效果大打折扣。

（二）词语选择不精准

词语选择不精准直接导致网络主播的语义阐释不规范。一些网络主播在词语选择上存在以下问题：

1. 词语重复使用。为了强调某一点或在思考时填充空白，主播们经常出现词语重复表述现象，如“真的假的”“然后”“知道吗”“那个”等。

2. 过度使用网络新词。为迎合网络传播速度快、范围广的特点，一些简单生动的网络新词诞生，如“菜鸟”“给力”等，不过，在内容碎片化趋势下，不少主播为在有限时间内传递信息，倾向于使用由字母组合或数字字母组合而成的缩略词，如“886”“YYDS”等。这些网络新词的使用对“网生代”年轻人而言驾轻就熟，但对不经常使用网络的用户势必造成语言障碍等问题。

3. 篡改经典诗词。部分网络主播喜欢通过篡改经典诗词吸引用户关注。有些表达不恰当、随意、粗糙，随意篡改经典诗词的行为在一定程度上破坏了中华优秀语言文化传统。

（三）语法使用不规范

网络主播以直播为主，因此有声语言表达以即兴口语表达为主，语法使用不规范也是经常出现的问题。一些带货主播在直播前没有专门的文本设计或者鲜少对直播文本字斟句酌，容易出现语法混乱的现象，语言表达存在语句成分残缺、词语搭配不当、语句前后矛盾、语句重复啰唆等问题。如“Oh my god，买它买它”带货用语，一度被众多主播模仿。中英文夹杂表述也很常见，如“C位出道”“这个画面很有feel”“这种穿搭很fashion”等。这种中英文夹杂表述在日常生活中偶尔会出现，不过在网络传播中强化此种表述，会对青少年规范化使用国家通用语言产生不利影响。

（四）语言表达不恰当

网络主播要善于运用简洁明了的话语表达思想感情，以提升用户的接受度。有些网络主播为追求短视频的快节奏和大信息量，失去了原有语言的韵律感和节奏美。还有部分网络主播在传播内容时，语言表达上出现内容复杂化、逻辑表述差异化等问题，容易引起用户对传播内容的认知和理解误差。还有部分网络主播在直播过程中，存在语言停连位置不当、语气不当、重音不准等问题，最终使用户对信息理解模棱两可。

二、语言表达与网络主播品牌形象的关系

在网络时代，流量引发经济效益的同时，也会引发一定的社会效益，因此网络视频节目中网络主播要格外注重品牌形象塑造。尤其是本就拥有一定粉丝基础的主播，应当根据不同网络视频内容选取恰当的语言表达方式，吸引更多用户关注，在关注个人流量的同时，也要注意语言表达对于网络主播品牌形象建构的影响。

（一）精准的语言表达提升网络主播的专业性

在网络直播这一领域，语言不仅是传递信息的工具，更是塑造个人形象、建立专业地位的关键。精准的语言表达能够帮助主播在以下几个方面提升语言专业性。

首先，精准的语言表达可以提高信息的传递效率。在网络直播中，主播需要快速、准确地传达信息，而精准的语言表达能够确保信息在传递过程中不失真、不产生歧义。这种高效的信息传递不仅能让用户更好地理解主播的内容，还能提升主播在用户心中的专业形象。例如，一位科技领域的主播需要准确使用相关术语，确保用户能够正确理解。

其次，精准的语言表达有助于塑造主播的专业形象。当主播使用准确、专业的术语进行表达时，用户会感受到主播的专业素养和严谨态度。这种专业形象不仅能增强用户对主播的信任感，还能提升主播在直播领域的地位和影响力。

再次，精准的语言表达也是主播与用户建立深度互动的基础。在网络直播中，用户往往希望与主播进行深入的交流和讨论。而精准的语言表达能够帮助主播更好地理解用户的需求和观点，从而与用户进行更加深入、有意义的互动。这种深度互动不仅能增强用户的参与感和黏性，还能为主播带来更多的灵感和创意。

最后，精准的语言表达也是主播持续学习和提升的动力。在不断追求精准表达的过程中，主播需要不断学习新知识、掌握新技能。这种持续学习和提升的过程不仅能够提高主播的语言能力，还能帮助主播在直播领域保持领先地位。

（二）特色的语言表达塑造网络主播的独特性

在竞争激烈的网络环境中，主播想要脱颖而出，拥有特色的语言表达是不可或缺的一部分。特色的语言表达能够帮助主播塑造独特的个人形象。通过使用独特的词汇、句式、语调或者方言等元素，为自己打造鲜明的标签，但也需避免过度夸张

或戏剧化；另外特色的语言表达有助于提升主播的表达能力和感染力。一个拥有特色语言表达的主播，往往能够更生动、有趣地传达信息，吸引用户，增强与用户之间的互动和联系；此外一个拥有独特语言表达能力的主播，可以更容易地树立自己的品牌形象，打造个人品牌。

（三）亲切的语言表达提升网络主播的用户黏性

在现代社交媒体和直播平台上，用户不仅是在寻找娱乐或信息，他们在寻找一种情感上的连接和共鸣。而亲切的语言表达正是这种情感连接的关键。

首先，亲切的语言表达可以建立起主播与用户之间的信任。当主播用温暖、真诚和友好的语言与用户交流时，用户会感受到被尊重和重视，从而更容易对主播产生信任感。这种信任感会增强用户对主播的依赖和黏性，使他们更愿意持续关注和互动。

其次，亲切的语言表达可以拉近主播与用户之间的距离。通过使用平易近人、接地气的语言，主播可以让用户感受到自己就像是一个邻家好友或亲人，从而更容易与用户建立起情感上的联系。这种情感上的联系会使用户更加愿意与主播分享自己的感受、想法和经历，进一步增强与主播的互动和黏性。

再次，亲切的语言表达还可以提升主播的口碑和形象。当用户感受到主播的真诚和友善时，他们会对主播产生更多的好感和认同，从而在社交媒体上积极分享和推荐主播的内容。这种积极的口碑传播不仅可以扩大主播的影响力，还可以吸引更多的潜在用户加入。

最后，亲切的语言表达也是主播应对突发情况和处理用户反馈的重要手段。在直播过程中，难免会遇到一些意外情况或用户的负面反馈。此时，主播如果能够用亲切、耐心的语言进行解释和回应，不仅可以化解尴尬和矛盾，还可以让用户感受到主播的专业素养和良好态度，从而增强对主播的信任和黏性。

（四）创新的语言表达塑造网络主播的多样化风格

主播应避免过度使用行业术语或复杂的句子结构，确保传播内容简洁明了，通俗易懂。

网络主播的语言表达不仅关乎其内容的传播效果，更与其个人品牌形象紧密相连。无论是新手主播还是行业老将，都需要重视自己的语言习惯，持续学习和优化，确保其语言表达与所要塑造的个人形象保持一致。网络主播作为新时代的传媒人，其语言表达能力直接影响到其专业形象和用户接受度。主播应该养成良好的语言习惯，避免常见的错误，并结合自己的个性和目标用户，精心打造独特的语言风格。同时，深入了解并传承国家通用语言文字的相关要求，增强传播内容的权威性，提高自身综合素质。

思考题

1. 国家通用语言文字的内涵及意义。
2. 网络主播在推广普及国家通用语言文字工作中所起到的作用。
3. 网络主播语言风格特点及要求。

第六章 网络主播的形象

章节概述

本章讲述了网络主播形象塑造与呈现问题，包括网络主播的社会形象、传播形象、个人形象。内容主要涉及各类形象的特征、塑造、维护与管理。本章内容将为网络主播优化自身形象、对标网络传播要求提供指导思路。

学习目标

1. 网络主播各类形象的特征
2. 网络主播各类形象的塑造、维护与管理
3. 网络主播个人形象与社会形象、传播形象的关系

关键词

网络主播形象　社会形象　传播形象　个人形象

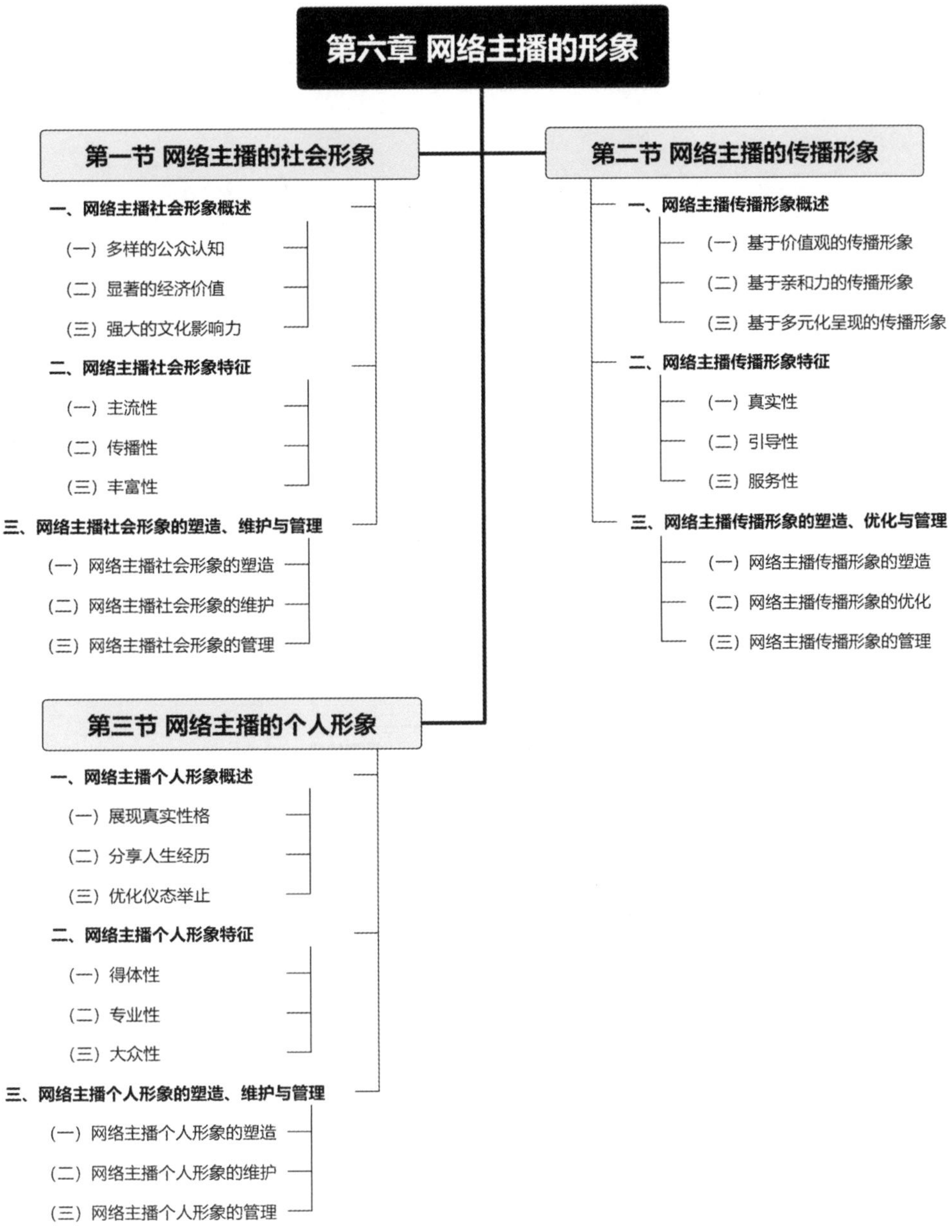
第六章 网络主播的形象
第一节 网络主播的社会形象
一、网络主播社会形象概述
（一）多样的公众认知
（二）显著的经济价值
（三）强大的文化影响力
二、网络主播社会形象特征
（一）主流性
（二）传播性
（三）丰富性
三、网络主播社会形象的塑造、维护与管理
（一）网络主播社会形象的塑造
（二）网络主播社会形象的维护
（三）网络主播社会形象的管理
第二节 网络主播的传播形象
一、网络主播传播形象概述
（一）基于价值观的传播形象
（二）基于亲和力的传播形象
（三）基于多元化呈现的传播形象
二、网络主播传播形象特征
（一）真实性
（二）引导性
（三）服务性
三、网络主播传播形象的塑造、优化与管理
（一）网络主播传播形象的塑造
（二）网络主播传播形象的优化
（三）网络主播传播形象的管理
第三节 网络主播的个人形象
一、网络主播个人形象概述
（一）展现真实性格
（二）分享人生经历
（三）优化仪态举止
二、网络主播个人形象特征
（一）得体性
（二）专业性
（三）大众性
三、网络主播个人形象的塑造、维护与管理
（一）网络主播个人形象的塑造
（二）网络主播个人形象的维护
（三）网络主播个人形象的管理

图 6-1 本章脉络图

第一节 网络主播的社会形象

一、网络主播社会形象概述

网络主播的社会形象是多维度、多角度的，涉及公众认知、经济价值、文化影响力等多个方面。随着全媒体时代的到来，网络主播已经成为当代文化生态中不可忽视的一股新生力量，其社会形象也在不断变化和发展。

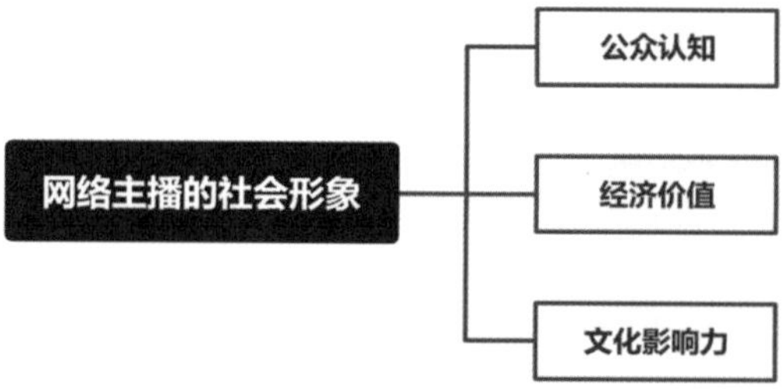

图 6-2 网络主播的社会形象

（一）多样的公共认知

网络主播作为新兴的职业群体，其社会形象在不同群体中呈现显著的多样性特征。

对年青一代来说，观看网络主播作品或直播非常普遍。这一群体对互联网技术与网络文化有着极强的学习能力与天然的亲和力，他们通过网络主播获得信息、娱乐乃至情感寄托。网络主播以亲近、真实的形象，满足了年轻人对个性化、多元化网络内容的需求，网络主播也逐渐成为青少年在网络上的关注群体。网络主播在游戏直播、生活分享、技能教学等领域相当活跃，丰富了网络用户的精神世界。网络主播的互动能引发用户共鸣。对年轻的网络用户而言，网络主播不仅是信息和知识的传递者，某种程度上还是人生观、价值观和世界观的引领者。

中老年群体对网络主播的接受度与好感度呈现逐年上升的态势。在网络文化兴起的早期，由于其不同于传统信息获取渠道，中老年群体中的部分人可能会对网络主播职业的正当性以及对社会的影响不太关注或者持保留的态度。然而，随着网络技术的普及与中老年人网络素养的提高，越来越多的中老年人开始了解并使用网络平台观看网络视听节目。中老年人发现网络主播除了提供娱乐内容，还能提供健康讲座、养生知识、文化艺术欣赏等有益于中老年生活质量提升的内容。网络主播的社会形象在中老年群体中开始呈现积极的一面。

（二）显著的经济价值

进入数字经济时代，网络主播显著的经济价值已经得到了社会广泛认可与高度评价。随着互联网技术的不断进步和数字化生活方式的普及，网络主播改变了用户的消费方式，成为互联网经济体系中不可或缺的重要环节。

网络主播通过实时互动，向用户推荐产品或服务，并利用其个人影响力与实时互动的高效讲解促成交易，这种商业模式极大地缩短了商品从生产者到消费者的传递链路，有效降低了销售成本，同时也提高了商品销售的效率。网络主播直播带货不仅为消费者提供了更便捷的购物渠道，还为生产者与商家开拓新的销售渠道。网络主播还能利用自身庞大的粉丝用户基数成为品牌与产品的代言人，相比传统的广告代言宣传，网络主播的广告往往投放在各大网络平台，介绍商品更具亲和力与说服力，能够在短时间内激发用户的购买欲望，且下单便捷，能为企业带来更直接的经济效益。

随着网络主播职业的不断发展，内容付费也成为网络主播实现自身经济价值的又一来源。当今用户愿意为网络主播生产的高质量内容支付费用，这不仅反映了用户对内容的认可，也为网络主播的持续创作提供了经济支持。从教育培训、专业知识讲解到娱乐演出，内容付费模式正日益成为网络主播经济收入的重要组成部分。

总而言之，网络主播作为数字经济的重要组成部分，不仅促进了消费增长，提高了经济效率，还创造了更多就业岗位，为经济持续健康发展提供了新的动力。

（三）强大的文化影响力

网络主播强大的文化影响力已成为塑造现代社会精神文化面貌的新生力量。网络主播通过网络平台与用户实时互动，极大地丰富了公众文化生活，在一定程度上改变了传统文化的传播路径，显示出其深远的文化影响力。同时，网络主播的兴起也为文化传播提供了新模式，不同于传统媒体的单向传播，网络主播通过直播等形式实现了与用户的双向互动，让文化传播变得更加立体和生动，有效提升了文化内容的吸引力。

网络主播在积极弘扬中华优秀传统文化方面也作出了一定的贡献。通过分享中国传统节日、各地民俗文化、历史景点讲解、非物质文化遗产展示等内容，网络主播可以帮助用户更好地了解与传承中华优秀传统文化，进一步增强公众文化自信，网络主播将通过现代化的传播方式让传统文化焕发新的活力，也将促进传统文化的创新性发展。

二、网络主播社会形象特征

（一）主流性

网络主播在现代社会的活动范围已经从单一的娱乐领域扩展到教育、科普、公益、文化、艺术、商业等多个领域。政府机构、企业品牌、传统媒体开始与网络主播进行合作或设立网络宣传渠道，网络主播不再仅是全媒体环境下的内容创作者，也成为主流媒体的合作伙伴与社会公众获取信息的重要来源。

现如今，网络主播积极参与社会公共议题讨论与公益活动。网络主播利用自己的影响力引导公众关注社会问题，通过直播平台发起公益项目，展现了网络主播的社会责任感和正面形象。网络主播通过自身努力逐渐获得了广泛的社会认同，进一步推动了网络主播主流性社会形象的转变。随着网络主播职业的进一步规范和发展，其在塑造社会文化、促进经济发展等方面的作用也将越发重要，网络主播的社会公众形象也将进一步巩固提升。

（二）传播性

在数字化时代的背景下，网络主播的传播性不仅局限于信息的迅速传递和广泛覆盖，更重要的是，网络主播通过塑造特定的形象、传递特定的价值观，能够在一定程度上引导公众意识与社会风尚。在这个过程中，网络主播不仅是信息的传播者，更是文化的创造者和价值的引导者。网络主播利用网络平台，能够实时与用户互动分享信息观点，这使得网络主播成为快速响应社会事件、传播最新动态的重要渠道。在重大新闻事件、公共危机发生后，网络主播常常能够传递关键信息，对社会舆论也会产生相应的影响。

网络主播传播的内容也极为多样，从日常生活分享到专业知识讲解，从娱乐休闲到发表社会意见，几乎涵盖了当今社会生活的各个方面。这种多元化的内容传递了多元文化价值和差异化生活方式，满足了不同用户群体的需求，对促进社会多元化发展具有重要价值。

（三）丰富性

丰富多彩的网络文化赋予了网络主播丰富的社会形象，这种丰富性表现在网络主播个性化的表达方式、多元化的互动模式，以及跨界融合的创新实践等方面，这些共同构成了网络主播社会形象的丰富性特征。网络主播在内容传递的过程中，形成了各具特色的个性化表达方式。有的网络主播以幽默风趣的语言吸引用户，有的网络主播通过深情真诚的情感表达拉近与用户的距离，还有的网络主播以犀利的观点激发用户的思考。丰富的表达形式不仅体现了网络主播独特的个人魅力，也丰富了网络文化的表现形式。网络主播与用户间丰富的个性化互动，不仅增加了用户的参与感和归属感，也使网络主播能够及时了解用户反馈，不断优化内容，形成了良性互动生态圈。网络主播通过直播互动、评论回复、弹幕交流等方式与用户建立了实时沟通渠道，增强了用户对于网络主播的信任度，增强了网络主播的社会影响力。

网络主播的社会形象还体现在其跨界融合的创新实践上。许多网络主播不满足于单一领域的内容创作，尝试将不同领域的内容进行创新性结合，如将科技与艺术融合、将教育与娱乐结合。通过跨界融合不断丰富内容形态，为用户带来全新体验。这种跨界融合不仅展示了网络主播的创造力和探索精神，也推动了网络文化的创新发展。

三、网络主播社会形象的塑造、维护与管理

（一）网络主播社会形象的塑造

塑造良好社会形象需要明确自身职业定位。网络主播应该根据自己的兴趣、专业背景和个人特点，选定一个清晰的职业发展方向。此外，网络主播还需要对网络直播市场进行全面调研，了解目标用户的需求、偏好以及市场上现有的竞争者。通过对自我和市场的双重认知，网络主播可以发现自身风格定位，找到与众不同的切入点，吸引广大用户，形成稳定的粉丝群体。

网络主播还需要不断提升自身专业素养，强化专业能力，不断学习行业知识。例如，健身主播应具备专业的健身技巧与合理的饮食知识，美食主播则需要了解各种烹饪技法与食材知识。专业素养不仅能提高内容质量，增加用户黏性，还有利于主播树立良好的公众形象。

塑造良好的社会形象，网络主播必须坚守道德底线，遵守法律法规。网络主播在内容创作和日常生活中，应避免涉及低俗、色情、暴力等违法违规行为，不传播虚假信息，不参与不正当竞争等。同时，主播应具备高度社会责任感，利用自身影响力弘扬社会主义核心价值观。

（二）网络主播社会形象的维护

网络主播在内容创作时应长期坚持传播高质量内容，努力为用户持续提供有价值、有深度、有意义的内容。需要特别注意的是，网络主播都应避免传播低俗、负面的内容。通过持续提供优质内容，网络主播不仅能吸引并建立稳定的用户群体，还能在更广泛的用户范围内建立起正面公众形象。

网络主播在与用户互动时应时刻保持真诚的态度，真实展示自身思想和情感，避免虚假炫耀或者刻意包装。在面对争议或批评时，网络主播应勇于承认错误并及时作出解释与改正，保持与用户之间的透明沟通，赢得用户的理解和支持。网络主播应不断学习新知识、新技能，其不只限于提升直播与内容制作技巧，还应对社会、文化、法律等方面深入了解。通过持续的自我提升，网络主播可以更好地适应社会的快速发展。

维护良好的社会形象对网络主播而言是一项长期而系统的工作，它要求主播在内容制作、职业道德、持续学习等方面做出长期努力。

（三）网络主播社会形象的管理

网络主播应加强个人品牌建设，明确自身定位与核心价值。通过专业化的内容制作、独特的表达方式和持续的个人形象包装，形成鲜明的个人品牌特色。同时，网络主播还应定期评估自身品牌形象，深入了解用户对自己的看法与期望，根据反馈调整制作内容的方向和优化表达方式，以确保个人品牌形象与用户期待相匹配。

在网络主播的职业生涯中，可能会遇到网络上不理性的评论和危机。面对挑战，网络主播应采取积极态度与合理策略进行应对。网络主播要迅速了解事件的全貌，根据实际情况，采取合适的沟通策略，如公开道歉、解释情况或采取补救措施。同时，主播也可以寻求专业公关团队的帮助，以专业方式化解危机，保护自身的公众形象不受损害。

网络主播在管理自身社会形象时，应注重表里如一，在公众场合与实际生活中都应保持良好品行，避免因私生活中的不当行为影响到公众形象，进而断送自身网络主播职业生涯。这需要网络主播在日常生活中做到自我约束，展现出与其公众形象相符的言行举止。

第二节 网络主播的传播形象

一、网络主播传播形象概述

网络主播作为当代新兴的职业群体，在数字媒体和社交平台上具有广泛影响力。网络主播通过直播互动、生产原创作品等多种形式与广大用户互动，传播信息、知识与文化，塑造了多样化的传播形象。

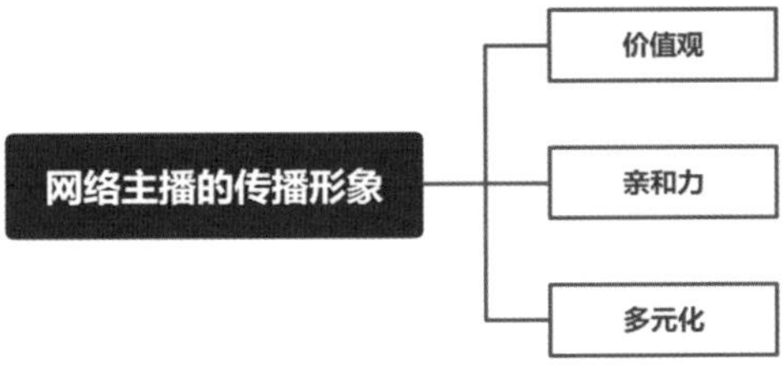

图 6-3 网络主播的传播形象

（一）基于价值观的传播形象

网络主播在传播生产内容的过程中，往往会传递出价值观念和生活态度，这构成了网络主播的价值观。网络主播需要深入理解并明确自身所倡导的价值观。这不仅涉及弘扬中华传统美德，还包含对现代社会价值观的积极认同。网络主播应当通过思考与实践，形成具有个人特色的价值观体系，再通过讲述个人经历、分析时事新闻、分享专业知识等形式，让用户在轻松愉悦的氛围中接受并认同自身积极健康的价值观。

（二）基于亲和力的传播形象

网络主播富有亲和力的传播形象对吸引用户、增强粉丝黏性、构建健康的互动环境具有重要意义。倾听与互动是网络主播提升亲和力的必备能力。网络主播善于倾听用户的声音，无论是表扬还是批评，都应给予足够的重视和尊重。主播还要善于互动，以便能够更好地了解用户的想法和感受，还能够及时调整自己的直播行为和创造内容，以更好地服务于用户。

（三）基于多元化呈现的传播形象

在全球化和文化多元化的大背景下，网络主播应展现多元化的传播形象。网络主播拥有不同的文化背景、不同的生活经历和世界观，通过网络平台分享自己独特的文化视角和生活方式。网络主播应当鼓励用户共享多样性的思考，在处理涉及文化差异的敏感话题时，主播应展现出平衡与审慎的态度，促进不同文化之间的交流和理解。

二、网络主播传播形象特征

（一）真实性

网络主播真实性的传播形象体现在对信息的真实掌握、真实传播，以及对个人观点、内容解释的真实呈现。

在海量信息面前，用户渴望获得真实可靠的内容。网络主播在传播信息时，必须确保信息的来源可靠、内容准确。这要求网络主播具有良好的信息甄别能力和专业的知识背景，避免传播未经证实的消息或虚假信息从而误导用户。在解读信息或事件时，网络主播应基于事实，避免主观臆断或片面解读。通过分享个人经验和专业知识，网络主播可以为用户带来实际价值，提升用户的认知水平。

与此同时，网络主播应当坦诚面对自身与内容的局限性，避免过度夸大或美化自己的形象，不应掩盖内容的缺陷或不足。网络主播可以在直播或内容中适时提及自己的不足之处，向用户展示真实的一面，增加与用户的亲近感和信任度。

（二）引导性

网络主播作为信息传播者应具备引导性传播形象。

网络主播不仅是传递信息的载体，应引领广大用户紧跟社会发展节奏，树立正确的价值观，端正积极的人生态度，倡导健康向上的生活方式。通过分享正能量内容，主播可以引导用户保持自信、乐观、向上的心态，鼓励用户勇于面对生活中的挑战和困难，积极追求个人发展，推动社会进步。

（三）服务性

网络主播的所有传播行为都是以服务用户为根本原则和最终目的。

网络主播应通过与用户建立更加紧密的联系，了解用户的个性化需求和兴趣爱好，结合个人专业方向，为用户提供定制化的内容服务。这包括制作专属内容、举办专场活动、提供个性化的建议和指导等形式，从而增强用户的参与感和归属感。

与此同时，网络主播可以与机构或个人建立合作伙伴关系，共同为用户提供个性化服务。例如，与知名品牌合作推出联名产品、与专业机构合作举办线下体验活动等，通过互利共赢的合作，为用户带来更加丰富的服务形式。

三、网络主播传播形象的塑造、优化与管理

（一）网络主播传播形象的塑造

网络主播在内容的选择和制作上需要精心策划，确保每次直播或发布的内容都与网络主播自身定位相符，能够吸引目标用户。这需要网络主播积极结合当前网络文化流行趋势，结合多媒体元素，如真人出镜、音乐、图表、动画等元素相结合的形式，能够使内容更为生动和易于理解，生产出既有价值又能引起用户共鸣的内容，从而提升用户的观看体验。在与用户互动时，网络主播可使用交互式内容，如在线投票、现场连线等方式，有效提升用户的参与度。这种双向的互动不仅提升了用户的满意度和忠诚度，也使创作的内容本身更具吸引力。

随着技术的发展，AR（增强现实）、VR（虚拟现实）和 360° 全景视频等技术为内容呈现提供了新的可能性。网络主播可以利用这些技术创造沉浸式的观看体验，比如通过 VR 技术进行虚拟旅游直播。先进的技术手段不仅能引起科技爱好者的注意，也能为所有用户提供独特而记忆深刻的体验。此外，网络主播还应利用跨平台传播策略，覆盖更多目标用户。

（二）网络主播传播形象的优化

提升内容的呈现效果虽属技术问题，但也反映了网络主播的认真态度，对优化网络主播传播形象也起到了积极的促进作用。

通过选择高像素的拍摄镜头、高清晰度与具备良好色彩还原的输出设备，确保内容画面清晰、色彩鲜明。

良好的光线也是网络主播提升视频质量的关键，使用专业的照明设备，根据拍摄环境和主题调整光线的强度和方向，避免过曝或过暗，创造自然柔和的光影效果。

网络主播应根据直播或视频的内容主题，设计合适的背景和布景，简洁的背景可以减少视觉干扰，帮助用户更好地沉浸在内容中。

此外，网络主播还应合理运用视频编辑软件，进行剪辑、调色、添加动画或特效等后期处理。通过专业的编辑技巧，可以显著提升视频的观赏性和专业感。

在后期编辑中，网络主播还应对声音进行适当的处理，如采用降噪、均衡、压缩等技术手段，以提高声音的清晰度和听感。同时，合理调整背景音乐和效果音量，确保它们不会干扰主要内容的传递。

随着技术的发展，新型拍摄工具与视频编辑工具不断更新。网络主播应持续关注行业动态，学习掌握新技术和新工具，不断提升自身制作能力。

（三）网络主播传播形象的管理

构建系统化的内容策略对于网络主播来说，不仅是提升个人品牌和吸引用户的关键手段，也是管理自身传播形象的基石。

有效的内容策略应涵盖内容的规划、生产、发布和评估等多个环节。网络主播应创建内容制作日历，规划短期和长期的内容发布计划。内容日历应包括主题、内容格式、关键词、目标发布日期等要素，确保内容生产与发布的有序进行。

除此之外，网络主播还可结合自身能力，制定内容创作指南，进一步明确内容的风格、语调、格式要求，保证内容的一致性和专业性。同时，指南应注意包含版权、隐私和合规等法律法规要求，避免潜在的法律风险。

在内容制作完成后，还应建立完善的内容审核流程，包括初稿审查、事实核实、语言润色等环节。内容制作完成后，网络主播可利用多个平台和渠道分发内容，扩大用户覆盖面。根据不同平台特点和用户群体需求，调整内容的表现形式和传播策略，实现最大的传播效果。

网络主播还可利用分析工具定期收集其内容的点击量、完播率等数据，识别内容的强项和改进空间，通过对用户行为、互动情况的深度分析，及时发现问题，并针对性地进行调整和优化，最大限度地完善自身传播形象。

第三节 网络主播的个人形象

一、网络主播个人形象概述

网络主播的社会形象、传播形象，都是基于其个人形象而呈现的。前者体现共性和公众性，后者体现个性和个体性。网络主播的个人形象不同于生活中的自我形象，而是时刻围绕公众形象来打造和优化，其性格、经历、举止等，都需加以塑造和维护。

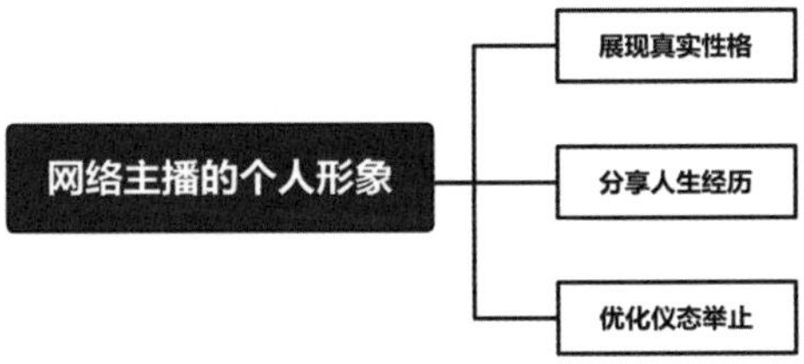

图 6-4 网络主播的个人形象

（一）展现真实性格

网络主播的个人形象与其真实性格息息相关。无论是活泼开朗、幽默风趣，还是沉稳内敛、温文尔雅，网络主播在内容中展现的性格特点应当与其在现实生活中的性格相符。用户更加喜爱真实坦诚的表现形式，因此网络主播应尽量避免在内容呈现中故意做作或塑造虚假的形象。

（二）分享人生经历

网络主播的个人形象也可以通过分享自身真实的人生经历来展现。这些经历可能是成功的奋斗历程、挫折的磨砺经历，也可能是生活中的感人故事或有趣的趣闻逸事。通过分享真实经历，主播不仅能够拉近与用户之间的距离，更能够让用户更深入地了解网络主播的个人品质。

（三）优化仪态举止

网络主播的个人形象不只以语言表达为主导，网络主播的外表形象和仪态举止也是个人形象的重要组成部分。整洁清爽的外表形象、自信得体的仪态举止，可以给用户留下良好的第一印象，帮助网络主播收获更多忠诚用户。

二、网络主播个人形象特征

网络主播的个人形象特征直接影响观众的观感和信任度。基于当前行业发展趋势和社会需求，网络主播的个人形象特征可以概括为以下三个方面：得体性、专业性和大众性。这些特征不仅是主播职业素养的体现，也是其赢得观众喜爱和社会认可的关键。

（一）得体性

网络主播的个人形象源于其言谈举止、形象气质。外在形象应整洁、得体，符合主流审美，同时兼具亲和力。

得体性是主播形象塑造的基础。主播的外在形象直接影响观众对其的第一印象，过于随意或夸张的装扮可能让观众产生距离感，甚至影响内容的可信度。例如，教育类主播若穿着过于休闲，可能削弱其专业权威性；而娱乐类主播若过于正式，则可能显得呆板无趣。因此，主播需根据直播内容的主题和观众群体的特点，选择合适的着装、妆容和仪态，既体现对观众的尊重，又展现自身的独特风格。相应地，得体性也一定体现在言行举止上，主播需避免不当言语或行为，以维护良好的个人形象与公众形象，这两种形象密不可分。

（二）专业性

网络主播应具备一定的专业知识和技能，同时展现高效的内容输出与互动能力。

专业性是主播赢得观众信任的核心。无论是知识分享类主播还是娱乐类主播，都需要在各自领域具备一定的专业素养。例如，游戏主播需熟悉游戏规则和技巧，美妆主播需掌握化妆技能和产品知识。缺乏专业性的内容容易让观众失去兴趣，甚至质疑主播的能力。此外，专业性还体现在内容的策划与呈现上。主播需通过清晰的表达、流畅的互动和高质量的内容，提升观众的观看体验。然而，部分主播过于依赖娱乐化手段，忽视专业深度的挖掘，导致内容同质化严重，难以形成长期吸引力。

（三）大众性

网络主播的形象和内容需符合大众审美和价值判断，同时具备广泛的社会影响力。

大众性是主播与观众建立情感连接的关键。主播需了解目标观众的喜好和需求，通过贴近生活的内容和亲切的形象，拉近与观众的距离。例如，主播可以通过分享个人经历、回应观众问题等方式，增强互动性和亲和力。当然，这种大众性最好是引导而不是迎合，主播在追求大众性的同时，需坚守道德底线，传递积极向上的价值观，以赢得社会的广泛认可。

三、网络主播个人形象的塑造、维护与管理

塑造网络主播的个人形象是一个多维度、跨领域的策略性工作。主播在塑造、维护、管理个人品牌形象时，需要综合运用多种策略和方法，确保个人品牌形象的吸引力和价值。

（一）网络主播个人形象的塑造

网络主播需要明确自己的个人品牌定位，要明确自己在用户心中树立一个怎样的形象。同时，要深入了解目标用户的需求和喜好，既要很好地满足他们的期望，又要引领用户通过网络直播节目感受积极正向的价值观，这对网络主播提出了更高要求。

在思想层面，网络主播应自觉加强理论学习，深入学习习近平新时代中国特色社会主义思想，积极践行社会主义核心价值观，确保自己的思想行为与国家的政策方针保持一致。网络主播还应主动关注国家的重大政策，积极响应国家的号召，主动传播符合国家政策和社会主义现代化建设需求的内容，成为推动社会主义文化繁荣发展的重要力量。

从文化层面，网络主播个人形象塑造对于传承和发展中华优秀传统文化，以及促进全球文化交流与理解具有重要意义。网络主播应深入挖掘中华优秀文化的精髓，

运用自身创新能力，促进中华优秀传统文化的创造性转化和创新性发展。网络主播还应积极展示我国丰富的历史遗迹、传统艺术、民俗习惯、经典文学等内容，让国内用户增强对中华文化的认同感和自豪感，也让国际用户深入理解中国文化，促进世界文明交流互鉴。

（二）网络主播个人形象的维护

网络主播具有鲜明的公众传播属性，其个人形象与所传播的内容紧密结合，因此类型化的内容与个人形象密不可分，个人形象要符合其公众传播定位。同时，无论哪一类型的主播，都应致力于维护与公众形象相统一的个人形象，两者殊途同归。

专注于社会时事评论的网络主播，作为观点提供者，个人形象需要体现出批判性思维和深度思考能力。这类主播应当深入研究社会现象，提供有深度、有见地的观点，引导公众理性思考和讨论，通过理性的言论影响和引导公众舆论，成为社会正义和公共利益的倡导者。

文化类网络主播，其肩负的使命是传播文化、教育大众、传承经典。这类主播应具备深厚的文化底蕴和广博的知识，能够以生动有趣的方式向用户介绍中华文化精粹以及世界文明特色。通过讲故事、解说历史、分享艺术欣赏等形式，让文化的传播有用、有益且有趣，促进文化的普及和公众文化素养的提升。同时，这类网络主播应注重文化的多样性和包容性，尊重不同文化背景的用户，促进文化交流和理解。

财经类网络主播的形象塑造要以专业性为核心，需要具备扎实的财经知识、敏锐的市场洞察力以及清晰的逻辑思维能力，能够为用户提供准确的市场分析、投资建议和经济趋势预测。通过深入浅出地解释和分析，帮助用户理解复杂的经济现象，做出明智的财务决策。同时，财经类网络主播应坚持诚信原则，避免传播误导性信息，维护金融市场的稳定和公众的利益。

情感网络主播在提供情感咨询和解答用户疑惑的同时，应体现出深度的同理心和专业的心理辅导能力，通过倾听和解答，帮助用户解决情感问题，传递正面的情感价值观和健康的人际交往方式。情感类网络主播应保护用户隐私，用积极的态度和专业的知识为用户提供心理支持，成为用户心灵的港湾。

（三）网络主播个人形象的管理

外部形象作为网络主播与用户第一时间接触的重要元素，对吸引用户至关重要。

网络主播的着装应该符合自己的个人风格，同时需要考虑到节目内容和目标用户的偏好，既要时尚又要得体。例如，新闻或者科技类的主播，着装应正式、简约，以体现专业性；时尚类的主播，可以选择潮流、青春有品位的装扮，以贴近并引领用户；娱乐、游戏类的主播则要展现青春活泼的感觉，以吸引更多年轻用户。网络主播个人形象管理的关键是找到既能体现个人特色，又能适应内容风格的形象塑造平衡点。

除了着装，网络主播还需要注重整体形象设计，包括发型、妆容以及配饰等，这些细节能够显著影响用户对其的第一印象。网络主播应选择适合自己脸型和服装的发型；发色与肤色协调；妆容则应根据直播的性质和内容来调整，保持整洁的仪容和适度的妆容，避免浓妆艳抹，以展现自然、靓丽的一面。

网络主播的表情与肢体语言也是其个人形象的重要组成部分。网络主播应学会控制自己的表情，以便传达情感，保持亲和力。同时，合适的肢体语言可以辅助语言表达，使信息传递更加生动有效，从而与用户建立更亲密的联系，增加互动和吸引力。

完善自身的外观形象是网络主播提升个人形象的重要手段。需要注意的是，外观形象管理并非一蹴而就，而是需要网络主播在长期的职业实践中，不断学习、实验和改进。

社会形象是网络主播的宏观形象，传播形象是网络主播的中观形象，个人形象则是网络主播的微观形象。三者之间互为补充，互相促进，共同发展。

思考题

1. 网络主播应如何进行形象的塑造、维护与管理？请提出具体的策略和方法，并说明其实施的意义和效果。
2. 你认为一个成功的网络主播应具备怎样的形象特征？请列举至少三个，并说明其重要性和影响力。
3. 以某个知名网络主播为例，分析其形象的塑造过程和成功经验。从社会形象、传播形象和个人形象三个方面进行分析，并总结其成功的原因。

第七章 各类网络主播业务要求

章节概述

本章介绍了网络主播在内容上以及从未来发展趋势来划分的不同类型及其特点，包括资讯、知识、户外、商业、才艺、电子游戏主播以及虚拟主播等。每一类主播都有其独特的业务范围、特点和要求。例如，资讯主播需要具备新闻敏感性和专业知识，而电子游戏主播则更侧重于游戏技能的展示和游戏文化的推广。同时，各类主播都需要注意遵守法律法规、维护专业形象以及与用户有效互动。此外，还特别强调了各类主播在直播和内容创作中需要注意的事项，以保证内容质量和用户体验。

总的来说，这些网络主播各具风格，通过各自的专业技能，在互联网平台上为用户提供信息传播、知识分享、文化交流、娱乐体验等多方面的内容和服务。他们不仅是网络文化的重要组成部分，也在不断推动着所在领域的创新发展。

学习目标

1. 掌握不同主播类型的基础知识、业务要求、注意事项，为从事相关内容创作做准备
2. 了解行业发展前景，持续更新知识和技能，以适应主播行业的变化

关键词

网络主播类型　网络主播业务　网络主播特点　网络主播要求

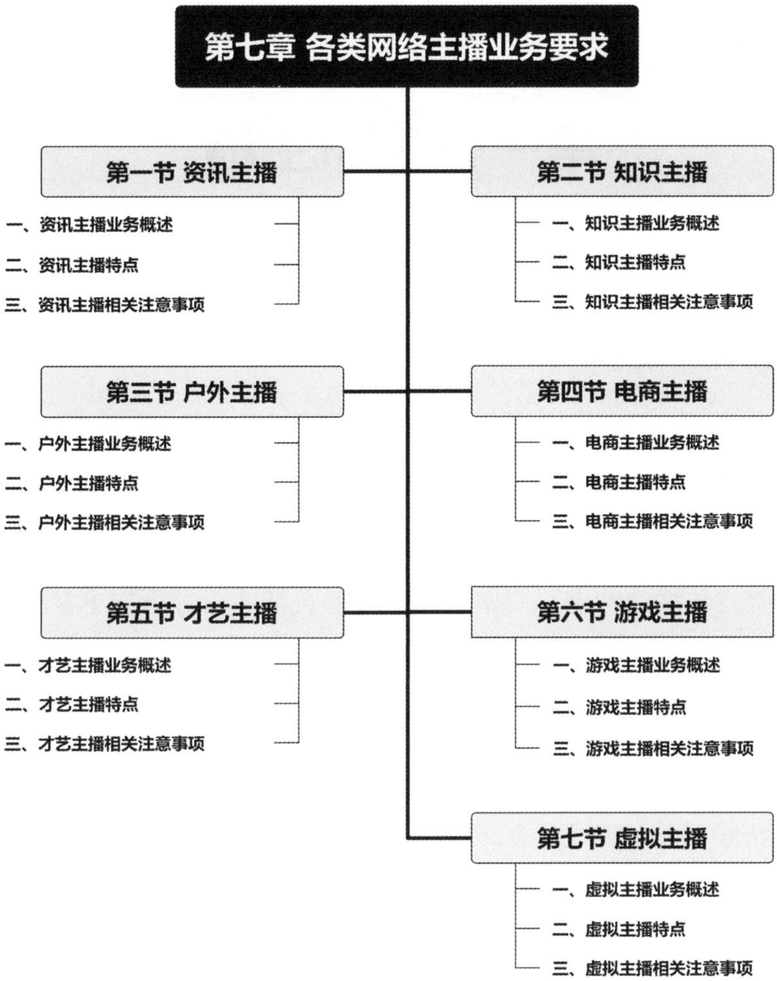
第七章 各类网络主播业务要求
第一节 资讯主播
一、资讯主播业务概述
二、资讯主播特点
三、资讯主播相关注意事项
第二节 知识主播
一、知识主播业务概述
二、知识主播特点
三、知识主播相关注意事项
第三节 户外主播
一、户外主播业务概述
二、户外主播特点
三、户外主播相关注意事项
第四节 电商主播
一、电商主播业务概述
二、电商主播特点
三、电商主播相关注意事项
第五节 才艺主播
一、才艺主播业务概述
二、才艺主播特点
三、才艺主播相关注意事项
第六节 游戏主播
一、游戏主播业务概述
二、游戏主播特点
三、游戏主播相关注意事项
第七节 虚拟主播
一、虚拟主播业务概述
二、虚拟主播特点
三、虚拟主播相关注意事项

图 7-1 本章脉络图

第一节 资讯主播

一、资讯主播业务概述

资讯主播是指在互联网平台上进行资讯传播的语言传播工作者，其工作与传统电视或广播新闻主播有相似之处，但也存在明显的不同。资讯的筛选与表达、主播可信性形象的塑造、资讯质量的把控与用户的反馈等多方面都对网络主播提出了要求，同时结合网络传播的特点，应做到表达更加灵活，内容更加丰富。

资讯主播的业务主要涉及以下几个方面。

（一）资讯收集与筛选

资讯主播需要关注当前突发或公众持续关注的重要事件，包括国际、国内、地方资讯，以及特定领域的动态，如科技、财经、体育等。这需要该类网络主播具备快速获取信息的能力，并能从大量信息中筛选出重要和可靠的资讯。

（二）内容创作与编辑

基于收集到的信息，资讯主播需要制作相关内容，通常包括编写播出稿件、制作视频内容等。这需要网络主播具备良好的写作和表达能力，同时了解网络平台的信息发布标准和用户喜爱的表达风格。

（三）直播或录制

资讯主播可通过直播或录制视频等方式传播资讯。在直播时网络主播需要及时反应，向用户及时同步播发可能出现的突发新闻；录制则需要掌握一定的摄影摄像技巧，以及后期编辑制作的能力，同时还应注意资讯的时效性。

（四）互动交流

资讯主播与用户的互动非常重要，主播需要通过回复用户评论、参与用户讨论等方式与用户建立联系，了解用户心理。

（五）数据分析与运营

资讯主播还需要关注传播效果，包括视频观看量、点赞量、分享量、完播率等数据。通过数据分析，主播应持续优化内容，提升自身专业能力。

（六）遵守法律法规和平台规则

资讯主播必须遵守国家法律法规，特别是有关新闻传播的规定，以及各网络平台的内容发布规则。

资讯类主播不仅需要具备足够的新闻敏感度和相关专业知识，还需要具备良好的沟通技巧、技术能力和创新意识，才能更好适应不断变化的网络环境。

二、资讯主播特点

资讯主播需要具备传统播音员主持人的特点，同时还要适应网络数字化和智能化的发展要求。具体特点如下。

（一）强互动性

与传统新闻媒体播音员、主持人相比，资讯主播应更加注重用户的互动，应及时回复用户评论，与用户进行实时互动直播等，从而建立更紧密的互动关系。

（二）内容形式灵活多样

资讯主播制作的内容不仅限于传统新闻报道，还包括实时资讯的深度解析、评论、名人访谈、热点专题视频等多种形式，以吸引不同类型的用户。

（三）实时更新内容

网络资讯传播速度极快，网络主播需要快速响应时事热点，及时更新相关内容，以保证资讯的时效性。

（四）更加全面的技术技能

除了采编能力，资讯主播还需要掌握一定的网络媒体技能，如视频编辑、直播技术、社交媒体运营、数据平台分析等技能。

（五）善于表达观点

资讯主播在传递信息的同时，要善于表达自身的观点，通过分析热点事件，输出带有强烈个人观点的评论，资讯主播的观点要比传统新闻主播更为主观，资讯主播在表达观点时要避免传播虚假信息，引导用户理性参与讨论。

三、资讯主播相关注意事项

资讯主播应时刻牢记社会责任，在遵守法律制度和平台制度的前提下进行职业活动，以下两点需要引起主播注意。

（一）关注热点新闻 传播真实资讯

资讯主播应选择传播最新发生、容易引起社会关注，可能成为网络热点甚至爆点的话题。这不仅要求主播对资讯内容极为敏感，还需要具备对社会正面观点的把握，同时针对网络持续关注的热点新闻，还应具备持续追踪，深入分析资讯信息的能力。

资讯主播必须具备信息筛选能力，确定可靠的信息源，进而快速准确地收集新闻资料。这通常要求主播能够兼顾资讯的真实性和时效性。真实永远是网络信息的生命线，不经审核擅自发布虚假信息会导致主播瞬间失去用户信任。因此，资讯主播应做到去粗取精、去伪存真，避免误导性信息和个人偏见，展示真实、有趣、受广大用户喜爱的资讯信息是资讯主播必须具备的职业素养。

在资讯收集之后，主播需要具备将信息准确、清晰、连贯地编写成资讯稿的能力，甚至改编成适合口语化表达的内容进行传播。这要求主播有好的语言表达能力和写作技巧。

（二）保证传播效果 回应用户反馈

资讯主播应保持高效率传播资讯，确保产出的内容取得良好传播效果，因此主播应做到规范性的语言表达。资讯主播面对摄录设备，应做到与用户交流感十足、重点信息明确、字音清晰。网络主播应在体态语、副语言、环境语言等多方面多加注意。

在信息传播后，资讯主播应时刻关注用户评论留言、私信等多种形式的反馈，利用用户反馈进行互动，进一步吸引强黏性用户，与更多用户建立连接。

图 7-2 资讯主播工作示意图

第二节 知识主播

一、知识主播业务概述

知识主播是指在网络平台上进行知识内容传播与分享的创作者。知识主播能够提供各种形式的知识内容，旨在给用户传授知识、文化、技能，提升用户兴趣，培养用户爱好，促进个人发展。知识主播在传递知识的同时，也承担着公众科普教育、文化共享等社会责任。

知识主播利用网络的便捷性和互动性，为广大用户提供了丰富的知识资源，其业务主要涵盖以下方面。

（一）知识内容策划与创作

知识主播应具备设计并制作知识类内容的能力，应结合个人能力，创作如语言学习、历史、科学、生活技能等知识内容，呈现形式多样的内容，目前一般以视频或视频加图文呈现形式居多。

（二）知识资源整合与分享

知识主播应积极收集整理与分享有价值的知识内容。针对不同垂类，网络主播可选择与相关教育机构、业内专家或其他内容创作者共创知识内容。

（三）技术应用与创新

知识主播可运用各种在线工具与技术提升制作内容效果，如电子白板、虚拟现实技术、增强现实技术等。

（四）持续学习与更新

知识主播应了解垂类最新的知识进展，随时更新自身知识储备，不断提升自我，积极参与与自身创作内容有关的学术会议，确保更新内容的专业性和时效性。

二、知识主播特点

（一）内容多样

知识主播能够向广大用户提供极为丰富的知识内容，帮助用户拓展思维、开阔眼界。专业知识、生活技巧、人文历史、经济科技等不同类型的知识主播能够满足不同用户的学习需求。

图 7-3 知识主播工作示意图

（二）注重科普

知识主播通过网络平台利用通俗易懂的语言表达向广大用户解释科学现象和理论知识，这将进一步提升用户个人素养，促进社会整体素质提升。如有的老师通过在网络上发布物理学讲解视频而广受欢迎，成功地将复杂的物理知识以浅显易懂的方式传递给公众，不仅帮助学生更好地理解物理学，也吸引了广大对科学有兴趣的非专业用户。

（三）关注教育公平

当前知识主播覆盖了学科教育领域，通过网络主播在平台的直播、录播课程，有助于打破地域限制，促进教育公平，真正意义上实现了教育资源共享。

三、知识主播相关注意事项

知识主播在进行知识传播时应注意以下事项，以确保其内容既有社会价值，又有教育价值，且符合网络传播的需求。

（一）确保知识内容的准确可靠

网络主播创作传播的知识内容应准确无误，尊重科学，杜绝以“科普”为名传播伪科学及虚假不实信息，避免误导用户。

（二）保护未成年人

针对不同年龄和认知水平的用户，网络主播应提供适当符合目标用户接受程度的知识内容，在制作面向未成年用户的知识内容时必须避免出现带有血腥或者暴力等少儿不宜的内容情节或画面。

（三）尊重知识产权

网络主播在使用教材、图片、视频、课件等素材时，应注明素材来源，合法引用他人知识产权，尊重原创。

第三节 户外主播

一、户外主播业务概述

户外主播是指在户外环境中进行直播、表演或者探访活动的网络主播。他们通常在户外场景中或者特定活动现场进行直播，吸引用户关注和互动。户外主播通常主题定位明确，如旅游、探险、运动、美食等。

（一）旅游目的地介绍与推广

提供各种旅游目的地的详细信息，包括历史背景、文化特色、自然风光、当地风俗习惯等。

（二）户外活动规划和建议

分享旅行规划技巧，提供户外行程建议、最佳时间、预算规划、必游景点等信息，分享装备。

（三）实地探索和体验分享

亲身探访各地，实时分享户外体验，如美食探索、活动体验、当地生活方式等。

（四）互动直播

通过直播方式与用户实时互动，回答问题，分享旅行途中的即时体验和见解。

（五）人文教育

介绍相关历史知识、文化艺术、民族风情等，增强内容的教育价值，自觉传播中华优秀传统文化，推动培育广大用户的文化自豪感。

图 7-4 户外主播工作示意图

总的来说，户外主播的业务不只限于提供户外的相关活动信息和娱乐，还包括促进对不同文化和目的地的了解，以及增强旅游体验的互动性和教育性。

二、户外主播特点

户外主播通过网络平台向全球用户展示不同地区的独特魅力，促进文化理解和交流。其特点是结合网络化数字化时代的要求，又区别于传统文化旅游主持人。以下是户外主播的特点，也是对户外主播更好从事该类主播内容的相关要求。

（一）适应能力强

户外主播经常面临不同的自然和天气条件，需要能够适应各种环境，如极端天气、不稳定的网络连接等。

（二）沟通叙事能力强

为了吸引和保持用户的兴趣，他们通常具备出色的叙事和沟通技巧，能够生动地讲述旅行故事和文化特色。

（三）视觉内容、创意内容的创作能力强

能够制作高质量的视觉内容，如摄影、视频制作等，以吸引用户并提供视觉上的享受。能够创作有趣、原创的内容，包括视频、文章等，以吸引和保持用户的兴趣。

（四）互动共情能力强

通过直播、评论互动等方式，与用户进行实时交流，回答问题，分享户外旅行

体验和见解。

（五）社交媒体运营能力强

熟练使用各种社交媒体平台进行内容发布和互动，扩大影响力。

（六）兼具教育性和娱乐性

在提供娱乐体验的同时，还具有教育意义，增进用户对不同文化和地区的了解。

（七）安全意识强

户外活动存在一定风险，因此主播需要有紧急医疗知识、防患意识，应准备急救物品，了解户外运动现场并具备应对紧急情况的能力。

总之，成为一个成功的户外主播不仅需要有热情和冒险精神，还需要有专业知识、专业技能和负责任的态度。

三、户外主播相关注意事项

户外主播在开展其业务时应注意以下事项，以确保他们的内容既能够吸引人，又具有教育和文化价值。

（一）尊重地方文化

在介绍不同地区的文化和习俗时，要确保信息的准确性，避免误解和刻板印象，尊重当地文化和传统，尊重不同的自然背景和人文背景。

（二）注重个人隐私

主播在直播过程中，注意保护自己和他人的隐私。避免无意中捕捉到旁人的隐私，避免侵犯私人空间。

（三）避免过度商业化

应避免内容过度商业化，影响信息的客观性和可信度。

（四）倡导文明户外活动

应倡导文明旅游行为，提高环保意识等。

（五）避免推广不安全的旅行

不宣传或推广可能危害自身或他人安全的旅行活动和行为。

（六）避免敏感话题

避免涉及可能引起争议的政治话题或敏感问题，尤其是国际旅游中的国际政治问题。

（七）增强风险意识

在进行户外探险或介绍极限运动时，应强调安全意识和风险预防。

（八）遵守法律法规

在不同国家和地区旅行时，要遵守当地的法律法规。了解并遵守当地的法律法规和户外活动规定，包括但不限于了解禁止进入的区域、知晓野生动物保护法规等。避免涉足私人财产或保护区域。

通过遵守这些注意事项，户外主播不仅能提升自身的专业形象，还能更好地促进文化交流和理解，同时保证用户获得有价值和愉悦的观看体验。

第四节 电商主播

一、电商主播业务概述

电商主播是以商业性推广为主要工作内容的网络主播。电商主播借助网络平台，利用个人魅力和专业技能，进行产品或服务的介绍与推广，以达到销售和提升品牌形象的目的。电商主播的核心价值在于通过网络播出行为实现商业价值转化。定位往往与特定产品或品牌相关联，通过专业的推广和营销，提升产品的市场知名度和销量。这种方式结合了传统电商的销售策略和现代网络直播的互动性，为消费者提供了一种新型的购物体验。

以下是电商主播的业务概述。

（一）产品展示和介绍

电商主播需要详细了解自己推广的产品或服务，并能够在播出中对其进行全面、生动的展示和介绍，这包括产品的特点、使用方法、优势比较等，旨在增加产品的吸引力。

（二）实时互动与答疑

利用直播平台的即时互动特性，主播能够实时回答用户的提问，解决他们对产品或服务的疑虑。这种形式的直接沟通可以有效提升消费者的购买意愿。

（三）促销活动与优惠

电商主播常常会在直播中推出限时优惠、折扣或赠品等促销活动，以吸引用户下单购买。这种策略可以有效增加销量和提升用户的参与度。

（四）用户反馈收集

播出过程中，主播可以收集用户对产品或服务的反馈意见，这对商家来说是宝贵的市场信息，可以用于改进产品和调整市场策略。

（五）品牌推广与跨界合作

除了推广特定的产品或服务，电商主播还肩负着提升品牌知名度和形象的责任。通过播出平台，他们可以将品牌的理念、文化和价值观传递给用户。电商主播有时还会与其他品牌或主播进行跨界合作，通过互相推广或联合直播的方式，扩大用户基础，提高影响力。

（六）内容创新

为了吸引和保持用户的兴趣，电商主播需要不断创新直播内容和形式，如主题直播、故事讲述、互动游戏等。

（七）数据分析

利用播出平台提供的数据分析工具，主播可以分析用户的行为模式、购买习惯等信息，以优化直播策略和提高转化率。

电商主播的业务不仅仅限于销售产品，还涉及品牌建设、市场营销、客户服务等多个方面，他们通过播出平台建立与消费者之间的信任关系，为品牌带来长期的价值。

二、电商主播特点

电商主播在从事网络商业主播业务过程中，通过结合销售技巧、产品知识和互动性，创造了一种新型的购物体验，不仅推动了产品销售，同时也为消费者提供了价值信息和购物便利。

其特点如下。

（一）熟悉产品

对推销的产品进行深入了解，包括且不限于产品的特点、使用方法、价格等方面，并能够详细回答用户的疑问。

（二）熟知市场

能够根据市场趋势、用户反馈和销售数据灵活调整直播内容和销售策略。

（三）善于销售

具备一定的销售和营销技巧，能够通过各种方式促进产品的销售。电商主播还应强化对商品相关产业和供应链条的了解与把握。

（四）信誉可靠

建立良好的信誉，确保推广销售的产品质量，维护自己的品牌形象。

三、电商主播相关注意事项

（一）产品知识和真实性

确保对推广的产品有充分了解，传达准确的信息。不夸大产品效果，避免误导消费者。

（二）品牌调性的一致性

与所推广品牌的形象保持一致，体现品牌的核心价值和文化。无论是语言、服装还是背景布置，都要与品牌定位相符，同时具有亲和力。例如，三农主播在农副产品带货过程中，在直播布置、服装搭配等方面就要具备相应特点，在语言表达等方面进行相应调整，以符合用户对该类型产品特点的整体期待。

图 7-5 三农主播工作示意图

（三）互动和用户管理

电商主播在演播室应与用户积极互动，回答用户的问题，积极解决问题。适当管理演播室的言论，维护良好的直播环境。对部分不合适或攻击性的评论，应有适当的应对策略。

（四）营销和促销规范

清楚了解并遵守广告法和消费者保护法等相关法律法规。促销信息要清晰，避免误导消费者。提供的优惠和促销应真实可信，要兑现承诺。

（五）个人品牌和形象维护

电商主播需结合自身特点，树立良好的个人品牌形象，同时避免涉及有争议的话题，以免对个人品牌产生不利影响。

图 7-6 电商主播工作示意图

第五节 才艺主播

一、才艺主播业务概述

才艺主播是在网络播出平台上，以展示个人才艺、魅力及与用户互动为主要工作内容的主播。他们通过展示才艺，满足用户在娱乐、知识或情感上的需求。

以下是才艺主播的一些具体业务介绍。

（一）表演才艺

很多才艺主播具有特定的才艺，如唱歌、跳舞、乐器演奏、魔术、相声等，他们会在网络上表演这些才艺来吸引用户。一些主播凭借演唱的才艺在网络上积累了相当的人气，被所在城市文旅部门授予“旅游形象大使”称号。良好的形象和个人魅力，极具辨识度的歌声，使这类主播在社交媒体时代脱颖而出，直播内容极具个人风格的同时又让用户感到新鲜有趣。

图 7-7 才艺主播工作示意图

（二）互动聊天

才艺主播通常会花费大量时间与用户进行互动，如回答问题、聊天、参与游戏等，建立与用户之间的联系。

（三）生活分享

才艺主播可能会分享自己的日常生活，如美妆教程、健身指导、烹饪展示等，并通过这种方式吸引对特定生活方式感兴趣的用户。

（四）节目主持

一些才艺主播可能承担节目主持人的角色，如进行在线活动、节目串联、嘉宾采访等，需要良好的口才和节目组织能力。

图 7-8 才艺主播工作示意图

二、才艺主播特点

才艺主播的工作特点和要求通常包括以下几个方面。

（一）互动性

才艺主播会实时与用户互动，响应用户的评论和要求，这种即时反馈区别于传统媒体。

（二）娱乐性

主播通常通过表演才艺如唱歌、跳舞等来娱悦用户，内容轻松愉快，易于吸引用户。

（三）具有个人魅力

才艺主播往往需要有一定的个人魅力，包括外表、风格、言谈举止等，这有助于吸引和维持粉丝群体。

（四）工作时间灵活

才艺主播的工作时间相对灵活，但为了吸引和保持用户，他们通常需要在高峰时段进行直播。

（五）善于表演和沟通

才艺主播需要具备一定的表演才艺，无论是唱歌、跳舞、乐器演奏还是其他才艺。

主播需要具备良好的沟通技巧，以便能够有效地与用户进行互动，并建立良好的粉丝关系。

（六）注重个人形象管理

主播应该有意识地塑造和维护自己的公众形象，包括着装、言行等，以保持吸引力。

才艺直播为主播提供了表现自我的机会。因此，除上述专业技能之外，个人的热情、创造力和持久的工作动力也是成功的关键因素。

三、才艺主播相关注意事项

才艺主播在进行直播时需要注意以下几个方面，以确保直播的顺利进行，同时保护自身利益和维护良好的网络环境。

（一）遵守法律法规

确保直播内容合法，不触犯任何法律法规，包括但不限于禁止传播色情、暴力、涉恐内容，以及任何形式的违法信息。

（二）保护个人隐私

在直播时，避免透露过多个人信息，包括住址、电话号码等，以免个人隐私被侵犯。

（三）讲求网络礼仪

积极营造健康的直播环境，对言语辱骂、性骚扰等不良行为，应及时制止或向平台举报。

（四）合理设定边界

对用户的要求和提问，主播应有清晰的界限。不应为了迎合用户或增加收入而做出违背个人原则的行为。

（五）注重人身安全

在涉及身体挑战的内容时，要特别注意安全，避免危险行为。

（六）保持心理健康

直播工作可能会面临网络暴力、负面评论等情况，主播需要保持良好的心态，适时与他人交流，必要时寻求专业帮助。

（七）善于管理财务

对通过直播获得的收入，应合理规划和管理，注意财务安全，并依法纳税。

（八）遵守平台规则

了解并遵守所在直播平台的规章制度，包括直播内容、版权政策、用户行为准则等。

（九）做好技术准备

确保直播前网络稳定，设备运行正常，预防直播中断或其他技术问题影响直播质量。

通过遵守以上注意事项，才艺主播不仅能提升个人形象和直播水平，还能确保直播活动的顺利进行，为用户提供更加优质的观看体验，同时保护自己免受麻烦和风险。

第六节 游戏主播

一、游戏主播业务概述

游戏主播是指在互联网平台上，通过直播或发布视频的方式展示和分享电子游戏内容、过程的个人或团队。这类主播通常在视频游戏流媒体平台进行直播，展示他们玩游戏的过程，同时与用户互动，提供专业知识和产品。其业务相当广泛，大致有如下类型：

（一）游戏直播

主要是指在各大短视频直播平台进行游戏直播或进行相关内容创作，展示游戏玩法，分享游戏经验和技巧等行为的网络主播。

（二）游戏攻略分享

制作和分享游戏攻略、技巧教学视频，帮助用户提高游戏技能。

（三）游戏评论和分析

对新发布或热门游戏进行评论和分析，包括游戏玩法、故事情节、图形音效等方面。

（四）游戏文化社区管理与推广

通过直播平台与用户互动，回答问题，组织游戏相关活动，推广游戏相关文化。

（五）参与电子竞技赛事

参加或直播电子竞技赛事，提供赛事解说和分析。

（六）合作与品牌推广

与游戏开发商、平台或相关品牌合作，参与游戏测试、推广活动等。

二、游戏主播特点

游戏主播高度依存电子游戏，其特点主要体现在内容专注度、技能展示、用户互动方式和游戏娱乐风格打造等方面：

（一）内容专注度高

游戏主播高度专注于电子游戏内容，包括游戏玩法、策略、游戏文化等。

（二）技能展示

游戏主播通常展示特定游戏的操作技巧、战术规划和决策过程。很多电竞职业选手，以精湛的技术和赛场上的表现闻名，退役后多转为电竞主播，利用自己的职业背景和技术优势，吸引粉丝，高水平的游戏技术是吸引粉丝的重要因素。

（三）互动性强

游戏主播的互动常围绕游戏内容，如游戏攻略讨论、共同参与在线游戏等，其互动性强，与电子游戏的多内容与快节奏密切相关。

（四）娱乐风格鲜明

电子游戏主播的娱乐风格通常与游戏本身紧密相关，包括游戏角色扮演、幽默评论、情景模拟等。其游戏娱乐的本质在主播活动中有着鲜明的体现。

（五）技术应用性强

电子游戏在技术应用上往往需熟练掌握游戏软件、直播工具和相关硬件配置。其游戏主播活动的主要内容也是在掌握熟练的游戏技术基础之上而展开的。

（六）用户群体集中

电子游戏主播的用户群体通常是游戏爱好者和特定游戏的粉丝。很多用户和粉丝最早是因为崇拜主播的游戏技术而关注主播的。

综上所述，电子游戏主播的特点，在于他们的专业性、技术性和娱乐方式，这些特点使他们在网络主播中具有独特的定位和魅力。

三、游戏主播相关注意事项

电子游戏主播在进行游戏直播和内容创作时应该避免以下事项，以维护专业形象，为积极健康的游戏环境起到引领作用。

（一）避免侵犯游戏等版权

不使用未经授权的游戏、音乐、视频、元素等内容，尊重原创者的版权。

（二）避免不适宜内容

由于游戏本身的属性特点，特别对青少年群体有较强的吸引力，网络主播应该做到不直播或发布暴力、色情、歧视或其他不适宜的内容，同时要积极正向引导游戏人群，避免让青少年群体沉迷游戏。

（三）避免网络与直播技术不稳定

直播前确保网络连接稳定，避免直播过程中出现卡顿、延迟等问题。建议使用有线网络连接，减少信号干扰。

（四）避免不当言语行为

避免在直播中使用侮辱性语言、进行人身攻击或表现出不良行为。

（五）避免过度商业化

在推广产品或品牌时保持适度，不让商业广告干扰游戏内容的质量和用户体验。

（六）避免不良竞争态度

在竞技游戏中保持体育精神，避免过度的竞争态度和不良的赢家心态。

（七）避免过分曝光个人生活

保护个人隐私，避免在直播中过度分享私人生活细节，尤其个人生活中对未成年人可能形成不良影响的细节和习惯。

（八）避免涉及敏感和争议性话题

避免在直播中讨论政治、宗教等敏感话题，以免引起争议。

（九）避免疲劳直播

注意自身健康，避免长时间直播导致身体或心理疲劳。

通过避免这些问题，电子游戏主播能够为用户提供更加积极、健康的游戏环境，同时维护自己的专业形象和用户基础。一些有责任感的游戏主播经常强调健康管理的重要性，还曾发布自己的健身 Vlog，不仅为自己的健康负责，也鼓励粉丝关注身体健康。

图 7-9 电子游戏主播工作示意图

第七节 虚拟主播

一、虚拟主播业务概述

随着移动通信技术的发展，自然语言处理与语音合成技术、面部成像合成技术、深度学习和计算机视觉等技术的不断进步，网络主播行业经历着巨大的变革，其中虚拟主播也成了重要的类型，并冲击着真人主播的各项业务。

虚拟主播在前面介绍的几种类型主播领域中几乎都在不断出现，并因其具有高效性、生成后节约成本性、稳定一致性（虚拟主播保持一致的播报质量和风格，不受情绪和健康等因素的影响）、针对性与个性化（通过数据分析和机器学习，虚拟主播可以根据用户偏好提供个性化内容和互动）等特点更占优势。

二、虚拟主播特点

（一）高效性

虚拟主播在条件允许的情况下几乎可以全天候工作，信息和服务的连续性较强，能够即时响应用户的需求，提供实时服务。

（二）成本效益性

减少人力成本，尤其在需要频繁和长时间播报的场景中，虽然开发成本、运行成本目前还较高，但是一次投入后，维护成本较低。

（三）一致性和可靠性

虚拟主播在工作中能够保持一致的表现，不受情绪、健康状况等因素影响。能够提供标准化的信息传达，避免一些人为的错误。

（四）个性化和定制化

虚拟主播能够根据用户的偏好和需求，提供个性化的内容和服务。可以快速适应和更新内容，具有一定的灵活性，满足不同场景和用户需求。

（五）语言语境适配性

虚拟主播能够支持多种语言、多种文化背景的主播业务，适应全球化和现代化的需求，同时能够快速将不同文化背景的内容进行转化传播。

（六）扩展性和可重复使用性

可以轻松扩展到新平台和应用，覆盖更多的业务场景，同一个虚拟主播形象还可以在多个平台和场景中重复使用。

（七）创新性和吸引力

通过不断引入新技术，如 AR、VR 等，创新互动形式，提升互动体验。吸引更多用户。

图 7-10 虚拟主播工作示意图

三、虚拟主播相关注意事项

（一）真实性和信任度问题

虚拟主播的使用可能会影响用户对媒体内容真实性的信任度。AI 技术可以轻易制作高仿真的视频和音频，增加了假信息和误导信息传播的风险。

（二）责任归属问题

当虚拟主播发布的信息出现错误或争议时，责任归属变得模糊。传统情况下，主播或媒体机构可以为发布的信息负责，但虚拟主播涉及开发者、运营者等多方相关者，加之人工智能自主学习驱动下制作的相关内容归属模糊，使责任界定更加复杂。

（三）深度伪造（Deepfakes）和道德风险问题

利用 AI 技术制作的深度伪造内容可以轻松模仿真实人物的声音和面部表情，用于制造虚假信息。虚拟主播技术可能被用来制作和传播不真实的咨询或宣传，甚至可能触犯法律，对社会秩序构成威胁。

（四）侵权问题

1. 人的基本权利和版权侵权等问题

声音和形象等侵权：虚拟主播常常需要模仿真人主播的声音和形象，若未经原主播或相关权利人同意，可能构成对其肖像权和名誉权的侵犯。

内容侵权：虚拟主播产生的内容可能涉及使用已有的文本、图片、视频等资料，若未经授权使用版权材料，可能涉及版权侵犯。

2. 个人隐私及数据保护问题

虚拟主播可能会处理大量用户个人数据，包括观看偏好、互动反馈等。未经用户同意收集和使用这些数据，或未能妥善保护这些数据，都可能违反个人数据保护的相关法律法规。

3. 知识产权归属

虚拟主播创作的内容涉及知识产权的归属问题。是归AI开发者所有，还是归使用该主播的直播主体（机构）所有，AI生成的作品知识产权应当谨慎使用。

面对人工智能技术给主播行业带来的巨大助力的同时，我们也应该看到上述的一系列甚至可能更多的问题，主播行业在不断提升的技术和伦理标准下，在不断完善的法律法规内，更应当形成自觉的版权意识、数据和隐私保护意识以及内容生产的责任意识等，以在行业内更长久地经营发展。

思考题

1. 结合自身类型，你认为该类型的网络主播未来面临的机遇与挑战是什么？
2. 结合自身类型，谈一谈最应关注的注意事项是什么？如何避免触碰底线与红线？

第八章 网络平台

章节概述

本章节主要介绍当前市场常见的网络平台。进一步普及网络主播在职业活动中应当注意的安全知识，其中主要包含网络信息安全知识和场地环境安全知识。本章将详解网络主播准入要求，从注册流程、注册要求、相关注意事项等方面为网络主播提供指导意见。

学习目标

1. 了解常见网络主播媒体平台
2. 掌握网络主播安全知识
3. 熟悉网络主播准入知识

关键词

媒体平台　安全知识　网络主播　准入知识

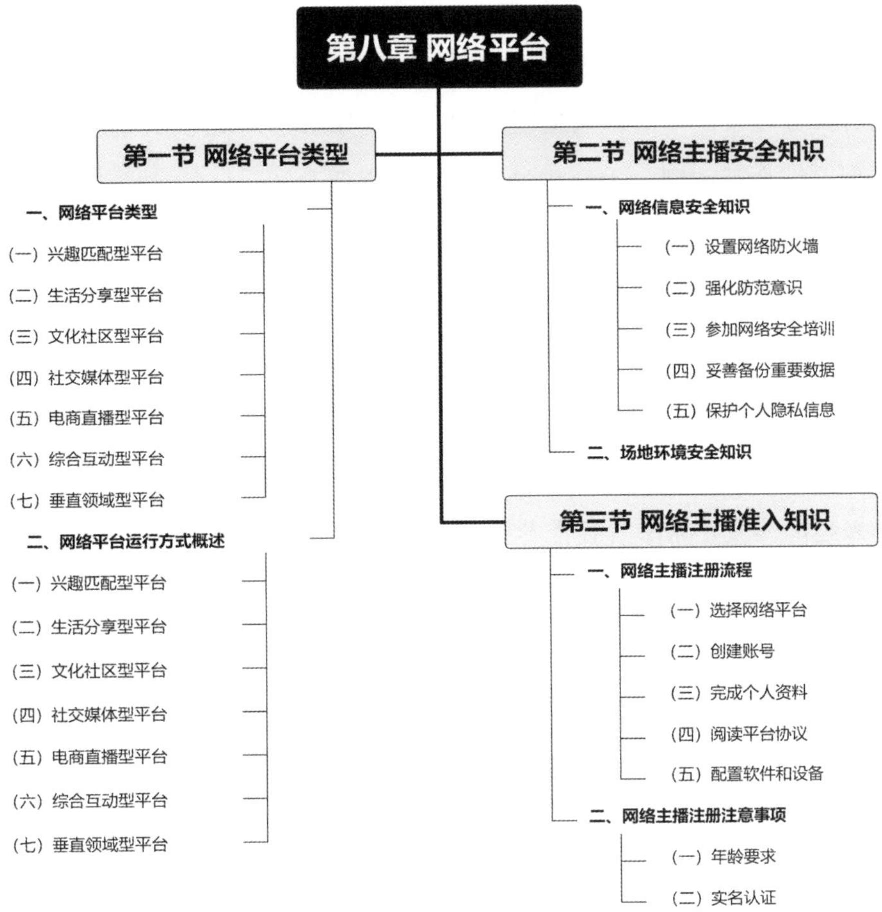

图 8-1 本章脉络图

第一节 网络平台类型

一、网络平台类型

日常浏览网络直播和短视频平台已经成为广大公众生活的重要组成部分，也促进了现代社会文化的蓬勃发展。近年来，我国网络直播和短视频平台飞速发展，吸引了数以亿计的网络主播和用户。不同的网络平台各具特色，为广大用户提供了多样化的内容选择，满足了用户需求。但整体来说，网络平台功能类型及所提供内容的种类也有部分重合。本节就兴趣匹配型、生活分享型、文化社区型、社交媒体型、电商直播型、综合互动型、垂直领域型平台做简要介绍。

（一）兴趣匹配型平台

兴趣匹配型平台的核心特点在于其高度个性化的内容推荐机制。这些平台运用复杂的算法分析用户的浏览行为、搜索历史和互动数据，以精准识别用户的兴趣和偏好。通过这种深度学习技术，平台能够动态地为用户提供与其兴趣紧密相连的定制化内容，增强用户体验的个性化和满意度。此外，这些平台还不断优化算法，以适应用户兴趣的演变，确保内容推荐的时效性和相关性，同时通过社交功能如点赞、评论和分享，进一步加深用户的参与度和平台的互动性。

（二）生活分享型平台

生活分享型平台专注于给用户提供一个展示和记录日常生活的空间，鼓励用户上传反映自己日常点滴的视频或图片，分享个人故事和生活瞬间。这些平台的核心在于真实性和亲民性，它们通过营造一种社区感，使用户感受到彼此之间的联系和共鸣。平台支持用户通过评论、点赞和私信等方式进行互动，增强了用户之间的社交联系。此外，这些平台通常具备强大的内容发现机制，帮助用户根据自己的兴趣和社交网络探索新的内容。商业上，这些平台可能会通过广告、品牌合作以及提供增值服务来实现收益，同时为内容创作者提供变现机会，激励他们持续创作高质量、具有吸引力的内容。随着用户生成内容的不断增加，生活分享型平台成为连接人们日常生活和社交互动的重要纽带。

（三）文化社区型平台

文化社区型平台专注于特定的文化领域或兴趣主题，为具有共同爱好的用户提供深度交流和分享的空间。这些平台通常围绕特定的文化元素或兴趣点构建，如动漫、游戏、艺术、科技等，形成具有强烈文化认同感的社区。它们提供丰富的内容形式，包括但不限于高质量视频、图文、讨论和活动，满足用户对特定文化内容的需求。此外，这些平台通过强化社区管理和用户互动，鼓励用户参与讨论、分享见解和创作相关内容，从而培养出积极健康的社区氛围和用户忠诚度。

（四）社交媒体型平台

社交媒体型平台的特点在于其强大的社交网络功能和信息共享能力。这些平台提供了一个多维度的互动环境，使用户能够创建和维护社交联系、分享个人动态、参与公共话题讨论以及获取和传播新闻资讯。它们通常具备发布动态更新、上传多媒体内容、私信交流、加入兴趣群组和参与话题标签讨论等功能。此外，社交媒体型平台还强调实时性，允许用户快速获取和响应最新趋势和事件，从而构建了一个动态的、即时的信息交流网络。

（五）电商直播型平台

电商直播型平台的核心在于其将电商销售与实时互动相结合，创造出一种新型的购物体验。这些平台允许商家和品牌通过直播的形式展示产品，提供详细的商品信息和即时互动，从而激发用户的购买欲望。它们通常具备实时问答、提供商品链接、促销活动展示等功能，使得用户在观看直播的同时能够直接下单购买，简化了购物流程。此外，电商直播平台还利用影响力营销，通过邀请知名人士参与直播，增加商品的吸引力和信任度，进而提高转化率。

（六）综合互动型平台

综合互动型平台体现在其内容的多样性和互动性。这些平台汇集了游戏、娱乐、教育等多种直播内容，满足不同用户群体的广泛需求。它们通过提供丰富的内容类别，使用户能够在单一平台上体验多元化的娱乐和学习。此类平台的设计理念是打造一个综合性的社区，让用户在享受内容的同时，也能参与到社区的互动和讨论中。

（七）垂直领域型平台

垂直领域型平台在于它们专注于特定的专业领域或主题，为用户提供深度的行业知识、专业技能和经验分享。这些平台通常聚集了行业内的专家、爱好者和从业者，形成一个高度专业化的社区。它们通过专业内容的交流和讨论，满足了用户对特定领域深度信息的需求，增强了平台在该领域的权威性和影响力。

以上每个直播和短视频平台正经历着前所未有的繁荣和发展，每一个平台都有其独特的特点和优势，为用户提供了丰富多样的内容体验。随着技术的不断进步和用户需求的持续变化，激发这些平台进一步创新，为公众生活带来更多使用体验。

二、网络平台运行方式概述

各种网络媒体平台类型丰富，有各自独特的运行方式和运营机制，特别是在内容分发、用户互动和数据分析方面。以下是具有代表性的平台运行方式和机制的简要概述。

（一）兴趣匹配型平台

兴趣匹配型平台的运行方式主要基于数据驱动的内容分发机制。平台通过收集和分析大量的用户数据，包括观看时长、互动频率和内容选择等，来训练其推荐算法。这些数据不仅帮助平台理解每个用户的独特需求，也为内容创作者提供了洞察视角，帮助他们创作更符合用户口味的内容。平台通常会设立内容创作者支持系统，提供必要的工具和资源，鼓励创作者生产高质量、多样化的内容。商业运营方面，平台通过精准广告定位、品牌合作和用户增值服务等多种方式实现盈利，同时为创作者提供变现机会，形成一个良性循环的生态系统。

举例来说，抖音利用算法推荐系统，为用户提供与其兴趣相匹配的视频内容，同时，算法推荐系统分发基于用户互动和观看历史，这一功能不仅让用户能够持续地发掘新鲜、有趣的内容，而且也为相关的内容创作者提供了更大的曝光机会。在此类平台网络主播适合创作简短、易于传播的内容，平台也提供直播数据分析工具，可以充分帮助主播了解内容表现和用户偏好，从而调整发布时间和内容类型。

（二）生活分享型平台

生活分享型平台的运行方式侧重于用户生成内容和社区参与。平台的设计旨在降低内容创作的门槛，使用户可以轻松记录和分享自己的生活。此类平台通过算法推荐系统，能够根据用户的行为和偏好展示相关内容，提高内容的发现性和个性化体验。平台通过举办各种挑战、话题和活动来激发用户的参与热情，促进内容的多样化和创新。商业上，生活分享型平台通过广告、品牌合作和提供增值服务等方式实现盈利，同时为内容创作者提供变现途径，鼓励他们持续创作高质量、具有吸引力的内容，推动平台的持续发展和创新。

例如，快手平台鼓励用户分享其日常生活，为用户提供了更为接地气的内容体验。快手强调用户日常生活的真实展示，不断强化“记录真实、分享生活”的运营理念。快手强调社区建设与用户互动，内容分发同样基于算法。网络主播可以通过发布贴近生活的原创内容吸引用户，并在直播中进行实时互动。后台数据分析则需要网络主播额外关注，尤其是目标用户的活跃时间和互动模式，将有助于网络主播强化自身竞争力。

（三）文化社区型平台

文化社区型平台的运行方式侧重于内容的质量和社区的活跃度。平台通过策划和筛选内容，提供给用户的信息和资源具有一定的质量和文化价值。同时，平台运营者通常会组织各种线上和线下活动，如主题讨论、知识分享、创作比赛等，以提高用户的参与度和社区的凝聚力。这些平台也会利用社区的力量进行内容的共同创造和传播，通过用户的互动和反馈不断优化内容和服务。商业上，文化社区型平台可能通过广告、会员订阅、虚拟商品和品牌合作等多种渠道实现盈利，同时为内容创作者和社区成员提供变现机会，促进平台的可持续发展。

例如，哔哩哔哩平台作为一个专注于二次元、ACG（Animation 动画、Comics 漫画、Games 游戏）文化的平台，为年轻人和二次元文化、游戏、科技和学习内容感兴趣的群体提供了交流和分享的网络社区空间，其视频弹幕系统使用户在观看视频的同时，可实时互动，为用户带来独特体验。该平台基于用户社区和兴趣小组分发内容，平台中“弹幕”评论系统为用户与内容的互动提供了技术支持，网络主播可关注视频的长期表现与弹幕评论。

（四）社交媒体型平台

社交媒体型平台的运行方式主要基于用户参与和内容流动。平台通过算法推荐系统，根据用户的兴趣、社交关系和互动历史来个性化推送内容，从而提高用户的参与度和内容的可见度。社交媒体型平台还鼓励用户之间的互动，如点赞、评论和转发，这些互动不仅增强了用户的社交体验，也为平台提供了丰富的数据，用于进一步优化内容推荐和社交连接。商业上，社交媒体平台通过广告、品牌推广、付费内容和增值服务等多种盈利模式，实现商业价值的创造，同时为个人和企业提供了品牌建设和市场推广的机会。

微博作为这一类型的平台，不仅为用户提供了社交与咨询功能，还将短视频和直播融入其中，使得用户可以在浏览新闻和社交动态的同时，也能观看到丰富的视频内容，特别是对时事、娱乐、时尚等实时消息进行及时追踪报道。其直播功能表现在直播内容多样，微博也结合算法推荐和用户关注列表来分发内容，重视热门话题和标签，网络主播可利用热点和话题标签增加曝光，并通过评论和转发与用户互动，创建讨论话题。

（五）电商直播型平台

电商直播型平台的运行方式侧重于实时互动和商品展示。平台通过直播技术，为商家和消费者提供一个即时沟通的空间，商家可以通过演示、讲解、答疑等方式，全面展示商品特点和使用效果。平台还提供了一系列营销工具，如优惠券、限时折扣、活动等，增加直播的吸引力和购买的紧迫感。此外，电商直播平台还注重数据分析，通过收集用户行为数据，帮助商家了解消费者偏好，优化产品推广策略。商业上，平台通过交易佣金、广告费、会员服务等方式实现盈利，同时也为商家提供了品牌曝光和销售渠道，为消费者带来了便捷的购物体验。

例如，淘宝将直播与电商相结合，为用户创造了全新购物体验。淘宝直播侧重于产品展示和销售，内容分发依赖于产品相关性和用户购物偏好。网络主播完善销售技巧，并利用优惠、限时折扣等方式吸引用户。淘宝的销售数据可以在后台精准呈现，网络主播可以根据产品相关数据分析了解产品的受欢迎程度，以优化直播内容与营销策略。

（六）综合互动型平台

综合互动型平台的运行方式通常基于强大的社区建设和用户参与机制。平台鼓励用户之间的互动，通过评论、点赞、分享和私信等功能，建立起活跃的社区氛围。此外，平台还可能通过举办各类活动和竞赛，进一步促进用户参与度，增强用户黏性。平台的算法推荐系统会根据用户的行为和偏好，个性化推荐内容，使用户能够轻松发现感兴趣的直播和社区内容。

例如，腾讯NOW直播作为一个综合互动型平台，它不仅提供游戏直播，满足玩家的互动和观看需求，还涵盖娱乐和教育内容，为不同兴趣的用户提供直播服务。平台的商业运营包括广告、品牌合作、虚拟礼物等多种盈利模式，通过这样的综合性服务，网络主播的直播能够吸引和维持多样化的用户基础，也为网络主播提供展示才华和吸引用户的机会。

（七）垂直领域型平台

垂直领域型平台的运行方式侧重于内容的专业性和社区的互动性。平台通过严格的内容审核和质量控制，确保发布的内容具有高度的专业性和准确性。同时，平台鼓励用户之间的互动和讨论，通过问答、评论、私信等功能，促进知识的交流和经验的分享。平台还可能组织线上或线下的专业活动，如研讨会、讲座和工作坊，以进一步增强社区的凝聚力和活跃度。

例如，知乎直播作为一个垂直领域型平台，它以知识分享为主，提供专业领域的讨论和直播。知乎直播依托于知乎社区强大的知识基础和专业用户群体，为用户提供深入探讨各种专业问题的机会。行业专家可以化身网络主播，开通直播讲座，参与解答实时的在线讨论，促进知识的传播和普及。

第二节 网络主播安全知识

一 网络信息安全知识

（一）设置网络防火墙

网络主播应采取必要手段保障网络信息安全。合理安装并运用防火墙是极为有效的措施，不仅能保护个人隐私，还能防范网络攻击，确保直播活动顺利进行。

网络主播需要选择并安装可靠的防火墙软件或硬件，可以是计算机上的软件防火墙，也可以是路由器等设备上的硬件防火墙。网络主播应确保所选的防火墙能够提供全面的网络保护，并根据自身需求进行配置，通过对防火墙基本的包过滤、端口过滤和 IP 地址过滤等规则进行设置，有效阻止未经授权的网络访问，减少网络攻击的风险。

保持网络安全还应定期更新防火墙。随着网络威胁的不断演变，防火墙规则需要不断调整以应对新型网络攻击手段，网络主播应保持防火墙软件和规则库的最新版本，以确保能够及时应对潜在风险。同时网络主播还应根据自身工作需求，限制特定应用程序访问权限。这种做法有助于隔离潜在的威胁，特别是对于一些敏感信息的处理，如财务数据，可以在设备中划定独立区域，增加其安全性。

（二）强化防范意识

网络主播应提高对可疑文件和未知链接的警惕，避免因点击或下载不安全网站或链接引发网络安全问题，避免自身设备受到恶意程序侵害。同时，强化密码管理也是网络主播应当重视的方面，网络主播应为自身账号设置较为复杂的强密码，针对不同账号应避免使用同一密码，防止不法分子通过“撞库”等方式非法获取账户。网络主播可以选择使用更为可靠的身份验证手段，双因素认证，这种验证在登录账户时需要提供两个或多个身份验证要素，通常包括密码和动态验证码。这样的多层次验证能够有效防范因密码泄露导致的账户入侵。

网络主播还应设立细致的授权管理权限体系，确保每个团队成员和合作伙伴只能访问他们所需的特定资源。通过明确的权限分配，可以防止未经授权的人员获取关键信息或操作权力。此外，网络主播应定期审查和更新权限。主播在定期检查授权系统过程中还应撤销或更新不再需要的权限，以防止过度授权和潜在的滥用风险。

总体而言，网络主播应增强自身网络安全意识，并积极应用身份验证等措施强化自身账户安全，通过有效的身份验证和精细的授权管理，降低未经授权访问的风险，保护个人隐私和直播内容。

（三）参加网络安全培训

通过定期参加系统的网络安全培训，网络主播及其团队能够更好地了解网络威胁、应对潜在风险、增强安全意识。

网络安全培训包含对常见网络威胁和攻击手法的深入介绍，涵盖诸如恶意软件、钓鱼攻击、社交工具等网络安全威胁，使网络主播能够识别潜在风险，并采取适当的措施进行防范。在培训中，应强调社交工程攻击的风险和防范措施。通过案例学习，主播可以更好地理解攻击者是如何通过欺骗手法获取信息的，提高对社交工程手法的警觉性，有效减少因社交工程攻击导致的信息泄露和账户被入侵风险。

安全培训还包括直播平台的规则和政策。主播需要了解在直播过程中可能涉及的禁止行为，以免触碰平台规则。熟悉平台的安全机制，包括举报和投诉流程，有助于主播及时应对突发问题。此外，了解不同类型的网络攻击及其工作原理，有助于网络主播防范潜在的网络安全威胁。

（四）妥善备份重要数据

为了保证信息安全，网络主播应制订重要数据备份计划，以应对因系统崩溃、黑客攻击等意外情况造成的数据丢失。通过妥善备份重要数据，网络主播能够在意外事件发生后快速有效地恢复至正常状态。

网络主播应制定详细的备份策略，包括定期备份直播内容、重要数据文件、设备配置信息等。备份分为本地备份和云端备份两种方式，确保数据安全性和可用性。主播可以采用多层次的备份方法，使用不同的存储媒介和云服务进行备份。这种方法可以确保即便一个备份出现问题，仍有其他备份可供使用。同时，备份数据的地理位置也应该分散，以防止单一地区的自然灾害对所有备份造成影响。网络主播需要结合自身业务需求，选择合适的备份频率，以确保尽可能减少数据丢失带来的损失。

（五）保护个人隐私信息

对网络主播本人，主播不仅需要注意与用户的互动，还应避免公开敏感信息。在个人直播过程中，主播可以适当遮蔽或模糊一些敏感信息，如家庭背景或身份证明，以及不在直播中展示个人身份证、银行卡等隐私信息，确保用户无法获取可能被滥用的个人数据。这样做不仅降低了主播信息丢失风险、用户获取敏感信息的可能性，同时为主播创造了一种神秘感，提升了直播的趣味性。

此外，网络主播还可以制定一套严格的社交媒体隐私策略。主播应定期审查社交媒体平台的隐私设置，确保只有授权人员能够访问个人信息。通过设定细致的隐私权限，主播可以更好地掌控自己在网络上的隐私边界，同时配置社交媒体的隐私设置，以限制部分人员可以看到其个人信息。

对粉丝用户，网络主播在直播时也应保护粉丝的隐私，尊重他人的隐私权，未经他人同意，不得泄露他人信息。避免公开粉丝的个人信息或对话。如果直播平台支持聊天功能，应确保有适当的监管机制来防止个人信息泄露。

网络主播应积极与平台合作，推动隐私保护的技术创新。主播与直播平台合作、分享关于隐私安全的最佳实践方法，共同研发更安全、更隐私、更友好的直播环境。通过推动平台技术升级，主播不仅为自己提供更强大的隐私保护，同时也为整个行业树立良好的隐私保护标杆。

二、场地环境安全知识

网络主播的安全知识不仅涉及网络信息安全，还包括对个人和场地环境的全面保护。通过采取适当的预防措施后，网络主播可以有效保障自身和用户的安全，同时提供流畅的直播体验。

网络主播在户外直播中，应选择安全的直播地点，避免选择危险或不稳定的户外环境，如边缘陡峭的山地或人迹罕至的区域。网络主播还需留意当地天气情况和户外环境因素，如野生动物、交通情况等。网络主播在特殊地区直播时，应与当地主管部门沟通并获取必要的许可。

室内直播中，网络主播应防范火灾、触电等安全问题，应定期检查电源插座与相关线路是否安全可靠，避免过载。在工作区域，网络主播应配备适当的消防设施，并确保了解如何正确使用消防设备，如灭火器、消防栓等。

第三节 网络主播准入知识

一、网络主播注册流程

图 8-2 网络主播注册流程

网络主播注册流程会因不同的网络平台管理要求有所不同，但通常包含以下几个基本步骤。

（一）选择网络平台

首先，需要选择合适的网络平台，下载并安装。网络主播应明确自身目标用户，不同平台有着不同的用户群体和特点。其次，主播应考虑平台的用户规模和活跃度，一个庞大而活跃的用户基础意味着更高的曝光率和粉丝增长率。与此同时，也应对比平台的竞争优劣势，小而专的网络平台由于网络主播规模较小，可能更容易获得用户关注。网络主播应关注网络平台的商业机制，详细了解平台播放量奖励机制、礼物打赏机制、付费订阅机制等，这有助于网络主播获取更多的收益。网络主播还需关注网络平台对内容的审核标准和管理政策。了解平台对于敏感内容、版权问题的处理方式，以免因违规而遭受处罚。网络平台对于网络主播的服务与技术支持也是选择网络平台的重要考量因素，一个稳定且响应及时的网络平台能够更好地保障网络主播顺利开展工作。

总的来说，网络主播选择网络平台需谨慎考虑目标用户、用户规模、商业机制、审核标准等多方面因素。只有全面评估并结合自身特点，主播才能在合适的平台上获得更好的曝光、用户互动和经济收益。

（二）创建账号

网络主播在选定平台上创建账号时，通常需要填写实名信息、提供电子邮件、电话、设置用户名和登录密码，过程可以按照系统提示完成注册步骤。以上环节也是网络主播值得注意的安全保障环节，网络主播在此过程中需要确保自己所提供信息准确无误，以防后续可能出现因密码遗忘造成账号丢失等问题。

（三）完成个人资料

网络主播应详细填写个人资料，包括昵称、地区、简介、联系方式等。这是吸引用户的重要举措，在简介中，网络主播还可以简述自身专业领域、兴趣爱好和直播时间，以此吸引用户，网络主播在填写上述内容时，应做到如实填报。

（四）阅读平台协议

各直播平台都有自己的平台入驻规则和使用指南，网络主播应仔细阅读并同意遵守平台相关协议和规定。平台协议旨在帮助网络主播了解在职业活动中应当遵守的政策与平台规范，确保开播后所创作的内容符合相关要求，避免个人账号由于违反相关要求被处罚。

（五）配置软件和设备

网络主播应了解并能熟练操作相关软件，结合自身业务要求，合理配置硬件设备，并建立符合网络主业务要求的互联网络，保障网络主播顺利开展工作。

二、网络主播注册注意事项

在网络直播平台注册成为主播，通常需要遵循以下流程和注意事项。

（一）年龄要求

根据相关监管要求，网络主播年龄必须满十八周岁。《中华人民共和国未成年人保护法》第七十六条规定，网络直播服务提供者不得为未满十六周岁的未成年人提供网络直播发布者账号注册服务；为年满十六周岁的未成年人提供网络直播发布者账号注册服务时，应当对其身份信息进行认证，并征得其父母或者其他监护人同意。

（二）实名认证

自然人和组织机构利用网络直播平台开展直播活动，应当严格按照《互联网用户账号名称管理规定》等有关要求，配合平台提供真实有效的身份信息进行实名注册并规范使用账号名称。

思考题

1. 请结合自身兴趣诉求，了解各类网络主播媒体平台的特点，分析自己的传播优势。
2. 请阅读各网络媒体平台入驻协议，分析各平台定位和传播规则。

第九章 网络主播业务营销知识

章节概述

网络营销为网络主播带来了新的机遇与挑战。正确理解网络营销所处的宏微观环境、开展网络营销市场分析可帮助网络主播把握网络营销的规律和趋势。学习有效的网络营销策划方法和网络营销效果的衡量标准，可帮助网络主播掌握必要的业务营销知识。本章提供了网络营销的核心知识和技巧，旨在帮助网络主播在激烈的职业竞争中获得优势。

学习目标

1. 理解网络营销的概念和环境分析的方法
2. 学习进行网络营销市场分析的步骤
3. 掌握设计网络营销策划方案的思路
4. 学习广告策划和传播的基本流程
5. 掌握评估网络营销传播效果的方法

关键词

网络营销　营销传播　营销传播效果　营销策略

第九章 网络主播业务营销知识

- **第一节 网络营销**
  - **一、网络营销定义与分类**
    - （一）网络营销定义
    - （二）网络营销的分类
  - **二、网络营销环境分析**
    - （一）网络营销的宏观环境
    - （二）网络营销的微观环境
  - **三、网络营销市场分析**
    - （一）网络营销市场调研的概述
    - （二）网络营销市场调研的步骤
    - （三）网络营销的用户行为分析
- **第二节 网络营销策划**
  - **一、网络营销中的用户行为**
    - （一）用户访问的目的与类型
    - （二）网络用户的决策过程
  - **二、网络营销战略制定及实施**
    - （一）网络营销战略
    - （二）网络市场细分
    - （三）网络目标市场选择
    - （四）网络市场定位
  - **三、网络营销策划方案**
    - （一）网络营销产品策略
    - （二）网络营销价格策略
    - （三）网络营销渠道策略
    - （四）网络营销促销策略
- **第三节 网络营销传播**
  - **一、网络营销传播概念及特点**
    - （一）网络营销传播概念
    - （二）营销传播的特点
  - **二、网络营销传播策略**
    - （一）4R营销组合理论概念
    - （二）4R理论的实施应用
  - **三、广告策划与传播**
    - （一）确定网络广告目标
    - （二）确定网络广告的目标用户
    - （三）进行网络广告创意
    - （四）选择网络广告发布渠道
    - （五）确定进度安排
  - **四、网络营销传播效果**
    - （一）整体营销效果分析
    - （二）用户质量分析
    - （三）广告营销效果分析
    - （四）营销运营效果分析
    - （五）营销渠道归因与效果评估
    - （六）品牌资产效果分析
    - （七）营销效果分析误区

图 9-1 本章脉络图

第一节 网络营销

一、网络营销定义与分类

（一）网络营销定义

网络营销以互联网为载体，采用方式、方法和理念来实施营销活动，从而更有效地创造、沟通和传递价值，以实现组织和相关利益的职能。[①]网络营销侧重于理解用户的需求、习惯和反馈，并据此优化产品和服务。吸引用户注意力，并激发他们对品牌的兴趣和信任，是网络营销的核心目标。网络主播应建立正确的网络营销观念，坚持以用户需求为导向的营销理念，利用数字化渠道和工具来提升品牌知名度、吸引目标用户，并最大化实现预期目标。

（二）网络营销的分类

网络营销可以根据网络层次划分为传播型、沟通型、交易型和立体型，这四个层次呈现出递进关系。网络主播可以根据分类来制定更具针对性的营销策略。

传播型网络营销主要通过网络传播信息。网络主播可以充分利用网络平台，定期发布最新内容资讯，确保内容能够快速、广泛且有吸引力地触达目标用户。

沟通型网络营销不仅关注信息的传播，还注重与用户的互动和信息收集。网络主播可以创建互动平台，与用户进行实时沟通，收集社群反馈，以不断优化内容制作。

交易型网络营销侧重于通过网络营销来促成交易，实现销售目标。网络主播可以提供付费订阅服务，为付费用户提供专属内容或优先参与活动的权益。例如，通过开设在线课程，为用户提供从基础到高级的全方位教学，实现知识的商业化。

立体型网络营销代表了全方位的营销方式，强调从多个维度和角度实现经营目标，包括多渠道的推广、多方式的营销以及全方位的市场覆盖。网络主播可以借助

① 黄敏学：《网络营销》，高等教育出版社，2023，第10页。

大数据分析，深入了解用户的行为习惯和兴趣偏好，为内容制作和传播提供精准的数据支持。

二、网络营销环境分析

网络营销环境是指影响组织的生存和发展的、与组织网络营销活动有关联因素的内部条件和外部条件的集合。网络营销环境主要由宏观环境要素与微观环境要素构成，这两方面共同作用于组织的网络营销策略和执行。

（一）网络营销的宏观环境

网络营销的宏观环境包括政治、法律、经济、社会文化、人口和科学技术等方面。这些宏观环境因素会影响网络营销策略的制定，是网络主播制作内容前应了解的基本信息。

1. 政治和法律环境

网络主播若能明确政府鼓励和支持的政策方针，将获取更多的机遇；同时，了解并遵守保护消费者权益等法规，将有助于他们更合法、合规地开展网络营销活动。

2. 经济环境

了解付费者的收入水平、支出模式、付费结构、储蓄和信贷情况，以及通货膨胀和经济发展状况，可以帮助网络主播预测其产品和服务的市场需求，以及目标市场的付费特性。付费者的收入水平直接影响他们的支付能力和消费习惯。付费结构，指的是付费者在不同商品和服务上的支出偏好。储蓄可能会限制他们的支付能力，而信贷则可能使他们更愿意尝试新产品或服务。通货膨胀，即物价普遍上涨，会降低付费者的购买力，影响其消费行为。经济发展状况，表现为经济活动的活跃或减缓，会影响付费者对未来预期的判断，进而影响支出。

3. 社会文化环境

网络营销的社会文化环境因素，如教育水平、价值观念、语言文字、宗教信仰和风俗习惯，对策略的制定至关重要。深入研究目标市场的文化背景，开发符合当地消费者付费习惯的产品，是确保网络营销成功的关键。

4. 人口环境

人口的特征，如人口规模、年龄结构、地理分布，以及人口迁移，都会对市场格局产生深刻影响。这些因素不仅塑造了市场的特点，也直接影响网络主播的网络营销活动。在网络营销环境中，这些人口特征反映为网民的数量、结构和偏好等因素。

5. 科学技术环境

科学技术环境是影响网络主播最大且变化最快的因素。技术进步，如生成式人工智能的出现，不仅改变了网络视听节目的制作和传播方式，也提升了用户对这类节目的期待。

（二）网络营销的微观环境

网络营销的微观环境因素是直接影响和制约网络主播营销活动的力量和因素，一般包括供应商、竞争者、网络主播团队、营销中介、付费用户、社会公众等。

1. 供应商

网络供应商向网络主播及其竞争者提供生产经营所需的材料和资金。这些资源的变化直接影响网络主播的内容产量、内容质量和利润，进而影响主播营销计划和目标的完成。

2. 竞争者

竞争者提供与网络主播相同或类似产品，并对其构成威胁。网络主播通过研究竞争者，可以在内容创作、技术应用、品牌建设、粉丝运营和商业变现等方面获得宝贵的经验和启示，从而提升自身的竞争力，实现更好的发展。

3. 网络主播团队

团队成员应保持信息同步，以提高网络视听节目制作的效率和效果。

4. 营销中介

网络营销中介包括提供服务的组织或部门，如数据分析平台和网络视听节目播出平台。这些平台可以提供关键数据支持，同时促进推广和提高曝光度。

5. 付费用户

在视听节目中进行付费的用户是为网络主播创造价值的重要群体。吸引更多用户并促使访问者转变为付费者是网络主播经营活动的核心。现代营销强调以满足付费者需求为核心。

6. 社会公众

包括媒介公众（如报纸、杂志、电台、电视台）、政府公众、用户公众。媒介公众影响大众对网络主播的评价和认识；政府公众的政策可能促进或限制营销活动；用户公众的态度和评价是网络主播需要关注的，因为其直接影响到主播的人气、收入和职业发展。

三、网络营销市场分析

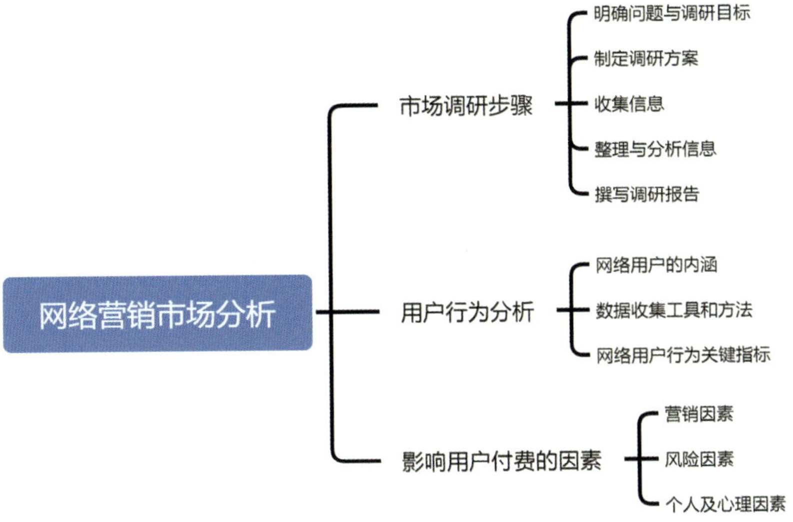

图 9-2 网络营销市场分析

（一）网络营销市场调研概述

网络营销市场调研是利用互联网作为沟通和了解信息的工具，对付费用户、竞争者以及整体市场环境等与营销有关的数据系统进行收集、整理、分析和研究的过程。网络营销市场调研包括调查用户、分析市场行情和市场环境、收集营销组合要素的数据资料。

（二）网络营销市场调研步骤

1. 明确问题与调查目标

明确问题与调查目标包括了解目标用户是否偏好观看网络视听节目，探究竞争对手是否已经实施了特定的营销策略，以及分析在目标行业中哪些媒体平台最受青睐。在明确了这些问题和目标之后，我们还需要确定调研对象，如视听节目的付费用户、竞争对手、网络主播所在行业的管理者，以及行业研究机构。

2. 制定调研方案

制定调研方案时需要确定如何调查网络用户、分析视听节目内容的效果、研究不同视听节目的特点以及监测社交媒体上的话题。确保调查方案涵盖了与网络视听节目相关的各个方面。而调研方案应明确以下内容：资料来源（一手资料、二手资料），调查方法（专题讨论法、问卷法、实验法），调查手段（如在线调查、用户行为分析、社交媒体监控），调研基础（如调研对象、调研预算）。

3. 收集信息

收集信息包括用户问卷调查、视听节目的观看数据、竞争对手的传播效果分析以及社交媒体上的话题追踪。同时，还可以利用媒体平台的分析工具来获取用户互动和反馈的数据。网络主播确保采集的信息能够揭示网络视听节目市场的现状和趋势。

4. 整理与分析信息

网络视听节目的市场调研包括用户的喜好和行为、竞争对手营销策略的成功因素、视听节目的效果评估以及社交媒体上的舆情分析。这些分析可以帮助网络主播了解如何更好地扬长避短进行营销，并识别机会和挑战。此时，可以使用一些数据分析技术，如交叉列表分析技术、综合指标分析和动态分析，进行图表化描述。

5. 撰写调查报告

最终的调查报告应该包括网络视听节目市场的详细信息，如用户洞察、竞争分析、策略建议等。此外，还应包括选择网络视听平台、制定视听节目内容策略等。确保报告的内容针对性强，以帮助网络营销取得成功。

（三）网络营销的用户行为分析

1. 网络营销用户的内涵

网络营销用户是指通过互联网参与网络视听节目内容的付费用户群体。互联网赋予了用户更大的主动权和力量。任何有兴趣、有动机的用户都能扮演以往可能需要庞大资源和组织能力的角色。

网络营销中网络主播的竞争是以用户为焦点的竞争。网络主播的营销策略必须针对用户心理变化和行为的变化而调整。具体而言，这种变化主要体现在：（1）个性付费的回归；（2）更主动地了解栏目、活动、产品信息；（3）付费心理的不稳定性增加；（4）追求实用性和享乐性。

2. 数据收集工具和方法

在数字时代，深入了解网络用户是网络主播制定战略和优化用户体验的重要前提。通过有效的数据收集工具和方法，网络主播能够挖掘用户行为数据，洞察用户偏好、需求和潜在行为模式，为精准营销和服务优化提供支持。用户行为数据挖掘揭示了用户在数字空间中的活动轨迹、偏好和需求。理论上，深度分析用户行为有助于网络主播理解用户决策过程，发现市场机会，并优化产品或服务以满足用户期望。数据收集的重要性在于为网络主播提供客观、量化的依据，使其能够做出基于事实的决策。

常见的数据收集工具包括人物画像、趋势分析等，常用方法包括对比分析法、特殊事件分析法等。网络主播在选择数据收集工具和方法时，应考虑以下因素。

（1）与业务目标契合：确保所选工具和方法与网络主播的具体业务目标相契合。在不同的业务阶段，不同的目标需要不同类型的数据支持。例如，财经类、科普类以及教学类等知识型网络主播的盈利主要依赖于用户打赏和后端课程的销量。因此，收集打赏数据、销量数据和用户行为数据对于评估这些网络主播的盈利状况和优化他们的运营策略至关重要。

（2）法律和隐私合规：保护用户隐私是数据收集工作的首要任务。因此，所选工具和方法必须遵循相关法规，确保用户数据的收集与使用合法且安全。成分数据，一种反映相对而非绝对数值的非负数据类型，是实现隐私保护的有效方法。例如，报告用户群体的性别比例（如“本场用户的男性占比为60%”）而不是具体的用户身份信息，可以在不泄露个人隐私的情况下提供群体特征的统计数据。

（3）技术可行性：在挑选数据收集工具和方法时，网络主播应深入评估其技术复杂度，确保所选工具与自身技术能力相匹配，并获得必要的技术支持。这不仅有助于降低实施过程中的难度，还能确保数据收集的准确性和效率。同时，主播还应考虑资源的充足性、方法的适用性以及风险的可控性，以全面保障调研活动的顺利进行。

（4）成本效益：评估工具和方法的成本效益，确保所投入的成本与获得的数据价值相符，符合网络主播团队的预算和资源。

3. 网络用户行为关键指标

用户行为关键指标直接影响网络营销的市场表现。这些指标帮助网络主播理解用户的互联网活动，并为网络营销策略的制定和优化提供数据支持。用户行为关键指标包括点击率、转化率、跳失率、留存率和互动频率等。点击率衡量内容的点击次数与总展示次数的比例，高点击率表明内容能够吸引用户兴趣。转化率衡量用户完成付费、注册或其他目标的比例，是评估业务效果的核心指标。跳失率评估网络视听节目吸引力，较低的跳失率意味着用户对内容感兴趣。留存率反映用户对网络主播或节目内容的持续兴趣，是建立忠诚度和长期用户关系的关键。互动频率衡量用户参与度，高互动频率可以增强栏目影响力，提高内容传播效果。

第二节 网络营销策划

网络营销是一个复杂的过程。网络主播作为市场营销者，为达到预期的效益目标，必须创造性地建立和保持市场的发展，并扩大与用户之间的交换关系。营销策划是一种超前决策，涉及对未来营销活动的全面和系统策划，其目的是实现特定的营销目标。这包括对活动的构思、设计、规划、实施及必要的后续调整。

一、网络营销中的用户行为

（一）用户访问的目的与类型

了解用户网上访问视听节目的行为是了解网络主播用户付费行为的基础。网络用户的网上访问行为是复杂的。例如，用户访问知识类网络主播的视听节目可能出于信息搜索、浏览或产品付费等不同目的。根据访问目的不同，访问行为可以分为有付费目的的访问、搜寻和考虑性访问、观赏性浏览访问、知识积累性访问四种类型。用户在不同时间对网络视听节目表现出不同类型的访问行为，形成的用户总体特征可区分六种类型的访问者：简单型、冲浪型、交易型、联系型、定期型和运动型。

网络主播应明确自己吸引的是哪一个细分市场，并使其战略与这个目标市场的需求一致。

1. 简单型

简单型用户偏好易获取的信息、可靠的服务和方便的反馈。网络主播所传达的信息和视听节目页面的直观信息至关重要。

2. 冲浪型

冲浪型用户使用网络进行研究、购物、找资料或娱乐，喜欢不断尝试新体验，但在网站间跳转迅速。网络主播应设计并宣传节目，吸引用户进入并延长停留时间。

3. 交易型

交易型用户关注交易的划算性，喜欢寻找优惠并享受交流。网络主播可以推出礼包和秒杀活动，吸引交易者进入并停留在直播间，促进互动和购买行为。

4. 联系型

联系型用户希望与网络主播或品牌建立联系，寻求帮助或分享反馈。网络主播应提供答疑和周到服务，建立并维护这种联系。

5. 定期型

定期型用户定时浏览特定内容，如新闻和财经信息。知识类网络主播可定时播出特定主题的节目，吸引用户成为会员并订阅服务。

6. 运动型

运动型用户在观看节目时喜欢互动。知识类网络主播可邀请用户参与快问快答，游戏类网络主播可邀请用户点评竞技现场，增加用户与网络主播及节目的黏性，并鼓励打赏等付费行为，提升互动体验和节目价值。

（二）网络用户的决策过程

1. 决策行为

根据网络用户的决策过程和行为发展，现阶段网络用户主要面临三类关键决策行为。

（1）网络渠道选择：播出平台背后聚集的是同类网络渠道选择的用户群体。网络主播在进行视听节目播出时，选择网络渠道就是在选择用户群体。

（2）网络信息搜寻行为：用户通过搜索获取目标信息。网络主播应丰富视听节目预告宣传的展示渠道，有针对性地涉及相关宣传内容，以便有机会让本场视听节目成为用户搜索的结果，在播出时获得更高的曝光度。

（3）网络付费行为：不同网络用户的付费行为多样化。网络主播应充分考虑用户的需求动机（兴趣、聚集和交流）和心理动机（理智动机、感情动机和惠顾动机），有针对性地开展营销活动。

2. 决策过程

用户整体的决策过程包括五步骤：确定需求、收集信息、比较选择、进行决策和付费评价。

（1）确定需求：需求识别是用户决策过程的起点。用户的需求一般由两种刺激引起：一是内部刺激，如对司法考试的考生而言，通过考试的欲望变成一种动力；二是外部刺激，如朋友圈中的美食引发用户的购买欲望。

（2）收集信息：用户收集相关的信息时，主要有个人、经验、公共和商业四个来源。网络主播等网络营销人员在用户收集信息阶段的主要任务包括：了解不同信息来源对用户行为的影响程度。注意不同文化背景下收集信息的差异性。有针对性地设计恰当的信息传播策略。

（3）比较选择：在多样化的视听节目类型中，用户通常会对那些关键属性（如内容、作用、价格、质量、口碑）表现优秀的节目表现出浓厚的兴趣。在用户比较选择阶段，网络主播的主要任务包括增加本场视听节目的功效，改变用户对既定属性的认识，重新进行心理定位，树立新的品牌信念。

（4）进行决策：行为决策是指付费者在产品评估后对备选的某种品牌产品形成偏爱，产生付费意向，引起实际的决策行为。用户的决策主要有产品种类决策、产品属性决策、品牌决策、付费时间及地点决策等。在用户决策阶段，网络主播主要任务是努力消除或减少用户可感知风险，向用户提供真实可靠的产品信息。

（5）付费评价：购后行为是指用户由于满意或不满意而产生的一系列评价行为表现。用户对产品的期望值越高，不满意的可能性越大。因此，网络主播在采取促销措施时，应避免盲目地提高用户的期望值。在用户购后评价阶段，网络主播主要任务是采取有效措施减少或消除用户的购后失调感，及时处理用户的意见，给用户提供多种解除不满情绪的渠道。

二、网络营销战略制定及实施

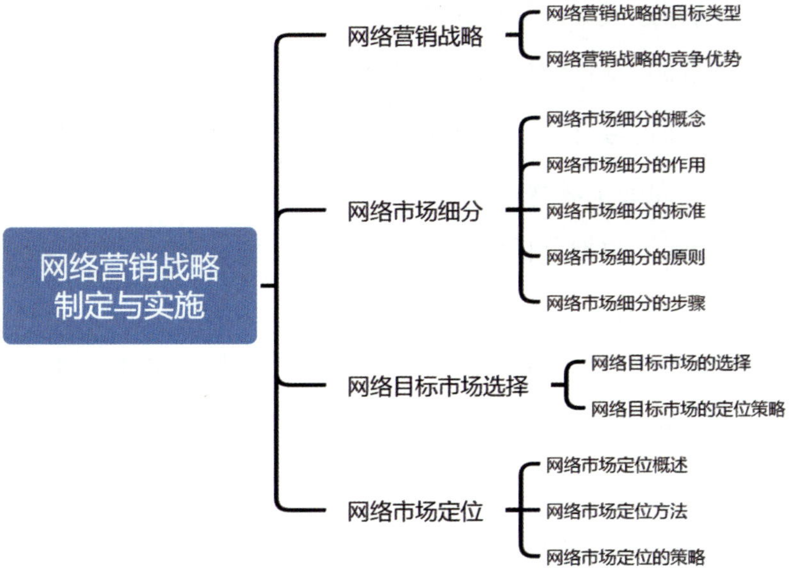

图 9-3 网络营销战略制定与实施

（一）网络营销战略

网络营销战略是以国际互联网为基础，利用数字化信息和网络媒体交互性来辅助实现营销目标的一种新型市场营销方式。换言之，网络营销战略是组织科技战略与营销战略的整合。

1. 网络营销战略的目标类型

（1）以销售型网络营销为目标的网络主播，旨在通过网络视听节目实现直接销售转化。

（2）以服务型网络营销为目标的网络主播，旨在通过网络视听节目提供服务，增强用户满意度和忠诚度。

（3）以品牌型网络营销为目标的网络主播，旨在建立或提升品牌形象。

（4）以提升型网络营销为目标的网络主播，旨在提高网站流量、注册用户数、在线活跃用户数等运营指标。

（5）以混合型网络营销为目标的网络主播，旨在实现上述几种目标中的一种或多种。

2. 网络营销战略的竞争优势

（1）网络主播通过大数据分析、精准营销等手段实现成本控制优势，有效理解付费者需求，提高资源利用效率，降低营销成本。

（2）网络主播通过融合线上线下渠道，实现市场覆盖优势，打造全渠道的投放体验，从而获得更全面的市场渗透。

（3）网络主播通过数据分析和挖掘实现定制营销优势，提供定制化的产品和服务，满足付费者的个性化需求。

（4）网络主播通过整合各种传播渠道和资源实现整合传播优势，提高品牌知名度和美誉度，加强与付费者的联系。

（二）网络市场细分

目标市场是指通过对市场细分，结合自身优势并及时对外部环境做出判断，在细分后的市场中识别、挑选、评价、选择自身当下开拓的特定市场。结合网络市场细分的方式，可以根据产品、用户群体划分细分市场，并从中选择合适的目标市场。

1. 网络市场细分的概念

网络市场细分是在调查研究的基础上，依据网络用户的需求、付费动机与习惯爱好等方面的差异性，把网络用户划分成不同类型的付费群体。每个细分市场都由需求和愿望大体相同的用户组成。在同一细分市场内部，用户需求大致相同；在不同细分市场之间，用户需求则存在明显的差异性。

2. 网络市场细分的作用

网络市场细分可以帮助认识和研究网络市场，为选择网络目标市场提供依据。其作用包括：

（1）发掘市场机会，开拓新市场。

（2）优化资源配置，取得最佳营销效果。

（3）准确制定和调整营销方案，增强应变能力。

3. 网络市场细分的标准

网络市场细分是根据一定的标准区别付费者不同需求的过程，是一种求同存异的市场分类方法。该方法不是对网络产品进行分类，而是对同种网络产品需求各异的付费群体进行分类。一般综合运用多种标准来细分市场，包括：

（1）地理因素：地理位置、气候、人口密度和城乡分布。

（2）人口因素：年龄、性别、学历、收入水平、健康状况、家庭规模、婚姻状态、职业、教育程度、宗教、种族、国籍等。

（3）心理因素：社会阶层、生活方式、个性特点等。

（4）行为因素：付费时机与方式、寻求利益、产品或服务的使用状况以及对品牌的忠诚度等。

4. 网络市场细分的原则

实现网络市场细分，并不是简单地根据某一标准将付费群体视为需求相同或不同，也不仅仅是机械地组合多个细分变量来创造市场。细分市场应遵循四个原则：范围和规模的可衡量性、市场的可实现性、可盈利性、稳定性。

5. 网络市场细分的步骤

确定网络细分市场的步骤包括：

（1）市场调查：了解市场和付费者的需求、行为和偏好。

（2）确定细分变量，整理并分析数据：在收集了市场调查的数据后，需要确定细分市场的变量，如年龄、性别、地理位置、职业、收入等。

（3）进行市场细分：根据确定的细分变量和数据分析结果，将市场细分为不同的部分（如按照付费者特征划分）。

（4）细分市场评估和选择：评估每个细分市场的潜力和可行性，确定值得进入的市场。考虑市场潜力：分析市场的增长前景和长期稳定性。考虑资源和能力：评估自身的资源是否足以支持市场进入和运营。考虑战略匹配度：确保所选市场与组织的长期战略和优势相一致。

（三）网络目标市场选择

1. 网络目标市场的选择

网络主播可以从以下几个角度选择目标市场。

（1）有一定的规模和发展潜力：市场应提供足够的空间和机会进行业务拓展。

（2）竞争者未完全控制：选择竞争者尚未占据主导地位的市场，以降低进入难度。

（3）符合组织发展目标：选择与自身发展目标一致的市场，提高品牌知名度和市场份额。

（4）具备市场应对能力：评估是否具备应对市场变化和竞争压力的能力，如产品研发、渠道建设、营销推广。

2. 网络目标市场的定位策略

评估不同的网络细分市场，准备选择和占领目标市场时，可考虑以下网络市场定位策略。

（1）产品市场集中化策略：专注一个网络细分市场，提供标准化产品或服务。例如，知识类网络主播专门为要出国的人群提供实用的英语日常交流培训服务。

（2）产品专业化策略：向不同细分市场的用户群体提供同一种产品，但根据用户需求调整产品质量、款式等。例如，知识类网络主播为学生和职场人士等不同群体提供英语音标培训，针对不同学习需求调整教学方法。

（3）市场专业化策略：向同一用户群体提供性能有所区别的同类产品。例如，知识类网络主播专门为考研人群设计并提供英语、数学、专业课等不同学科的高质量培训课程。

（4）选择专业化策略：有选择性地进入几个不同的细分市场，为不同用户群体提供不同性能的同类产品。例如，知识类网络主播为不同群体提供定制化的英语培训服务，为考研人群提供英语阅读和写作培训，为上班族提供日常英语口语培训。

（5）全面进入策略：全方位进入各个细分市场，为所有用户提供所需的不同性能系列产品。例如，知识类网络主播面向学生、上班族等所有需要提高英语能力的人群，提供英语听说读写系列产品。

（四）网络市场定位

1. 网络市场定位概述

网络市场定位是网络主播团队为产品或服务在目标市场中确定特定地位的过程，旨在形成有别于竞争者的品牌形象，如价格更低、质量更好、售后服务更到位，以更好地满足付费需求并巩固用户关系。

2. 网络市场定位方法

网络主播在互联网上进行市场营销时，可采用以下方法确定网络视听节目的市场位置。

（1）特色定位法：强调专业知识、技能或独特观点等与众不同的特点。

（2）利益定位法：明确并突出网络视听节目给用户带来的实际利益和价值。

（3）使用 / 应用定位法：将网络视听节目与特定使用场景或应用领域联系。

（4）使用者定位法：根据目标用户的需求和特点进行市场定位。

（5）竞争者定位法：通过与竞争对手的网络视听节目对比，突出自身优势。

（6）产品类别定位法：将网络视听节目内容与特定的产品类别或行业联系。

（7）质量 / 价格定位法：根据网络视听节目的性价比来进行市场定位，强调质量和价格优势。

3. 网络市场定位的策略

作为竞争战略的一部分，网络市场竞争性定位有以下几种方式。

（1）避强定位：避免与市场上实力强大、用户认可度高的团队竞争。

（2）填空补缺定位：寻找并填补市场空缺，满足潜在目标市场的需求。

（3）重新定位：对市场反应不佳的网络视听节目进行二次定位，以摆脱困境并重获增长。

三、网络营销策划方案

网络营销策划是一种基于付费用户需求的营销系统工作，要求营销工作更加完善和精准。其本质在于找到最适合的产品（如知识类网络视听节目），寻找合适的价格、渠道、促销手段，以确保与组织的营销环境相适配。

（一）网络营销产品策略

网络营销产品是指在网络营销活动中，付费用户所期望能满足自己需求的有形实物和无形服务的总和。产品营销策略应明确能提供什么样的产品和服务去满足付费用户需求。其中，产品组合策略是网络主播应重点关注并学习的一种策略。

产品组合策略面向市场，对所生产、经营的多种产品进行最佳组合。其目的是使产品组合的广度、深度及关联性处于最佳结构，以提高竞争能力和取得最大的经济效益。

广度是指产品线和经营范围，深度是指产品线内部的多样性。扩大（缩减）产品组合策略是指增添（缩减）产品线，扩展（削减）产品经营范围。例如，资讯类网络主播在提供“游戏资讯”分享的基础上，增添“影视资讯”分享，从而增加广度。

知识类网络主播在提供“英语课程”培训时，增添“英语口语系列”和“英语写作系列”，从而增加深度。

高/低档产品策略是指在原有的产品线中增加不同档次的产品项目。增加高档次、高价格的产品项目，以提升利润和声望。增加低档次、低价格的产品项目，以吸引消费水平较低的用户。例如，当知识类网络主播发现“英语口语系列”课程受到高层管理者青睐时，可以考虑拓展产品的档次类型，如增加一对一服务等高档系列产品。

（二）网络营销价格策略

网络营销定价是为网上营销的产品和服务制定价格的过程，涉及网络营销中买卖双方成交的价格。可供选择的定价策略主要包括：

低价定价策略：以相对较低的价格出售产品或服务，包括直接低价策略和折扣定价策略。

定制生产定价策略：根据付费用户需求生产，满足网络时代用户的个性化和多样性需求。网络主播可以为订阅会员设计个性化栏目，并由付费用户承担额外成本。

个性化定价策略：为不同付费用户提供同一商品的不同零售价，基于价格歧视原理。

使用定价策略：付费用户注册后可使用产品或服务，网络主播按使用量或服务次数计费。用户按使用次数付款，减少安装等处置产品的麻烦，节省开销。

免费定价策略：将产品和服务免费提供给付费用户，用于短期促销和推广新产品，或作为长期策略执行。可采取完全免费、有限免费、部分免费和捆绑式免费等方式，通过其他渠道获取收益。

心理定价策略：根据付费用户不同的心理需求和对价格的感受来确定产品价格，采取多种价格形式以促进销售。

（三）网络营销渠道策略

营销渠道是产品或服务从生产领域转移到消费领域的通路。网络主播需要关注的营销渠道，主要为网络视听节目从网络主播（生产者）向用户（付费用户）传播的过程。常遵循以下三个原则。

畅通高效原则：网络视听节目作为商品，其流通时间、速度、费用是衡量分销效率的重要标志。畅通的网络营销渠道应以用户需求为导向，尽快、尽早地通过最短的路线，帮助用户触及节目。

适度覆盖的原则：避免降低营销渠道成本导致市场覆盖率不足，同时防止扩张过度、分布范围过宽，造成沟通和服务困难，无法有效管理目标市场。

稳定可控的原则：在适用新市场和新情况的同时，尽量保持渠道的相对稳定。

常见的渠道策略有以下几种。

密集型渠道策略：网络主播可以通过不同的播出平台，全方位传播自己的视听内容。

排他性渠道策略：网络主播选择个别播出平台传播其视听节目，选中的播出平台只播出有限网络主播的节目，对同类型内容具有排他性。

选择性渠道策略：网络主播可以通过选择部分播出平台来传播自己的视听内容，既不用花太多的精力联系众多平台又可以获得适当的市场覆盖率。

（四）网络营销促销策略

网络营销促销是利用现代网络技术市场传递产品和服务信息，以激发需求，促进消费者的购买欲望和行为的活动。网络营销促销的程序可以分为以下几个步骤。

1. 确定营销对象

网络营销的促销对象是可能在网络虚拟市场中产生消费行为的用户群体。随着网络信息技术的普及，这一群体不断扩大。营销人员需要明确目标市场，考虑产品的使用者、产品消费的决策者和影响者。

2. 设计网络促销的内容

促销的最终目标是激发消费。这一目标通过设计具体的信息内容实现。促销内容应根据用户所处的购买决策阶段和产品生命周期阶段决定。

3. 决定网络促销组合方式

有效的网络促销活动需要创意、内容和整合，主要通过网络广告和网站、App促销两种方法展开。网络主播应根据这些方法的特点和优势，结合产品市场和用户情况，合理组合促销方式，以达到最佳促销效果。

4. 制定网络促销预算方案

在网络营销促销实施中，制定预算方案是最具挑战性的。需要在实践中不断学习、比较和总结经验，用有限的资源实现最佳效果，找到投入成本与最终收益之间的最佳平衡点。

5. 衡量网络促销效果

在效果衡量阶段，需要评价促销内容的实际效果是否达到预期目标。评价主要基于互联网统计软件提供的数据，如访问人次、点击次数、广告成本等。同时，应进行全面调查，评估市场占有率、销售量、利润及促销成本的变化，判断促销决策的正确性。

第三节 网络营销传播

一、网络营销传播概念及特点

（一）网络营销传播概念

网络营销传播是利用互联网作为媒介，通过各种数字化营销工具和手段，将有价值的产品或服务信息传递给目标用户，以树立品牌形象，提升产品或服务的知名度和销量，实现组织营销目标的过程。

（二）营销传播的特点

互联网营销传播，具有即时性、互动性、虚拟性、智能性、灵活性和经济性的特点。即时性指突破时间和空间限制，实现信息的即时传递。互动性便于信息发送者和接收者进行双向交流，实现信息同步。虚拟性意味着传播形式和传播产品均是无介质的、低成本的。智能性能预测用户的意图，处理复杂且高难度任务的能力。灵活性指允许快速调整营销策略以适应市场变化。经济性指成本效益高，与传统营销方式相比更具成本效益。

二、网络营销传播策略

（一）4R 营销组合理论概念

4R 营销组合理论[①] 关注包含关联（Relevance）、反应（Reaction）、关系（Relation）和回报（Reward）四个要素，旨在和利益相关者建立长久的友好联系。

1. 关联（Relevance）：网络主播与用户是经济利益相关的命运共同体，建立、保持并发展与用户之间的长期关系是组织经营的核心理念和最重要的内容。

2. 反应（Reaction）：网络主播要站在用户的角度及时地倾听用户的诉求并尽快答复，迅速做出反应以满足用户的需求。

3. 关系（Relation）：网络主播必须与利益相关者建立起合作伙伴关系，形成一张以组织为中心、由利益相关者组成的交易网络。

4. 回报（Reward）：网络主播让利于消费者，以鼓励其特定的消费行为。这种奖励可以是实质性的，如折扣、优惠券、积分、礼品或产品样本，也可以是非物质的，如提供独家内容、个性化体验或增加社会认同感。

（二）4R 理论的实施应用

4R 理论从更长远的角度来看待网络主播与用户之间的交易行为，强调与用户建立长久持续的关系，致力于最大化用户价值。这一理论把传统营销单向、单赢的交易关系改变为交互的、多赢的营销关系。

1. 关联（Relevance）

关联是 4R 关系理论的核心。网络主播可以通过了解用户，定制内容和动态调整等方式，来建立、保持并发展与用户之间的长期关系。

（1）了解用户：网络主播需要深入了解自己的用户群体，包括他们的兴趣、需求、痛点和行为模式。例如，通过对市场调研收集信息，把握市场趋势和付费者需求，优化产品定位和策划工作。

（2）定制化内容：根据用户的需求和兴趣，网络主播可以定制化自己的网络视听节目内容和形式。例如，为不同群体制作不同主题、形式和风格的网络视听节目。

（3）动态调整：根据用户的反馈和行为，网络主播可以随时调整自己的网络视听节目策略。例如，当发现某个话题更受用户欢迎时，网络主播可以更多地涉及这

① Schultz, D. E，Integrated marketing communications，*Journal of Promotion Management*，1992.

个话题。这样做还可能使网络视听节目中提到的热门关键词被搜索引擎优先推荐，从而吸引更多的用户。

2. 反应（Reaction）

在网络视听节目中，网络主播需要积极回应用户的反馈，对用户需求做出迅速反应。网络主播需要在网络视听节目间设置一个有效的反馈渠道，让用户可以在网络视听节目间留言或者私信给网络主播。

3. 关系（Relation）

网络主播需要与用户建立长期、稳定的关系。通过与用户建立稳定关系、提供个性化服务、进行深度互动等，网络主播可以与用户建立更紧密的联系，提高用户的黏性和忠诚度。例如，在网络视听节目间开设实时的语音连线和视频通话等互动环节，积极邀请用户参与互动。

4. 回报（Reward）

网络主播需要为用户提供足够的价值和激励，让用户感到参与网络视听节目是有意义、有价值的。网络主播可以通过各种方式回馈用户的支持。

（1）激励措施：网络主播可以通过抽奖、优惠券分发和积分兑换等激励措施来回报用户的支持，从而增强用户的参与度和忠诚度。

（2）个性化服务：通过深入的数据分析和构建用户画像，网络主播可以更准确地把握用户的行为模式和喜好，进而提供定制化的个性化服务。

（3）建立社区：网络主播可以创建积极的社区环境，促进用户间的交流和经验分享。同时，在节目或视听内容中嵌入实用的小贴士和购物攻略，帮助用户解决实际问题，这不仅能增进用户对产品的理解，还能提升他们对网络主播的好感和忠诚度。

三、广告策划与传播

网络广告是广告主通过网络媒体发布和传播的广告。广告主通过互联网传播信息，促进广告用户认同和接受其产品、服务和观念。网络广告策划包括确定网络广告目标、目标用户、广告创意、发布渠道和进度安排等活动。

（一）确定网络广告目标

网络主播在节目播出的前期和中期会有不同的广告目标。前期目标包括提供信息、促进付费和提醒使用；中期目标包括市场渗透、扩展和保持。网络广告通过信息沟通实现直接目标（心理目标），如提高知名度、认知度、信任度、偏爱度等，并进一步实现间接目标（经济目标），如促成付费活动等。

（二）确定网络广告的目标用户

目标用户是广告传播的诉求对象，决定广告媒体选择、传播策略和文案内容。发布网络广告时，必须根据营销目标确定目标用户，以确保广告的针对性。可以参考网络市场细分的标准和用户画像维度（具体可参考第十四章第二节用户画像）来确定目标用户。

（三）进行网络广告创意

创意是网络广告策划中吸引消费者的关键部分，包括内容、形式、视觉表现、广告诉求的创意，以及技术上的创新。在创意过程中，可以塑造强有力的视觉冲击，传递简单易懂的信息，更新素材提高曝光度，采用游戏化和互动式设计增加用户参与性，以及使用 GIF 动态呈现强化广告概念。

（四）选择网络广告发布渠道

选择合适的发布渠道对于网络广告效果至关重要。应考虑知名度高、用户面广的热门网络渠道，如微博、小红书等，同时考虑网络平台的用户群体与目标用户的匹配度。此外，还应同步考虑产品特性、成本及相关服务等因素。

（五）确定进度安排

广告的进度安排需要考虑在不同媒体展现的连续性、周期性、间隔性和密集程度。具体进度安排还需要根据用户需求和产品竞争特点进行调整，例如，在“双十一”期间投放广告可能没有提前一周投放的效果更好。

四、网络营销传播效果

（一）整体营销效果分析

全链路营销模型（AARRR 模型），从用户与网络主播团队的关系角度分析了五个关键阶段：用户获取（Acquisition）、用户激活（Activation）、用户留存（Retention）、获得资金（Revenue）和推荐传播（Referral）。图 9-4 展示了每个链路环节需要关注的核心指标。

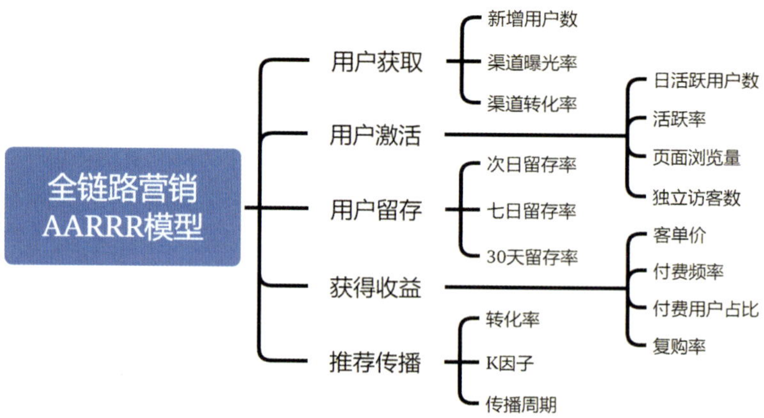

图 9-4 全链路营销 AARRR 模型

网络主播需要通过增加曝光来提升用户认知，并利用精准触达策略来吸引新用户。在衡量用户获取效果时，应关注不同渠道的曝光量，同时监控各渠道的转化率、新增用户数以及获客成本。在用户激活阶段，用户活跃率是核心指标。需要分析活跃用户数量，识别未激活用户，并评估潜在的转化率和用户激活的环节。转化留存阶段，应关注用户在不同周期内的留存率，识别活跃用户流失的环节，分析需要优化的流程，并总结影响用户留存的关键行为。在变现阶段，应关注付费用户的客单价、付费频率、付费用户占比以及复购率等关键指标。最后，在推荐环节，应关注转化率、传播周期和 K 因子等指标。这些指标的具体衡量方法详见附录。

（二）用户质量分析

营销效果评估的关键在于用户质量。其最终目的是识别最有价值的细分用户群体，合理分配营销资源，有效提升用户价值，提高团队收益。如果用户质量分析出现问题或未能找到正确的目标用户群体，营销资源的投入可能会浪费，导致营销失败。因此，网络主播应关注与用户相关的指标（详见附录）。这些指标通常可以通过数据后台或第三方数据平台统计获得。

（三）广告营销效果分析

评价指标为广告主提供了判断广告效果及其优化方向的依据。广告按投放目的可分为品牌广告和效果广告两大类。品牌广告旨在唤起消费者的注意和兴趣，建立品牌形象和理念，其效果主要通过长期效应来衡量。效果广告注重直接效果，目的是实现用户转化，通常以短期回报衡量。网络主播应灵活选择广告形式和投放策略，以实现最佳的营销传播效果。广告效果评估主要关注流量和互动指标，并通过四个途径进行：触达和曝光、品牌声量、消费者态度、全网行为（详见附件）。

（四）营销运营效果分析

1. 个性化产品运营指标

场景转化效果和内容付费满意度是产品运营的常见指标（详见附件）。场景转化效果指标衡量用户从当前场景转移到目标场景的效率；内容付费满意度指标反映用户对产品内容的满意程度。

2. 传播效果评估

对网络主播而言，传播效果评估至关重要，尤其是对那些依赖内容传播和分享的产品。评估时，通常关注传播的广度和速度（指标详见附件）。理想情况下，传播应覆盖广泛且迅速。

3. 粉丝运营评估

粉丝运营评估帮助网络主播更加精准有效地制定策略，提升粉丝的参与度和忠诚度。评估时，网络主播需关注粉丝增长率和互动率、忠诚度和活跃度等指标，以及粉丝的互动行为、关注来源、流失率和分层特征。

4. 个性化推荐质量评估

网络视听平台的高质量个性化推荐有助于提升用户转化率。评估个性化推荐质量时，可从用户体验、组织效益和算法质量三方面进行。在用户体验方面，可采用谷歌提出的 HEART 模型，评估愉悦度、参与度、接受度、留存度和任务完成度。在组织效益方面，考虑推荐对访问量、转化率、收益和品牌声誉的影响。在算法质量方面，关注预测准确率、覆盖率、多样性和新颖性等维度。

（五）营销渠道归因与效果评估

1. 归因分析

归因分析的目的是合理分配不同渠道对营销效果的贡献，通过分析用户接触点（如视频广告、推荐广告和搜索广告）来确定各渠道的营销效果及其贡献大小。这有助于优化运营策略，如将精品内容放在传播效果好的渠道上。

2. 渠道效果评估

评估各渠道在相同投入下的产出效果，主要从流量转化和投入回报两方面进行。

营销人员需量化渠道带来的价值，对比不同渠道的转化质量，关注曝光率、点击率和转化率等指标。通过分析营销成本和回报，指导预算分配。

（六）品牌资产效果分析

通过衡量品牌知名度、美誉度、忠诚度和响应率等指标，网络主播可以了解个人品牌在用户中的影响力和受欢迎程度，并据此制定品牌建设策略。

（七）营销效果分析误区

1. 纯粹追求曝光率

在推广初期，组织需要增加曝光，但应避免过度追求曝光而忽视用户转化。应确定目标用户群，进行定向投放，并通过测试找出最佳效果，逐步加大曝光量，以降低成本，提高传播效果。

2. 过度追求销量

过度追求销量往往会导致忽视其他关键要素，如品牌知名度、美誉度、忠诚度等，最终损害品牌的长期价值。网络主播应避免仅通过降价等促销手段追求销量，而应注重维护品牌的长期价值和形象。

3. 忽视产品质量

产品质量是网络主播实现可持续发展的基础，营销的目的是让用户更深入地了解和认识产品。因此，网络主播应注重产品质量，从而准确把握用户需求，解决用户问题，实现营销目标。

营销效果分析是大数据营销活动的重要环节，有助于形成闭环，全面总结营销活动，优化策略，并指导未来的营销计划。

附件：全链路营销 AARRR 模型

用户质量分析指标

启动类指标主要反映用户对产品的使用情况，包括但不限于新增用户数、访问用户数、活跃用户数等关键指标。

时长类指标主要测量用户与应用程序或网站的交互时间，包括但不限于单次使用时长、日使用时长、日使用频率、周使用频率、月使用频率等指标。其中单次使用时长、日使用时长等指标至关重要。

广告营销效果分析

评价指标主要分为四大类别：流量指标、互动指标、转化指标和成本指标。表 9-1 列举了这四类指标中常见的参考指标及其内涵。

表 9-1 广告效果指标

分 类	指 标	内 涵
流量指标	曝光率	展现率，单位时间内展现次数
	点阅率 / 点进率	网站 /App 上某一内容被点击的次数与被展示次数之比
	页面浏览量	网站被用户访问的总次数，简称 PV
互动指标	跳出率	仅访问了单个页面的用户占全部访问量的百分比，是反映网站访问质量的重要指标
	二跳率	用户点击广告到达着陆页面产生的首次点击称为“二跳”，二跳次数即为“二跳量”。广告到达量是指广告被展示给用户的次数。二跳量与广告到达量的比值称为二跳率。二跳率是衡量外部流量质量的重要指标
	访问深度	用户在单次网站访问中浏览的页面总数
转化指标	付费转化率	广告浏览者中完成付费的用户比例
	投资回报率（ROI）	投资回报率（ROI）=[（收入 - 成本）/ 投入]×100%
	关注量	反映用户从用户转变为粉丝的转化效果
	用户留存率	反映在一段时间之后，继续作为网络主播粉丝的用户所占的比率

（续表）

分 类	指 标	内 涵
成本指标	每千次展现成本（CPM）	广告每展现给一千个人所需花费的成本。CPM是目前最主流的计费方式
	每次点击成本（CPC）	按照每次广告点击的价格计费
	每次行动成本（CPA）	按照广告投放实际效果计费的方式。行动可包括观看、点赞、收藏、分享、加入购物车等行为

效果广告的投放重点在于实现直接效果，其目的在于促进用户转化，如关注、分享、付费等行为，通常以短期内的回报来衡量。

品牌广告的量化评估是业界公认的难题，即难以精确评估品牌广告对销售增长的直接促进作用。目前只能实现对触达环节的量化评估，而忠诚用户在触达用户中的占比尚不明确，这增加了评估的复杂性。因此，品牌广告效果的评估更侧重于流量指标和互动指标。目前，评估主要通过表 9-2 所示的四个途径进行，分别是触达和曝光、品牌声量、付费者态度、全网行为。

表 9-2 品牌广告效果评估

评估方面	可衡量指标
触达和曝光	广告曝光率、点击率、点阅率、目标用户浓度① 和用户群体的 TGI 指数②
品牌声量	百度指数、微博指数、搜狗指数和微信指数
付费者态度	品牌认知度、品牌看法、喜好度、意向度和偏好度
全网行为	网络视听节目的阅读量、评论量、转发量和搜索量

① 目标用户浓度代表击中目标人群的比重，即目标用户占总用户的比例。

② 目标群体指数（target group index，TGI），反映的是目标群体在特定研究范围（如地理区域、人口统计领域、媒体用户、产品付费者）内的强势或弱势程度。

营销运营效果分析

个性化产品运营指标包括场景转化效果指标和内容付费满意度指标。表 9-3 列举出了各指标的含义或计算方式。

表 9-3 各指标含义

维度	指标	解释 / 定义 / 公式
场景转化效果指标	页面点击率	计算用户每次进入页面的点击情况
	曝光点击率	点击量占曝光次数的百分比，曝光点击率适合支持上拉 / 下拉翻页的产品
	人均点击次数	点击量占点击用户人均点击次数的百分比，表示页面的访问深度
内容付费满意度指标	停留时长	停留时间长短适用于内容付费型产品
	播放完成率	播放时长占音频时长的百分比，适用于音频类产品

传播效果评估通常关注两个核心指标：K 因子和传播周期。

（1）K 因子主要用于衡量传播的覆盖面，其计算公式为：K 因子感染率 × 转化率。其中，感染率是指某个用户向其他人传播产品的程度，如每个用户向他的朋友发出的邀请数量，发送邀请邮件或进行口碑推荐。转化率则指接收到邀请的人转化为新用户的比率。

（2）传播周期指的是用户完成从传播到转化为新用户所需要的时间。通常传播周期越短，意味着用户裂变传播的效果越好。在做传播效果分析时，很多营销人员往往会忽略“传播周期”这个重要因素。如果传播周期分别是 1 天和 30 天，即使 K 因子相同，其传播速度也差别巨大。

品牌资产效果分析

品牌资产度量指标包括认识、认知、认同、认购这四大维度。具体的细化指标及其含义可在表 9-4 中查看。

表 9-4 品牌资产细化指标

维度	可衡量指标	简要释义
认识	品牌知名度	反映品牌被付费者所知晓的程度
认知	品牌美誉度	反映品牌获得公众信任、好感、采纳和欢迎的程度
认同	品牌忠诚度	反映用户对品牌的忠诚、情感维系的程度
	品牌响应率	反映用户对品牌活动的兴趣
认购	品牌发展指数	反映一个品牌在市场中的整体表现和成长潜力
	复购率	反映顾客对品牌产品或服务的忠诚度和满意度

思考题

1. 网络营销环境的特点是什么？
2. 网络主播应如何开展网络营销市场分析？市场调研的步骤包括哪些？
3. 网络主播如何开展有效的网络营销策划？在产品、价格、渠道、促销四个方面应如何选择策略？
4. 广告传播和策划的基本流程是什么？
5. 网络营销传播效果应如何评估？在评估过程中需要规避哪些常见误区？

第三部分

网络主播的专业技能

第十章 网络主播的语言表达

章节概述

本章聚焦网络主播在表达层面需要具备的基本能力，也可看作对网络主播专业技能的标准衡定。本章旨在提高网络主播的表达水平，强调语言表达的合理性与艺术表达的重要性，从语言要求、审美要求、文化要求三个层面，分析网络主播如何在内容生产时保持语言表达的准确度与流畅度，如何平衡大众审美与个人风格的适配度，以及如何提升表达的文化属性，使得网络主播语言表达更具艺术性。

学习目标

1. 学习网络主播在表达层面应具备的基本能力
2. 了解网络主播专业技能的衡量标准
3. 理解语言、审美与文化三者之间的关系

关键词

专业技能标准　语言要求　审美要求　文化要求

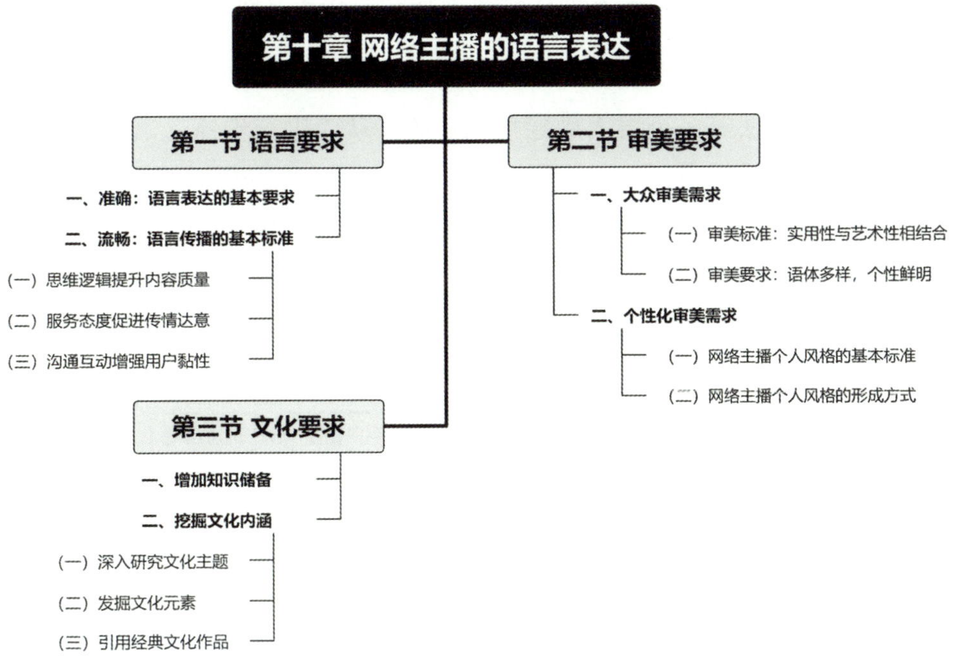

图 10-1 本章脉络图

第一节 语言要求

网络主播从业人数近年来不断增长。在此背景下，网络主播应积极了解语言标准，精进语言表达，不断提升自身业务水平，促进网络主播职业规范化发展。

图 10-2 网络主播语言表达要求

网络主播吐字清晰、停顿合理、感情充沛的语言表达能够吸引用户倾听，然而，在达成上述要求的基础上，若想吸引更多用户，还应从语音面貌、语言规范、思维训练、表达技巧及交际方法等多个层面进行规范训练，从而进一步锤炼语言功力。

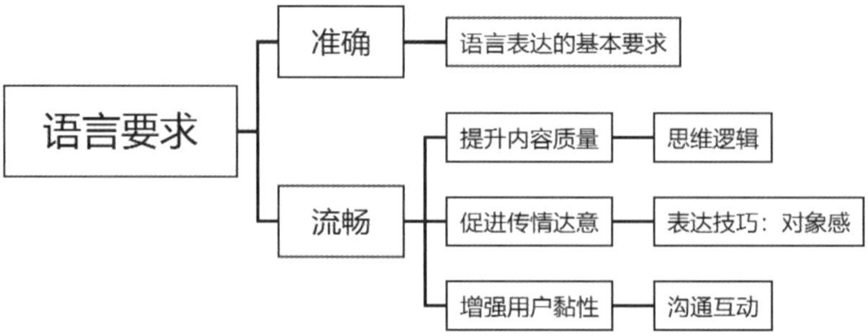

图 10-3 语言要求思维导图

一、准确：语言表达的基本要求

网络主播通过传播优质内容吸引用户，而优质内容的产出则主要依靠语言表达来完成，而语言表达的基本标准就是准确性。与其他职业不同，网络主播依靠便捷的移动设备和稳定的网络环境就可以进行内容生产和传播，部分网络主播的语言表达欠缺规范性和严谨性。值得注意的是，网络主播的语音发声接近于日常口语表达，但不能完全等同于日常口语表达，网络主播的语音发声要在日常口语的基础上尽量做到规范、准确，其发音要符合语音规律要求，发音的部位、方法都不能脱离公众对于标准语音的理解范围。

网络主播可以使用方言俚语进行口语传播和表达，但是也应注意规避恶意使用方言、恶搞方言等负面用法。除此之外，网络主播对于信息的描述也要用词准确，要充分思考流行语、网络语的应用场景，不能一味迎合网络热词的新鲜度，从而与广大用户产生交流障碍。不同类型的网络主播应该提前做好功课，了解相应领域的专业术语，以提高内容描述的精确度。例如：资讯主播在描述事件时，应把握事实的关键数据等，多以客观描述为主，少做主观分析；游戏主播应提前掌握相应的网络游戏术语，以便更加精准描述细节；电商主播要注意商品的介绍，不要夸大功效，建议结合自身体验，多谈自用感受。

为了提升表达的准确性，网络主播可以在直播与制作内容前设计专门文案，对一些特定的语法问题予以提示，若出现该类问题应及时由工作人员进行提醒，及时纠正。网络主播在即兴表达中也需保证语法使用的规范性，避免对社会产生负面引导作用。网络主播在进行语言表达时，应充分尊重语言结构规律、语法规则，保持语言表达精准度，与更多用户产生共鸣。

二、流畅：语言传播的基本标准

在当下的网络环境中，网络主播与用户共同营造了交互性、社交性的传播方式。所有用户都可以实时接收到网络主播生产的内容，也可以转发、评论、点赞、打赏等，形成了信息发布者与接受者有效的双向互动。对网络主播而言，他们面向用户的有声语言表达是由己达人的创作过程，在准确表达的基础上，传情达意的重点在内容的流畅表达，这就要求网络主播在思维训练、表达技巧及交际方法等方面都具备较高水准。

（一）思维逻辑提升内容质量

语言是思维的外化，也是思维的载体。网络主播在口语表达时，应做到言之有物、言之有理，这需要其平时注重思维训练。网络主播即兴的传播内容并不是未经思考脱口而出的，而是经过长期积累合理思考谋划，迅速产生的精准表达。从思维角度出发，这要求网络主播具备相应领域的知识储备，在平日应注重学习，拓宽自身知识储备，并将自身所学在内容生产与直播表达中得以转化。思维训练不是一蹴而就的，网络主播应建立起合理的训练体系，来锻炼自身思维能力。思维敏捷度主要体现在应对各种突发状况和问题，特别是对直播类主播，更应广泛涉猎，快速思维，直播过程中要保证逻辑清晰，保证流畅的表达节奏。

思维逻辑应该与内容创作相结合，网络主播在进行网络直播前应充分思考直播主题，并由此构建起一个创作逻辑，比如引出话题、引领方向、推动进程、气氛营造等；根据提前预设好的内容高光点结合现场的即时反应，才能在不经意间创造出点睛之笔。

（二）服务态度促进传情达意

在语言表达中，网络主播应以服务的态度面对用户，吸引广大用户关注。应想象并实际感受到用户的存在以及用户可能产生的要求、愿望、情绪等反映，并由此调动自身思想感情状态。对网络主播而言，虽然与用户隔屏相望，但是主播和用户的关系应是“眼前有用户，心中有用户”，并与之进行情感上的交流和呼应。网络主播需要明确了解自身面向的用户群体，掌握其需求与喜好，并使用富有感染力的语言打动用户。具体来说，网络主播要敏锐找到用户情感的切入口，用合适恰当的语言表达与用户建立情感联络。例如：资讯主播的表达内容较严谨，会利用加重语气、强调重音来突出重点；知识主播的讲述则应较为稳定，向用户娓娓道来；商业主播需要用真诚亲切的个人感受结合用户需求，介绍商品卖点等重要内容。总而言之，网络主播应选择合适的表达技巧，掌握口语传播的规则，在与用户交流中，热情服务，更好地传情达意。

（三）沟通互动增强用户黏性

网络主播的流畅表达不仅要求其逻辑清晰、善用表达技巧，还应采取有效的交际方法。人际交往的原则对于网络主播尤为重要，只有拉近距离感，产生亲切感，才能获得用户好感，进而增强黏性。比如：在直播带货中，网络主播常用“唠家常”的方式来拉近与用户的距离，抛出一个互动话题或者反馈用户评论都可以让用户自然而然融入直播氛围，并以此为基础加强沟通，建立情感联系。对资讯或知识主播而言，需要主播增强互动交流，通过镜头转换、故事讲述、视频素材利用、评论区留言等方式，与用户搭建“朋友圈”般的关系，以类似于人际传播的方式完成网络上的大众传播活动，增强传播效果。

第二节 审美要求

网络主播作为媒体融合发展进程中应运而生的新职业，其有声语言的表达也应顺应时代需求，在满足基本交流需求的基础上，朝审美空间迈进，向审美层面提升。这就要求网络主播明晰广大用户的审美标准，更好地满足大众审美需求。

一、大众审美需求

在传统媒体发展历程中，广大受众将播音员、主持人的有声语言认作主要信息源和重要审美对象，而播音员主持人创作的有声语言也在给用户以美感体验，创造着实用价值和审美价值。在新时代，互联网的传播发展使网络视听节目成为大众获取信息和提升审美的新途径，而以语言表达为主的网络主播则成为新的信息源和审美对象。由于网络视听节目的传播形式日益多样、传播信息量日益增大，大众审美的标准也日益多元化。

（一）审美标准：实用性与艺术性相结合

在当今社会，大众审美需求日益多元化，尤其是在网络传播领域，审美标准不仅要求实用性，还强调艺术性。实用性体现在信息传递的准确性和效率上，而艺术性则体现在语言表达的感染力和美感上。对网络主播而言，其有声语言表达的灵感来源于日常生活，但同时也需要在规范化的框架内进行创作。

随着互联网的快速发展和传播的便捷性，网络主播所创造的内容具有更高的传播度，其传播的实用性和社会性不断增强。这就要求网络主播的语言表达不仅要具备个体特色，还要符合群体语境中的规范性。规范性不仅是对语言表达的基本要求，还是对网络主播社会责任的体现。网络主播的言论虽然代表个人立场，但其影响力已具备社会属性，因此必须在符合相关规范要求的基础上进行个人创造和艺术表达。

审美空间则是在具备内容实用性的基础上，对艺术性的更高要求。语言表达的艺术性要求网络主播坚持健康的格调品位，给用户以愉悦的审美感受。网络主播的语言表达不仅是传递信息的工具，还是引导大众审美的媒介。通过内容的传播，网络主播能够服务广大人民群众，提升大众的审美水平。

（二）审美要求：语体多样，个性鲜明

网络视听作品在传播模式上属于分众传播、小众传播，因此网络主播的语体更具个性化，且随意多样。网络主播的风格定位、话语样态、内容产出都与网络传播特点密切相关。短平快、碎片化的语言模式取代了逻辑严密的长篇表达，信息传播更为直接、跳跃。这种传播方式要求网络主播在语言表达上更具灵活性和多样性，以满足不同用户的审美需求。

网络主播的语言表达应力争兼具独特性和艺术性。为了实现这一目标，网络主

播需要从语言的韵律、节奏等方面来打造自身的语言艺术风格。语速是语体变化的重要手段之一。语速即有声语言表达的速度，具体而言就是单位时间内一个人所说话语的音节数量。网络主播需要依据有声语言表达技巧、网络视听节目内容、网络视听节目类型等合理控制语速。例如，在电商直播中，由于受制于实时互动性和时长等因素，相当部分网络主播语速较快，导致用户无法准确接收商品信息，从而在快语速的传播下忽略了产品特点，导致用户流失。因此，有效控制语速对于网络主播留住用户至关重要。

网络主播需要在长期的工作中总结适合自身的表达风格。例如，在表达兴奋愉悦时，可以适度提升语速；表示客观公正时，语速又可放缓以突显严肃性；对内容中重要、关键的信息，网络主播应选择放缓语速，清晰表达；对次要内容，语速则可以选择相对较快。通过这种方式，网络主播能够在不同情境下更好地满足用户的审美需求。

当然，网络主播在找寻自己风格的过程中，应摒弃流量至上、畸形审美等问题，加强审美自觉，尽显语言风格的丰富性与多样化，加强语言感染力，提升美的创造能力。

二、个性化审美需求

网络主播的个人风格不仅是其吸引用户的核心竞争力，也是其在传播环境中彰显特色、脱颖而出的关键。满足用户的个性化审美需求，成为网络主播职业发展的重要方向。

（一）网络主播个人风格的基本标准

网络主播的个人风格并非随意形成，而是需要符合一定的基本标准。这些标准既包括行为规范的要求，也包括大众审美的导向。以下是网络主播个人风格的基本标准：

1. 口语传播具备审美意趣

网络主播在确立个人风格时，首先需要对标大众审美标准，有意识地引领大众审美意趣。口语传播作为网络主播与用户互动的主要方式，其审美意趣的高低直接影响用户的观看体验。网络主播应避免为了吸引流量而刻意迎合猎奇心理，相反，应通过精准把握内容导向，结合热点话题，融入创意与深度，实现口语传播的公共价值。

例如，部分网络主播在直播中使用方言，这本是一种贴近用户的方式，但如果滥用方言恶搞普通话，不仅会降低口语传播的审美意趣，还可能对语言文字的规范使用产生负面影响。因此，网络主播在口语传播中应注重语言的规范性和美感，提升自身的审美素养。

2. 口语表达具备较强自控力

网络主播的直播通常具有即时性和互动性，这就要求主播具备较强的即兴口语表达能力和思维反应能力。然而，部分网络主播由于缺乏系统训练，口语自控力较差，导致直播中出现内容重复、语言混乱等问题。例如，一些主播在直播中频繁使用雷同句式，或误用成语，甚至中英文夹杂，降低了直播品质，影响了直播效果。

为了提升口语表达的自控力，网络主播应加强对语言规范的学习，掌握口语表达的基本准则。通过不断练习和实践，提升自身的语言控制能力，确保直播内容的流畅性和逻辑性，从而为用户提供高质量的观看体验。

3. 语言特色鲜明，对象明确

网络主播的个人风格应具有鲜明的语言特色，能够明确目标用户群体。随着直播行业的垂直化发展，用户群体的细分越来越精确，网络主播需要根据目标用户的特点，调整自己的语言表达方式。例如，针对年轻用户群体，网络主播可以使用更加活泼、时尚的语言风格；而针对成熟用户群体，则可以采用更加沉稳、知性的表达方式。

网络主播在口语表达中应明确“对谁说、说什么、怎么说”这三个关键问题。首先，“对谁说”要求主播明确自己的用户群体，增强用户黏性；其次，“说什么”要求主播通过优质内容树立可信形象；最后，“怎么说”则要求主播将个人风格与内容紧密结合，形成独特的语言表达风格。音色音质、语流起伏、情感浓淡、修辞方式等，都是影响网络主播语言特色的重要因素。

（二）网络主播个人风格的形成方式

网络主播个人风格的形成需要通过多种方式的结合与实践，逐步确立并完善。以下是网络主播个人风格形成的几种主要方式。

1. 展现真实的自我

网络主播在确立个人风格时，首先需要展现真实的自我。每个人的生活经历和性格特点都是独一无二的，这些因素共同塑造了个人的表达风格。网络主播应通过分析自身特点，正视自身的优缺点，扬长避短，在实践中不断完善自我，向用户展现出最真实、最自然的一面。

有些主播性格开朗幽默，适合走娱乐搞笑路线；而有些主播则性格沉稳，适合走知性路线。通过展现真实的自我，网络主播能够更好地与用户建立情感连接，增强用户黏性。

2. 提升综合业务能力

网络主播的个人风格不仅体现在语言表达上，还体现在其综合业务能力上。为了形成独特的个人风格，网络主播应以搭建复合型知识结构为目标，不断更新和完善自身的知识储备，主动学习新知识、新理念，提升策划与运营能力。

网络主播可以通过学习心理学知识，更好地理解用户需求；通过学习市场营销知识，提升自身的品牌运营能力。通过不断提升综合业务能力，网络主播能够更好地应对行业变化，形成独具特色的个人风格。

3. 取长补短，突出特色

在网络主播职业发展的初期，借鉴优秀主播的风格是一种有效的学习方式。通过借鉴，网络主播可以学习优秀主播的声音语气控制、严谨务实的态度以及乐于付出的精神。然而，借鉴并非最终目的，网络主播应在掌握基本技能的基础上，结合自身特点，设定风格目标，逐渐融入自己的个性元素，形成独特的表达方式，通过实践形成稳定的个人风格。

4. 培养创作能力

网络主播的个人风格不仅体现在语言表达上，还体现在内容创作上。目前，部分网络主播的内容创作依赖于团队，导致其在表达时流于表面，缺乏深度。为了形成独特的个人风格，网络主播应培养自身的创作能力，积极参与脚本撰写工作，将自我理解与感受融入内容中。通过内化内容，网络主播能够在直播中更加自如地表达，增强用户的代入感。

网络主播的个人风格是其职业发展的核心竞争力。通过符合大众审美标准的口语传播、具备较强自控力的语言表达以及鲜明的语言特色，网络主播能够形成独特的个人风格。同时，通过展现真实的自我、提升综合业务能力、取长补短以及培养创作能力，网络主播能够逐步确立并完善个人风格，成为具备广泛影响力的网络主播。

第三节 文化要求

网络视听作品是广泛意义上的文化作品，文化作品的价值在于启迪思想、温润心灵、陶冶人生。网络主播的语言表达在达到语言标准和符合审美标准的基础上，还需要提升内涵，满足用户对文化艺术的精神需求。

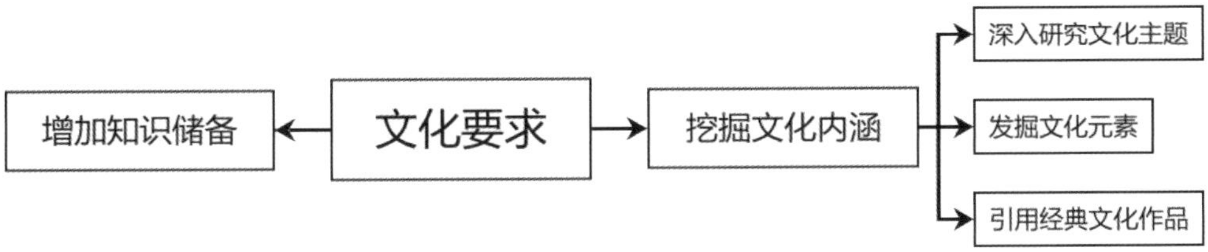

图 10-4 个人风格的标准与确立

一、增加知识储备

网络主播更深层次的业务素养主要体现在语言的艺术上。业务素养较高的网络主播通常具备深厚知识底蕴，凭借优秀的语言表达能力、临场应变和即兴发挥能力和个性鲜明的风格赢得用户喜爱。

在一些电商直播间互相打“价格战”之时，某直播间凭借“课堂式”带货改变了用户对“直播带货”的刻板印象，主播不再是用夸张的语言去介绍产品，或者用低廉的价格吸引用户，而是利用丰富的文化知识与较高的口语表达能力，将产品融入优美且富有哲理的内容中，再向用户娓娓道来。这一创新的直播表达获得了广大用户的一致好评。

二、挖掘文化内涵

网络主播在进行内容创作时，不要局限于表面的信息和娱乐，应该注重对内容的文化解读。网络主播要深化内容内涵，包括对文化本体的介绍与传播，也包括对日常生活的文化解读。有了这种文化心态和文化视角，在网络传播中就有可能产生以文化人、润物无声的积极效果。

（一）深入研究文化主题

网络主播可以选取具有文化内涵的主题，通过阅读相关书籍、文章，或者参加相关的文化讲座、展览等活动，深入了解主题的文化内涵和价值，在深入研究其背景、历史、意义等基础上创作内容并呈现给用户。

（二）发掘文化元素

网络主播在内容创作中，可尝试融入具有文化特色的元素，解读文化热点现象，如潮汕英歌舞、西北社火等，网络主播还可以通过展示相关的艺术品、音乐、舞蹈或实地探访等，让传播内容更具文化特色，让用户更加深入地感受不同地区的文化魅力。

（三）引用经典文化作品

在短视频或直播的内容输出中，可以引用一些经典的文化作品，如文学名著、电影经典、音乐名曲等。通过对其内容的解读和赏析，可以让用户更加深入地理解其文化内涵和价值。在拓展文化传播渠道、加大文化传播力度的征程中，网络主播有很大的可为空间。

思考题

1. 网络主播的语言要求有哪些？
2. 网络主播如何平衡个人风格与大众审美的统一？
3. 文化标准是否会对网络主播职业发展造成曲高和寡的影响？

第十一章 网络主播主持方法

章节概述

在移动终端和移动互联技术的推动下，网络主播已经表现出极具差异化、个性化的风格定位，同时也基于此创造了兼具互联网特征及流量思维的内容及垂类产品。包容性强的网络大环境给予网络主播充分发挥的空间，在网络视频直播的内容生产模式下，网络主播不仅承担着主持人的角色，一定程度上也具备编导的功能，比传统媒体主持人具有更强的内容生产主导性，能够创造更具影响力的传播内容。

本章通过对网络主播在内容与形式控制、常规准备工作和基础表达技巧的分析，以及与用户交流互动方法的探讨，旨在归纳总结网络主播在多元化、多形式的网络传播样态中的通用主持应用方法，从而帮助网络主播提升综合主持应用能力，确保其短视频及直播内容引人入胜。

学习目标

1. 了解网络主播对于内容与形式的把控
2. 梳理常规准备工作与基础表达话术
3. 了解与用户交流互动的要求与方法

关键词

内容把控　形式选择　准备工作　表达技巧　交流互动

图 11-1 本章脉络图

第一节 内容与形式

社会生活的发展和信息技术的进步不仅催生出多样化的媒介载体，丰富了信息传播主体，拓展了信息传播渠道，也使传播的内容从呈现形式到表达风格都发生了深刻的变化。随着移动新媒体的不断发展，网络节目、直播、短视频等多样化的传播形式层出不穷，网络主播作为有声语言表达主体，成为信息传播的重要环节。与传统媒体环境中广播、电视等单向大众传播模式不同，新媒体时代的新型传播载体以其独特的特点改变着传统的传播语境。网络主播不仅需要生产出高质量的内容，还需要具备精湛的表达能力和对时代的敏锐洞察力。因此，网络主播需要不断学习和尝试，调整自身策略，以应对不断变化的传播环境，从而保持其在网络平台上的竞争力和影响力。

一、坚持精品创作

“内容为王”是贯穿广播电视和互联网传播发展历程的重要标准。随着互联网生态模式的演变，内容的生产模式逐渐与时代脉络趋于一致，同时进一步延伸了媒介的深度发展。“内容”已逐渐成为用户选择网络主播的主要导向，对网络主播而言，内容把控是至关重要的。它不仅影响着用户对主播的初印象和持续关注度，也是建立主播个人品牌的基石。良好的内容把控能够确保网络主播创作出既贴合用户需求，又具有创新性和教育意义的内容，从而在竞争激烈的网络环境中脱颖而出。内容把控涉及内容生产模式、内容特性以及互联网语境下双向的内容创造。

首先，内容生产模式需要与时俱进，灵活应对不断变化的市场需求和用户喜好。网络主播需要密切关注行业发展趋势，了解用户的兴趣需求，不断调整内容生产的策略。

其次，内容的特性应当具有吸引力、独特性和专业性。网络主播生产的内容应当具有与众不同的个性和风格，能够吸引用户的注意力，并且具备一定的专业性和深度，以确保内容的品质和可信度。

最后，在互联网语境下，双向的内容创造变得至关重要，网络主播不仅要能够向用户传递信息，还要能够与用户进行互动和交流，了解用户的反馈和需求，从而不断改进和优化自身内容。

（一）UGC 为主的内容生产模式

互联网诞生之后出现的第一代媒介是“新媒介”，由于新媒介受严格的编辑控制，只有少数人能把自己想要传播的内容与世人分享；而如今互联网进入第二代媒介阶段，与前一代不同的是，在这一代媒介中，人人都能把自己想要的内容与世人传播。也就是在这样的互联网环境下，网络主播应运而生，他们既是内容的生产者，也是内容的消费者。

两代媒介的特点恰好对应了互联网内容生产的两大类型——PGC（专业生产内容）和 UGC（用户生成内容）。对多数网络主播而言，起初可能只是互联网的参与者之一，而随着使用程度的不断深入，部分用户更愿意深度参与，主动分享相关兴趣领域的个人观点、有趣内容，从而成为内容的生产者，继而在相关领域成为吸粉无数的网络主播。多数网络主播并非专业人士，对内容的创作多靠自己把控，因此在内容生产模式上，大多数网络主播以 UGC 模式为主，这种模式为广大网络主播提供了实现自我表达、提升吸引力的路径，通过创作内容来提升自身的价值。对一些专业领域的网络节目、网络直播而言，他们的内容生产也会涉及 PGC 模式，其中的网络主播可能以相关领域的专业人士为主，他们致力于提供高质量、专业化的内容，以满足用户的需求。无论是 UGC 模式还是 PGC 模式，网络主播都非常重视内容的原创性和质量，唯有原创，才能出新。

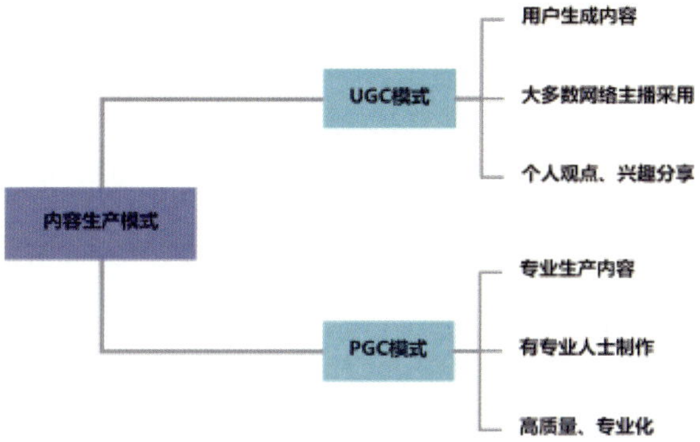

图 11-2 内容生产模式

（二）兼具个性化和专业性

在 UGC 模式下，内容生产的主体是网络主播本身，主播可以发挥其主观能动性。因此，网络主播们对内容的选择也更倾向于自身的特点及兴趣点，其生产的内容一般兼具个性化和专业性。

个性化是基于网络主播自身的风格定位及表达特点来决定的。我们通常会发现，在同一类型赛道的竞争中，会出现内容差异极大、风格迥异的网络主播。以知识类主播为例，当前网络主播制作内容涉及资讯、商业、美食、游戏、美妆、电子游戏等多个领域的内容。除内容不同外，网络主播的分享风格也不同。以美妆网络主播为例，有的主播以自身经历为出发点，拥有专业的美妆知识与丰富的实践经验，其人设定位是技能型主播；有的是兴趣使然，吸引拥有共同爱好的用户群体并进行产品输出，分享好物。同为美妆网络主播，主播们的语言表达、视频特点、内容侧重点各有不同，个性化特征明显。除此之外，专业性是高质量内容不可或缺的要素，网络主播可以通过搜集相应领域的主题信息，不断学习专业知识，以提升自身的专业性。同时，网络主播还应学会建立自身的内容素材库，并结合网络热点等变化实时更新素材，在保证专业性的同时做到与时俱进，不断深化个人品牌。

（三）内容发挥空间大、互动性强

当今时代，网络主播可以凭自己的兴趣和能力选择合适的方式进行自我表达，这也使得其创作的内容更具自由度，局限性较小。过往传统媒体的播音员主持人需按规定的稿子和流程完成主持工作，可发挥空间较小，而在互联网语境下，大多数网络主播对内容的把控更加自主，有更高的自由度，有更多的发挥空间，不用照搬原稿，可以结合用户反馈及时调整内容，增强互动。特别是在网络直播样态下，网络主播与用户实时互动，不经意的内容产出也会碰撞出新的火花。因此，在多数网络主播的视频中，我们会看到更具随意性的内容发挥，时而增加的互动提问，使网络主播的内容更具瞬时性和多变性。

（四）正能量是时代所需

正能量内容永远不缺用户，正能量内容在网络主播内容生产中的重要性不可忽视。正能量内容主要是指能激励用户奋发向上、热爱生活的内容，如分享普通人的正能量行为等。创作正能量内容不仅能吸引广泛用户，还能传播积极的社会价值观，鼓舞人心。正能量内容对塑造健康、积极的网络文化环境、促进社会大众间的相互理解都具有重要意义。

二、呈现形式

身处全媒体时代，网络主播的流量不仅赢在“内容为王”，也赢在多种创新形式的加持。当前，网络主播以短视频、网络直播等传播样态出现在公众视野，与以往传统媒体节目经过精修再呈现给用户不同，网络主播发布的短视频时间短、体量小、内容精；网络主播直播的时间长、体量大、内容散；虽特点不同，但面临着同样的问题：如何留住用户，增强用户黏性？表达内容固然重要，但视听觉感受往往是用户的第一印象，呈现形式决定用户是否停留，内容质量决定用户停留时长，内容与形式相辅相成。

（一）场景高度匹配内容

当前高速的无线网络与便捷的内容制作设备为网络主播随时随地开展创作提供

了便利条件，多数网络主播会精心挑选与其内容高度匹配的环境或场景。在选择场景时，网络主播可以尝试为用户还原真实场景，营造强烈的空间感，为用户带来身临其境的沉浸式体验。

通过网络视频直播，网络主播能够自如地在前后台之间转换，他们选择的职业垂类也与场地产生了更为紧密的关联，主播会在场景中展示出带有职业特点的符号，比如，美食主播会在餐厅进行吃播，美妆主播会在专业化妆间进行化妆教学，医生会在短视频中身着医护服，健身教练会在健身房边运动边直播，商业主播也会出现在商场及厂家仓库等地。这些典型的场景符号更容易获得用户的信任。

（二）巧妙利用灯光强化视觉效果

无论是拍摄短视频内容还是进行网络直播，灯光都可以起到很好的修饰作用，合理的灯光设计不仅能提升画面质量，还能极大地改善用户的观看体验。

首先，选择合适的光源非常重要，使用自然光或柔和的人造光源可以为用户创造更自然、更舒适的观看环境。

其次，亮度的调节也十分关键。适当的亮度不仅能确保网络主播的面部和身体轮廓清晰可见，还能避免出现过曝或过暗的问题。

再次，色温的调整也是不可忽视的方面。冷色调灯光（如蓝光）可以营造出清新、专业的氛围，而暖色调灯光（如黄光）则能营造出温馨、舒适的感觉。

最后，灯光的角度和布局也至关重要。例如，主光源放置在相机前方可以确保面部明亮，而侧光或背光则能增加景深感和立体感。通过对光源、亮度、色温、光照角度等不同组合来布光，网络主播可以发现最适合自身风格的照明效果。

（三）“说话 +”多元化展示

层出不穷的短视频及网络直播让众多用户在浏览网络平台时有了更多的选择权和更大的选择空间，但同时也给网络主播带来了极大挑战，只有不断丰富生产内容、创新表达形式，在“说话”的基础上提升新鲜感才能让用户多做停留，满足其“好奇”心理。在实践中，网络主播可以通过多元化展示来实现这一目标，“说话 +”多元化展示不仅包括在内容方面有更多的创意和创新，还包括表达形式的灵活运用。具体而言，这种多元化展示可以包括以下几个方面。

1. 多样的视频编辑技巧

网络主播可以运用各种视频编辑技巧，如剪辑、特效、动画等，让内容更具吸引力。例如，利用跳切、画中画等技巧，增加视频的动感和视觉冲击力。

2. 多元的语言表达

网络主播除了口语表达，还可以通过配音、字幕、背景音乐等方式丰富语言表达，增加用户的听觉享受。例如，有些主播会在视频中加入幽默诙谐的配音，增强内容趣味性。

3. 丰富的互动形式

网络主播可以引入各种互动元素，如抽奖、问答环节、游戏互动等，让用户参与其中，增加互动性和参与感。例如，在直播过程中设置抽奖环节，让用户有机会获得奖品，激发互动兴趣。

第二节 准备与表达

一、主持准备工作

融媒体传播时代，“人人皆可为主播”，但只有准备充分，做好内容传播与个性展示，才有可能脱颖而出。不同于传统播音员主持人的准备步骤，网络主播的主持工作更为复杂不仅要备稿，有的还要备品。

（一）脚本设计

无论是拍摄短视频，还是开启一场网络直播，脚本设计都是前期准备工作中重要的环节，脚本不仅是内容创作的基础，也是内容呈现的骨架支撑。新手网络主播可以先通过学习研究爆款短视频的场景设置、镜头运用、台词设计等，逐步形成脚本撰写思路。基于自身的风格特色确定内容主题，梳理完整的内容主线，再建立完整的脚本框架。直播是一个复杂的过程，需要人员、场景、产品、主播、活动等多方面的协调，有了脚本便可以提前梳理整场直播流程，一定程度上规避直播中可能面临的风险。

（二）话术准备

网络主播是以网络为传播渠道，通过音视频进行内容分享和交流互动的人群。内容分享和交流互动的基本方式都离不开有声语言表达，在直播中与用户流畅沟通的前提便是拥有合适的话题和充足的交流话术，这要求网络主播在录制前或直播开始前进行充分的准备工作。

表 11-1 常见的话术类型

欢迎话术	主播应对进入直播间的粉丝表达欢迎，可借机介绍直播内容。比如：欢迎朋友们来到我的直播间，今天直播的内容是……感兴趣的朋友们请多多关注！
宣传话术	主播在直播过程中循环插入宣传话术，定时宣传直播内容。比如：感谢大家的关注，我每天直播会分享健身技巧，直播时间是……大家记得准时来收看。
互动话术	直播过程中，主播可通过互动话术与用户实时互动，拉近与粉丝的距离。比如：刚刚给大家分享的健身技巧学会了吗？一起运动起来吧！
带货话术	带货话术可拉近用户与商品的距离，建立某种应用情景，拉动产品销售以实现带货变现。比如主播在直播带货时分享产品的使用感受，让用户对产品有更深入的了解。
活动话术	主播经常会在直播中进行促销、抽奖等活动，可以通过“低价”“性价比”“优惠套餐”等直播话术吸引用户关注。

（三）物料准备

物料准备也是网络主播准备环节中至关重要的一部分，特别是对带货类主播而言，物料充足会给予主播充分的安全感，同时也可以有更多发挥空间。物料准备不仅包括实物产品的准备，还包括详细的产品信息、应对突发情况的备选方案以及与用户互动的创意内容等。

（四）拟定选品

对电商类主播而言，拟定选品是重要的准备工作。合理的选品策略能够有效提升直播的专业性，精准覆盖用户需求，从而吸引用户选购商品。网络主播在选品时，需要优先考虑商品与自身定位的关联度。例如，美妆网络主播应该选择与美妆相关的产品，如彩妆、护肤品等。此外，网络主播根据粉丝画像来选品也同样重要，主播与团队需要深入了解自身粉丝群体，包括年龄、性别、兴趣爱好、消费习惯等，这样可以帮助主播选出更加符合用户需求的产品。例如，如果网络主播的粉丝群体主要是年轻夫妻，选品应适当关注婴儿用品、母婴用品等。精准的选品策略可以使得产品更加贴合粉丝用户需求和期望，也是对网络主播市场洞察力的考验。

（五）宣传预热

网络主播在开启一场直播前，需要提前宣传预热，以快速吸引用户，取得理想的直播效果。具体而言，可以通过设计海报、撰写优秀文案、配合短视频预热等方式来营造开播氛围。

1. 设计精美的海报

海报是吸引用户眼球的重要工具之一。网络主播可以设计具有吸引力和辨识度的海报，突出直播的主题、时间和特色，引发用户的好奇心和兴趣，并通过自身账号提前发布，提醒用户按时收看。例如，可以使用明亮的颜色和吸引人的图案，搭配简洁明了的文字，使海报内容一目了然、易于记忆。

图 11-3 直播海报设计的原则

2. 撰写优秀文案

文案是宣传的灵魂所在，网络主播可以在社交媒体、直播平台上发布文案，介绍直播内容的亮点、特色活动或惊喜福利，获得用户的关注。

3. 短视频预热

网络主播可以在直播前通过发布短视频进行预热，介绍直播嘉宾或直播内容，吸引用户兴趣。例如，可以通过与直播嘉宾共创直播预告片、发布主播选品过程等方式引发用户期待。

二、表达规律

无论是何种内容输出，网络主播都应时刻遵循语言表达的基本规律。这里所指的语言表达基本规律应涵盖着自我表达的检验调节、双向互动的思维反应、特殊情况的处理话术、气氛调动的推进方式等。基于此，网络主播需结合自身定位人设与语言风格更好地强化有声语言的内容输出，与用户保持更为积极的交流状态。

（一）自我表达的检验调节

网络主播在调动自身说话愿望时，往往伴随着自我检验表达内容、调节表达内容、再检验、再调节的反复活动，这包括网络主播生理、心理的一切有关语言活动的自我感觉。循环往复的检验调节过程包含对有声语言的酝酿，对自身认知的变换以及对外界环境的自我感知和对网络语境的客观判断等。行进过程中的体验、繁衍、检验和调节，使有声语言表达再创造更加完美和谐。

（二）双向互动的思维反应

网络主播从单向的信息传递转向双向的互动交流，需要注重满足用户的需求和期待。

互动化交流是网络主播在职业活动中必须面对的挑战之一。这需要网络主播具备敏捷思维与灵活反应，能够迅速捕捉到用户的反馈，并及时作出回应。尤其对直播形式的网络主播而言，主播需要在语言表达的基础上，紧密结合直播间里用户的实时评论和反馈，及时调整自身表达状态和节奏，以适应瞬息万变的网络语境。例如，当网络主播在直播中提出问题或讨论话题时，用户可能会通过实时留言或礼物打赏等方式作出回应，网络主播需要及时关注并给予反馈，从而与用户建立紧密联系。

（三）特殊情况的处理话术

对网络主播而言，为了预防录制或直播时突发的意外状况，应针对突发情况做好相关预案方案。但网络环境具有高度不可控性，时常也会出现意料之外的情况，这就要求网络主播提高应对特殊情况的应变能力，在保持精神状态高度集中的同时，提前准备应对话术，以备不时之需。该条语言表达规律对长期处于直播形态的商业类主播而言至关重要，需要时刻警惕特殊情况，并调整好自身状态及采用合适应对话术与用户友好沟通。

（四）气氛调动的推进方式

有声语言表达是调节气氛、调动用户状态的重要手段。知名网络主播在其直播间或短视频评论区往往会与用户形成较好的互动氛围，网络主播应具备一定感知力，通过抛出话题、唱歌表演、转化话语节奏等方式来烘托气氛，无形中创造更为积极舒适的互动场域。

（五）符合媒介形象的语言风格

知名网络主播都具备明确的形象定位，形象定位与语言风格相辅相成，网络主播应通过有声语言展现语言风格，更好地将主播的个性特点展示在广大用户面前，从而形成个人 IP。网络主播应努力在某一领域具备专业性与代表性，从而不断将用户吸引到网络主播社群中，从而进一步形成流量池。

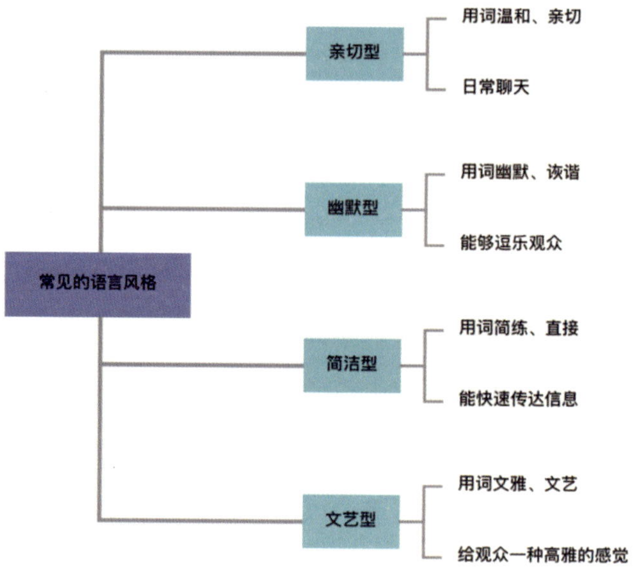

图 11-4 常见的语言风格

第三节 交流与互动

一、交流的目的、原则与方法

（一）交流的目的

交流不仅是网络主播与用户建立联系的手段，对增强用户体验、建立和维护个人品牌、实现个人商业价值等都具有重要意义。

1．建立和谐良好的关系连接

通过有效的交流，网络主播可以与用户建立情感和心理上的连接，进行双向交互，这种情感沟通不仅可以营造网络主播与用户间亲密、和谐、友好的氛围，还能增强用户的归属感和忠诚度。

2．传递相关信息，输出内容

网络主播通过交流可以传达内容、活动信息、互动环节等，确保用户对网络主播输出的内容有清晰理解。对专注于特定主题或领域的网络主播来说，交流是传递信息和知识的重要手段，交流不仅是分享信息，也是双向的教育过程。

3．激发用户的参与度

网络主播通过交流主播可以激发用户参与感，使其成为网络平台的积极参与者，良好的交流可以调动用户的兴趣，增加内容吸引力，从而获得更多的关注。

4．建立个人品牌和形象

网络主播通过与用户的交流可以展示其独特的个性和专长，这有助于塑造和加强其个人品牌。个性化的交流方式可以让网络主播在职业竞争中脱颖而出，构建其独一无二的品牌形象。

5．实时反馈和内容调整

交流能够帮助网络主播收集用户的实时反馈，并根据反馈不断调整优化网络主播生产内容和个人风格。这不仅有利于网络主播理解用户需求和偏好，也有利于提高内容质量，收获粉丝用户量。

（二）交流的原则

网络主播在进行交流时需要遵循以下基本原则，以确保直播的专业性和可信度，维护健康清朗的直播环境。

1．遵守法律法规和平台规则：网络主播交流需遵循相关法律法规以及所在平台的规定和指导原则，确保内容符合相关规定。

2．尊重用户：网络主播应尊重用户的意见和反馈，对不同的观点保持包容开放的态度，维护良好有序的直播环境。

3．真诚互动：网络主播在交流时应当保持真诚，以诚待人，网络主播在介绍产品时应当实事求是，对相应的推广内容透明公正，避免过度商业化，误导用户。

4．积极正面：坚持健康品位，遵守社会公序良俗，传递积极、正面的信息，避免传播负面或有害信息。

5．保护隐私：网络主播在交流时应尊重个人隐私，不透露或讨论敏感的个人信息。

（三）交流的方法

1．积极调动表达愿望

从有声语言表达技巧来看，网络主播应发挥主观能动性，积极调动表达愿望。大部分网络主播在直播或拍摄时都需要与用户产生互动交流，而相对于以往主持人话筒前、镜头前的饱满状态来说，网络主播更多的是需要结合用户反馈调整语言表达方法，从而积极调动表达状态。网络主播积极的状态和饱满的感情更容易将用户带入语境中，并主动评论互动，从而实现网络主播与用户的双向连接。

2．锤炼语言功力

网络主播可以通过多种语言交流方法来提升交流感。网络主播应使用清晰易懂的表达，避免使用过于复杂或专业的术语，从而保证用户能准确理解其表达内容。此外，网络主播还应提升语言亲和力，在交流中让用户感受到愉悦。具体而言，网络主播应使用含蓄隽永、轻松幽默的语言，自觉摒弃低俗、过于粗俗的用语。网络主播可以在语言表达中适当加入语气词，使得语气不显生硬，让用户在轻松愉快的氛围中参与交流。

3．学会讲故事，创造情感共鸣

网络主播应挖掘用户实际需求，从而寻找与用户交流的共鸣点，在此基础上，网络主播应结合自身经历，讲述真实故事，从而拉近与用户的距离。

4．借助表情、肢体语言等副语言辅助交流

网络主播在职业活动中应以副语言来丰富其内容输出。对网络主播而言，可以借助副语言来辅助交流，副语言可涵盖表情语言、肢体语言等，这些非语言符号不仅能彰显主播个人特色、传递信息、表情达意，还能促进与用户之间的交流。表情语言指的是网络主播面对镜头时的脸部表情。出于丰富内容以及调动用户感情的需要，部分网络主播表情语言较为戏剧化，从而渲染出更为浓厚的交流氛围，调动用户参与交流的欲望。肢体语言的表达相较于其他副语言更加直接，网络主播往往利用极为丰富的手势、肢体动作来表达自身情绪，从而让用户更好地解读网络主播所传达的信息。

二、互动的目的、原则与方法

网络平台构建出多元化的社交互动方式，网络主播与用户之间可通过文字、表情符号、视频、声音等多种元素进行互动。

（一）互动的目的

1．增强用户参与感

多元化互动可以让用户感到自身也是直播的组成部分，从而提升用户的参与度与沉浸感。网络主播可以通过提问、投票或弹幕互动等方式激发用户参与。

2．增加互动性和娱乐性

多样化的互动可以使直播过程更加生动有趣，从而提升用户的观看体验。

3．营造社区感和归属感

通过良好的互动，网络主播与用户之间以及用户与用户之间可以形成紧密的社交关系。网络主播能够创建忠诚的粉丝用户群体，构建具有归属感的网络私域社区。

4．提升个人品牌

良好的互动能够加深网络主播与用户之间的情感联系，促使用户对主播个人品牌的认同。

5．促进商业价值转化

良好的互动可以转化为经济利益。互动性强的用户群体更有可能通过打赏、购买产品或参与付费活动来支持网络主播，促进主播商业价值转化。

（二）互动的原则

1. 内容适宜性：网络主播应确保与用户的互动内容积极健康，符合社交平台规则。

2. 尊重多元文化和观点：网络主播在互动中难免会发生观点碰撞，要尊重用户的意见和感受，营造包容性强的互动环境。

3. 保持真实性：网络主播与用户互动时应秉持真实性原则，避免过度剧本化表演或刻意做作的表达。

（三）互动的方法

1. 主动开启互动话题，实时响应

网络主播应主动开启有吸引力的互动话题，积极引导用户参与互动，进行话题讨论。在互动过程中，主播应认真回答用户问题，实时关注用户互动情绪，积极建立与用户的信任感。即时的反馈与互动将极大地提升用户的参与感与满意度。

2. 注重用语礼仪，多用文明用语

网络主播在互动时应当注意互动礼仪，并尽量照顾到所有用户的情绪。例如，在新用户进入直播间表达欢迎时，主播可以说："欢迎大家来到……直播间。"收到礼物后要表达感谢，并引导用户分享直播间。在直播结束时可以说"感谢所有朋友的支持"等。

3. 提升自身的才艺，增强互动内容的吸引力

网络主播应具有较强的互动能力，能给用户带来丰富的观看体验。网络主播在直播过程中要充分了解用户，挖掘共同话题。例如，某主播是歌唱类才艺主播，进入她直播间的粉丝往往是被其歌声吸引的，这位主播经常主动询问网友喜欢听什么类型的歌，请粉丝点歌来演唱。这样一来，既增强了互动，也提升了用户黏性。

4. 采用开放式问题引导用户参与互动

网络主播可以向用户提出开放式问题，促进用户参与互动。例如，直播可以向用户提问"怎么做""怎么样"等问题，让用户自由发表意见，增加直播间热度。

以销售零食的电商主播为例，网络主播在介绍商品时，可以提出开放式问题来进行互动，比如：“我个人比较喜欢草莓口味的，不知道大家喜欢什么口味呢？”以此调动用户参与互动的积极性。

5. 运用技术工具，增加互动方式

网络平台通过技术手段增加功能，为网络主播和用户提供互动工具，如弹幕抽奖、虚拟礼物、私信留言等。通过多场景、多维度的互动，网络主播可以营造热烈的直播气氛。这些互动形式能够强化用户的在场感，提高用户互动的积极性。

6. 关注热点话题，多使用流行语互动

在直播中适当引入当下火热的流行语是吸引粉丝参与互动的有效方法。在使用流行语时，主播需要明确流行语的含义，并在适当的时机运用，以加深用户的印象，提升互动性。

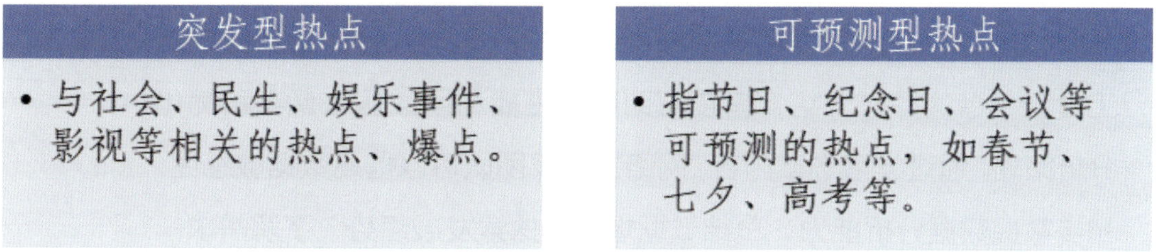

图 11-5 常见的热点话题类型

思考题

1. 结合自身定位，网络主播应如何选定个性化、差异化内容？
2. 简述你认为与用户最佳的互动方式，并陈述理由。

第十二章 网络主播数据分析及宣传推广能力

章节概述

数据是对客观事实的真实记录，在网络营销中扮演着至关重要的角色。对网络主播及团队而言，有效收集并处理数据是其核心能力之一。本章从网络营销数据分析的角度出发，详细介绍了网络主播、品牌和内容等方面的常见关键数据及指标。同时，提供了数据分析工具和平台的操作介绍，旨在帮助网络主播利用数据来调整和优化分析策略。通过学习本章内容，网络主播及团队可以提高数据敏感性，初步掌握数据分析能力，总结数据规律，探索发展趋势，了解需求，发现并解决问题，从而更好地进行宣传和推广。

学习目标

1. 了解网络营销数据内容
2. 掌握网络营销推广的关键数据和数据指标
3. 学习利用数据分析工具和平台
4. 利用数据制定优化增长策略

关键词

网络营销数据　数据平台　营销数据指标　数据优化策略

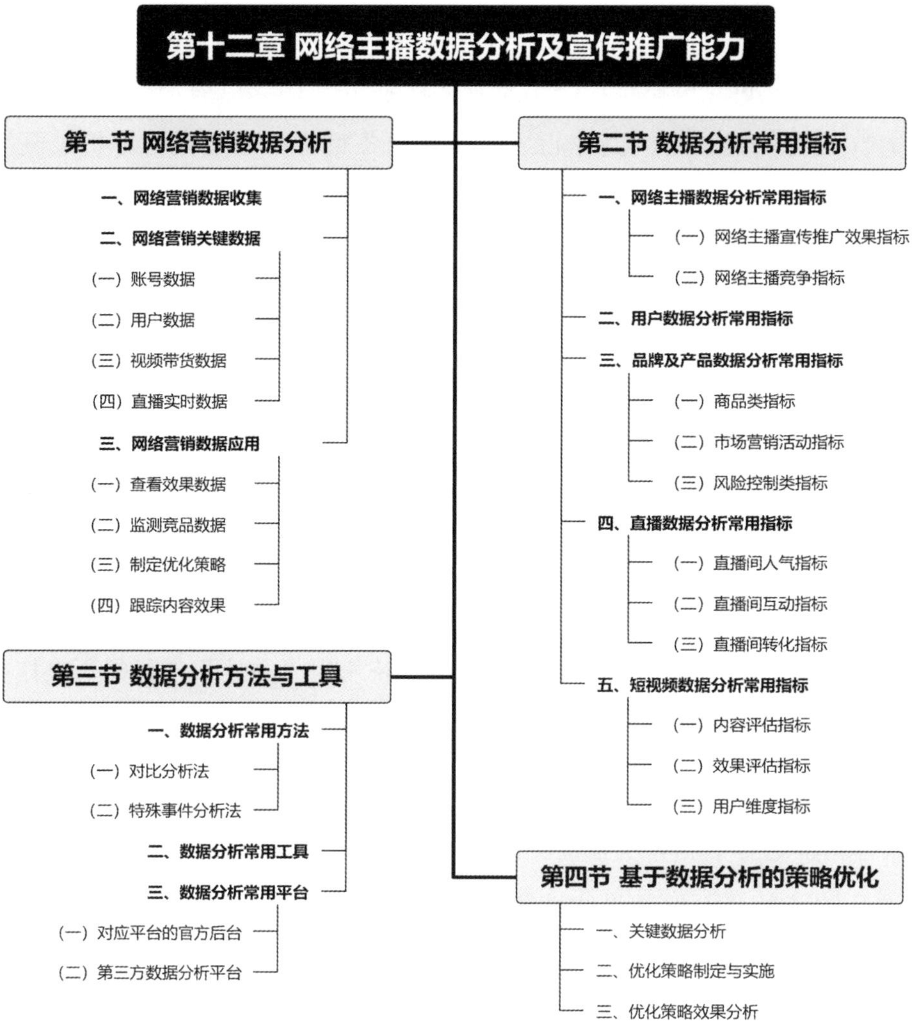

图 12-1 本章脉络图

第一节 网络营销数据分析

一、网络营销数据收集

收集信息的方式多种多样，包括用户问卷调查、网络视听节目的观看数据、竞争对手活动追踪以及社交媒体话题追踪。网络主播可以利用内容发布平台的分析工具，收集用户互动和反馈数据，从而全面掌握网络市场的现状和趋势。

二、网络营销关键数据

网络营销数据分析① 可以帮助网络主播团队理解其在线市场、用户和竞争环境，以便制定更有效的营销策略、提升业绩和实现业务目标。通过数据分析，网络主播团队能更好地了解用户、优化策略、提高效率、实现个性化营销，并做出基于数据的决策，以在竞争激烈的数字市场中取得成功。

（一）账号数据

网络营销平台的账号数据不仅反映账号的当前状态，还为网络主播的宣传推广提供了重要依据。通过分析账号数据，网络主播可以明确自身内容的优势和不足，优化宣传方向，提升内容吸引力。同时，分析其他网络主播的数据，可以帮助发现差距并制定更精准的推广策略。只有善用数据分析，才能让宣传推广更加科学高效，助力网络主播实现专业化发展。

基础数据分析：网络主播的基础数据包括“获赞”“关注”“粉丝”“作品”。获赞量直观地反映了内容的受欢迎程度，高获赞量通常表明内容深受用户喜爱。关注量的稳步增长揭示了主播吸引力和影响力的持续扩散。对点赞和关注粉丝的年龄、性别、地域等特征进行分析，主播能更精准地识别并满足其目标用户的需求。此外，主播每部作品的获赞量不仅是受欢迎程度的体现，也是衡量内容质量和用户偏好的关键指标，为主播提供了调整创作方向的重要参考。

粉丝趋势分析：近一周到近一年的粉丝总量和增量变化能够反映宣传推广的效果和受众的动态变化。当粉丝数量出现显著上升或下降时，网络主播应迅速分析原因，强化有效的宣传策略，同时调整不足之处。这种及时的反馈和优化有助于巩固粉丝群体，扩大传播影响力，推动内容进一步传播。

互动数据分析：点赞量和评论量是衡量短视频和直播传播效果的重要指标，直接影响内容的受欢迎程度和互动活跃度。活跃的互动不仅能吸引更多用户，还能促使内容在平台中获得更高的曝光排名，进一步扩大传播范围。因此，点赞和评论数据是网络主播评估推广效果、调整宣传内容策略的核心依据。

榜单数据分析：粉丝总量、平均赞粉比、直播互动率和粉丝增量等关键指标可以形成多个宣传领域的榜单，用于评估网络主播的宣传表现。通过综合权重分析这

① 赵厚池：《抖音电商从入门到精通：直播与短视频数据分析和运营》，清华大学出版社，2022，第 22-27 页。

些数据，构建传播综合指数榜单，可以更全面地反映账号的影响力和传播效果，从而为主播制订更精准的宣传推广计划提供有力支持。

（二）用户数据

网络营销的核心在于用户。通过数据分析确定用户特征，可以精准锁定用户群体，有针对性地进行推广传播，培养高黏性的粉丝群体。

用户数量趋势分析：网络主播应密切关注用户数量的增减变动。通过查看账号近 7 天至近 90 天的用户数量趋势，主播可以及时捕捉到关键的变化信号。若发现短时间内用户数量出现剧烈波动，网络主播应结合当日的视频发布和直播活动数据，进一步分析波动的原因。

用户特征变量分析：用户特征数据主要包括年龄、性别、兴趣和地域分布等关键信息。精准把握用户特征对于在合适的时间向用户推送匹配的网络视听节目至关重要。如果账号的用户特征数据与实际用户存在显著差异，如年龄分布相差较大，这可能表明账号的用户定位不够精准。此外，这也可能是数据造假，如买粉行为的迹象。在这种情况下，网络主播需要重新审视和调整内容策略及用户吸引方法，确保与目标用户的真实需求和偏好相匹配。

用户行为意向分析：用户的需求偏好和可接受的价格区间是直接反映其心理需求的重要指标，这些信息为网络主播提供了宝贵的指导。此外，网络主播可以洞察用户偏好，了解哪些内容能够吸引用户长时间停留，以及用户愿意为哪些内容付费。了解粉丝的这些需求后，网络主播团队可以更有针对性地关注那些表现出较强观看意愿的粉丝群体。

（三）视频带货数据

无论是短视频带货还是直播带货，网络营销的核心在于拥有稳定数量的用户。要将短视频用户转化为购买力，需要确保内容和商品能够持续吸引粉丝。分析带货视频数据不仅可以了解用户的特征和偏好，精准定位目标用户，还可以了解产品的优势和劣势，帮助后续优化产品设计和营销策略。

网络主播可以通过预估播放量、点赞数、转发数、评论数、收藏数、IPM（千次浏览互动量）、GPM（千次浏览成交额）等了解视频的整体表现和效果。此外，还可以通过第三方数据平台，查看并学习“带货视频榜”，以此提高短视频带货能力。

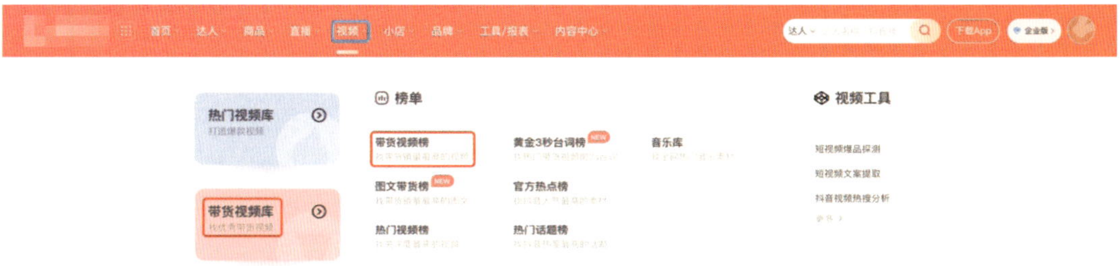

图 12-2 第三方数据平台“视频”搜索栏

（四）直播实时数据

直播带货能够超越传统电视购物带货的重要原因之一就在于数据可视化，即能够通过实时数据衡量直播效果。直播团队能够即时监测到数据波动，并迅速做出调整反应，将直播数据稳定在持续上升的趋势。网络主播了解正在进行的直播数据情况，以及掌握自己的直播间在整体电商直播中的位置。

“直播间热度”“用户热度”“商品热度”“销售额热度”和“销量热度”五个关键指标，为评估“节目 1 小时实时数据”提供了有效手段。通过分析关键指标的实时趋势，并对比多日数据以洞察其变化，网络主播能够识别出一天中竞争较小、用户参与度高、销售情况良好的时段，进而选择这些时段进行直播带货。

此外，网络主播在直播过程中可以持续关注以下多维度的实时更新数据。累计观看人数反映直播的总体用户规模。观看趋势显示用户参与度的变化情况。商品 / 销量衡量直播带货的效果。涨粉 / 粉丝团趋势评估粉丝增长和粉丝团动态。用户画像提供用户的基本特征和偏好。通过不断优化直播流程和服务，主播可以提升直播效果和收益。

三、网络营销数据应用

（一）查看效果数据

通过分析视频及播出的效果数据，网络主播可以了解网络营销过程中销售额、转化率、用户留存率等关键指标，及时发现问题和不足。[①]

（二）监测竞品数据

通过横向对比竞争对手的相关数据，网络主播可以更好地了解行业趋势和市场

① 赵厚池：《抖音电商从入门到精通：直播与短视频数据分析和运营》，清华大学出版社，2022，第 182-185 页。

需求，从而调整自己的营销策略，提高网络营销的效率。

（三）制定优化策略

根据数据分析结果，网络主播可以制定相应的优化策略，如调整视频发布或直播的时间、改进视频或直播的内容、优化选品策略等，以此扩大用户群体，增加用户互动量和商品销售额。

（四）跟踪内容效果

在实施优化策略后，网络主播可以借助数据分析方法和工具持续跟踪优化的效果，并实现进一步的评估反馈，以便及时调整并不断完善策略，从而实现网络营销业务的可持续发展。

第二节 数据分析常用指标

一、网络主播数据分析常用指标

（一）网络主播宣传推广效果指标

宣传推广效果可以通过流量类指标、订单生效效率指标、总体销售业绩指标以及整体指标来综合分析，从而大致了解网络视听节目的运营状况。

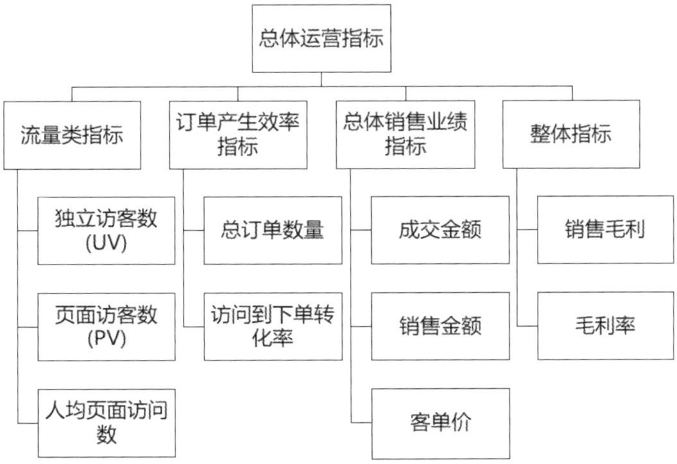

图 12-3 总体运营指标

1. 流量类指标

流量类指标主要包括独立访客数(UV)、页面访客数(PV),以及人均页面访问数。

独立访客数(UV):进入播出间的用户数量。每有一名不同用户进入直播间则记为1个UV,通常用于对播出间流量的总体分析。

页面访客数(PV):直播间的总点击量。用户每打开一次直播,则记为1个PV。一般用于分析各个渠道的流量规模和效率。

人均页面访问数(PV/UV):每个独立访客访问页面的平均次数。该指标用于评估网络视听节目播出平台的深度和内容质量。人均页面访问数越高,意味着网站的内容越有价值,对用户的吸引力也越大。

2. 订单产生效率指标

订单产生效率指标主要包括总订单数量和访问到下单转化率,反映了用户对网络视听节目产品的兴趣以及网络视听节目播出平台整体的变现效率。

总订单数量:用户完成下单的订单总数,包括未付款、取消和已付款的订单。

访问到下单转化率:播出间下单链接的下单次数与播出间访问次数之比。该指标反映了用户从访问网络视听节目播出平台到最终下单的转化率。

通常,综合考虑总订单数量和访问到下单转化率两个指标,可以评估网络视听节目播出平台的运营效率和用户购买行为的转化情况。

3. 总体业绩指标

总体业绩指标包括成交金额、销售金额、客单价。

成交金额:一段时间内的总交易额,通常用于衡量交易规模。然而,不同平台在计算成交金额时可能采用不同的方法。例如,一些平台可能会将拍下但未付款的订单、取消的订单或退货等情况纳入计算,这种做法可以更全面地反映平台的交易规模和用户的购买力。

销售金额:货品实际出售的总金额,即实际成交的订单金额。

客单价:平均每笔订单的交易金额。客单价越高,意味着用户的平均购买金额越大,有利于平台提高销售额和利润空间。

下面将通过一个示例具体说明以上指标在实际场景中的应用方法。

某直播平台正在举办一场大型促销活动,目的是提高销售额和用户参与度。在活动开始前，网络主播团队设定了一些关键指标，在活动过程中持续监测，并在活动后予以评估和复盘。

在流量类指标中，网络主播团队监测了独立访客数（UV）和页面访客数（PV）。在活动当天，平台记录的UV为10万，说明有10万个不同的用户关注了这次活动，为后续的转化和销售打下了基础。平台记录的PV为50万，说明用户共访问活动页面50万次，从而可得用户平均每人访问了5个页面，即人均页面访问数为5个，体现出用户对活动有较高的兴趣和参与度。

活动结束后，网络主播团队统计了总订单数量，共有2万笔订单。这一数据反映了用户对商品的购买意愿和活动的吸引力。进一步分析发现，每100个独立访客中有4个最终下单购买商品，即转化率为4%。这一数据可以帮助网络主播团队了解用户转化的效率，并优化促销策略。

活动期间的总成交金额为100万元，这一数据是评估活动成功与否的关键指标之一，反映了活动的整体销售规模。销售金额（实际收到的款项，不包括退货、取消订单等情况）为90万元，这一数据更加准确地反映了活动的实际收益。客单价，即每个下单用户的平均消费金额为45元（90万元/2万笔订单），这一数据可以帮助网络主播团队了解用户的消费习惯和商品定价策略的效果。

（二）网络主播竞争指标

网络主播竞争指标主要用来衡量网络主播在其所在视听节目类型生态中的商业价值。网络主播存在交易额排名和流量排名等不同排名方式。这些排名反映了网络主播在其视听节目类型中的地位和影响力，一个排名较靠前的网络主播通常意味着更多的曝光和用户关注度。交易额排名是指网络主播在所有网络主播中产生的交易额排名。这一指标直接反映了网络主播的营销能力。排名靠前的网络主播通常意味着他们能够吸引更多消费者，实现更高的商业价值。流量排名则是网络主播所在播出平台的独立访客数量在所有同类播出平台中的排名。独立访客数量是衡量网络主播受欢迎程度的重要指标，网络主播需要关注自身在不同平台中的流量排名，以明确哪些播出平台与自身的匹配度更高。

二、用户数据分析常用指标

用户数据分析的关键在于分析用户的价值，从而找出那些有价值的用户，实现精准营销。常用 RFM 价值模型进行分析。

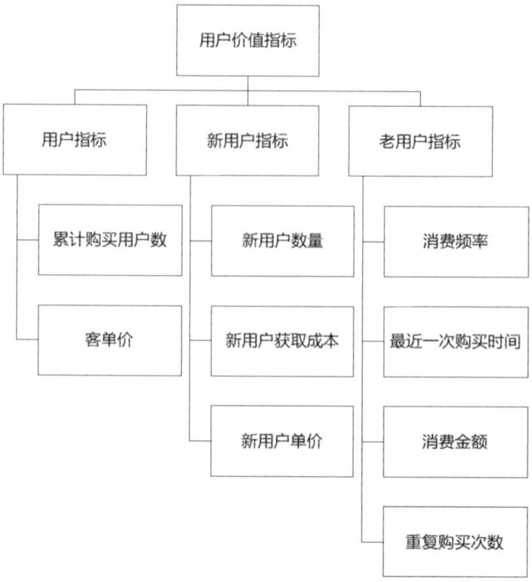

图 12-4 用户价值指标

在 RFM 价值模型中，R（Recency）表示用户最近一次购买的时间有多远，F（Frequency）表示用户在最近一段时间内购买的次数，M（Monetary）表示用户在最近一段时间内购买的金额。区别于一般的分析型 CRM 着重于分析用户贡献度，RFM 则强调以用户的行为来区分用户。

RFM 价值模型是衡量用户价值的重要工具和手段。该模型整体考虑了一个用户的近期购买行为、购买的总体频率以及消费金额三方面特征，较为全面地描述了用户的价值状况。RFM 价值模型动态地展示了一个用户的全部轮廓，这对个性化的沟通和服务提供了依据，同时，如果与用户互动的时间足够长，还能够较为精确地判断该用户的长期价值，甚至是终身价值。通过观察用户的 RFM 指标的状况，发掘有待改善的方面，可以为营销决策提供更多支持。

三、品牌及产品数据分析常用指标

（一）商品类指标

商品类指标主要用于分析商品的种类和销售情况，对不同商品建立关联模型来分析哪些产品组合会带来更高销量，从而进行捆绑销售。主要包括产品总数指标、产品优势性指标、品牌存量、上架和首发几方面指标。

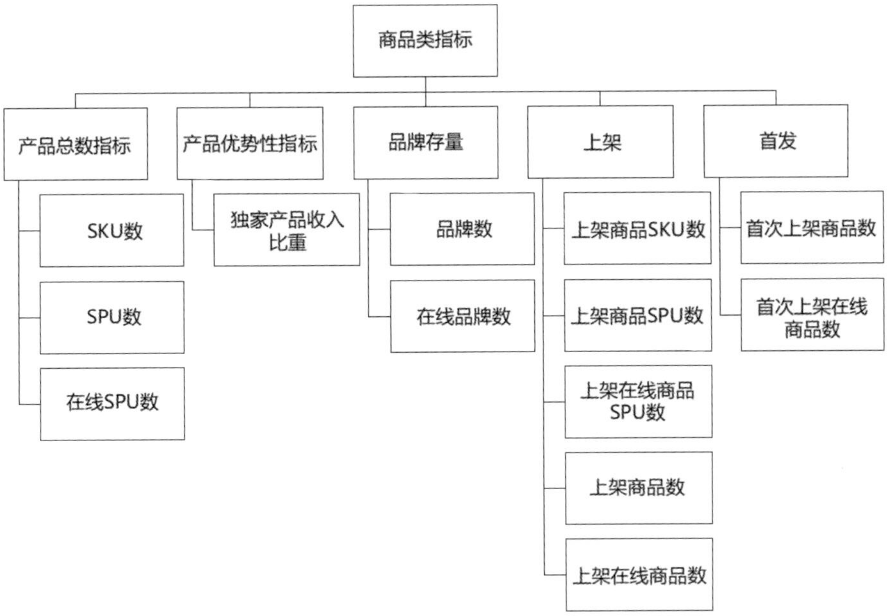

图 12-5 商品类指标

1. 产品总数指标

产品总数指标主要包含 SKU 数、SPU 数和在线 SPU 数。

SKU（Stock Keeping Unit）：是指物理上不可分割的最小存货单元，每个 SKU 都对应着特定的商品，具有唯一的编号和描述。SKU 通常用于区分不同颜色、尺码、款式或者其他特征的商品。例如，同一款 T 恤在不同颜色和尺码上可能有不同的 SKU。

SPU（Standard Product Unit）：指标准化产品单元，是商品信息聚合的最小单位。一个 SPU 可以包含同一产品的所有不同款式、颜色和尺码的信息。它是一组可复用、易检索的标准化信息的集合，描述了一个产品的基本特性，如品牌、型号、功能等。例如，同一款 T 恤的不同颜色和尺码可能对应着同一个 SPU。

在线 SPU 数：是指在线商品的 SPU 数量，即在电商平台或者线上销售渠道展示的商品种类总数。这个指标反映了商家在线上销售产品的多样性和广度。

2. 产品优势性指标

产品优势性指标主要包含独家产品收入比重，指独家销售的产品收入占总销售收入的比例。

3. 品牌存量

品牌存量包括品牌数和在线品牌数。品牌数指商品的品牌总数量。在线品牌数指标指在线商品的品牌总数量。

4. 上架

上架包括上架商品 SKU 数、上架商品 SPU 数、上架在线商品 SPU 数、上架商品数、上架在线商品数。

5. 首发

首发包括首次上架商品数和首次上架在线商品数。

（二）市场营销活动指标

市场营销活动指标主要用于监控特定营销活动对电商网站的影响，以及评估广告投放的效果。主要包括新增访问人数、新增注册人数、总访问次数、订单数量、下单转化率和投资回报率（ROI）等。其中，下单转化率是指活动期间下单次数与访问次数的比值，反映了活动的转化效率和用户的购买意愿。投资回报率是指活动带来的收益与投入成本之比，是评估市场营销活动盈利能力的重要指标。ROI 高表示投入的广告费用获得了较高的回报。

图 12-6 市场营销活动指标

（三）风险控制类指标

风险控制类指标主要用于分析卖家评价以及投诉情况，以便及时发现问题并采取相应措施，主要包括买家评价指标和投诉类指标。

买家评价指标包括买家评价数、买家评价卖家数、买家评价上传图片数、买家评价率、买家好评率和买家差评率。其中，买家评价率表示有评价的订单数量与总订单数量的比率，反映买家对购买经验是否愿意发表评价。买家好评率为所有评价中好评的比例，通常以百分比表示，是对商品或服务积极评价的度量。买家差评率为所有评价中差评的比例，同样以百分比表示，是对商品或服务负面评价的度量。

投诉类指标包括发起投诉（申诉）数、投诉率和撤销投诉（申诉）数。其中，发起投诉（申诉）数表示买家对商品或服务提出投诉或申诉的次数，反映了买家的不满。投诉率为投诉数占总订单数量的比率，是对整体交易中引发投诉的频率的度量。撤销投诉（申诉）数指的是在投诉或申诉后，买家主动或被动地取消投诉或申诉的次数，反映解决问题或调解纠纷的情况。

这些指标可以帮助网络主播及时发现潜在问题，保障交易的顺利进行，提升用户体验，同时也有助于提升卖家的服务质量和声誉。

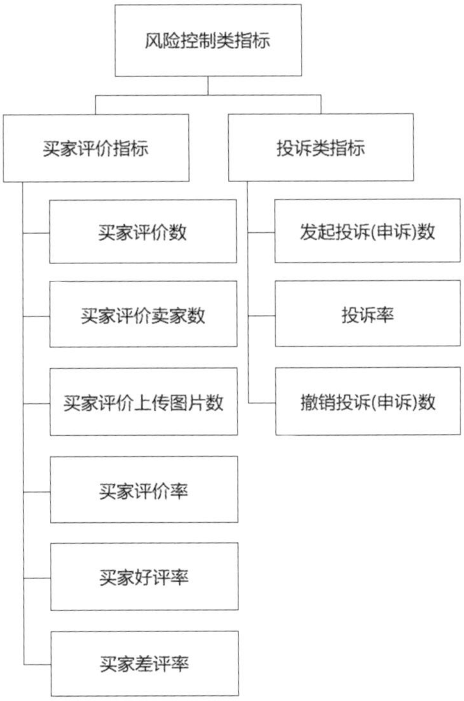

图 12-7 风险控制类指标

四、直播数据分析常用指标

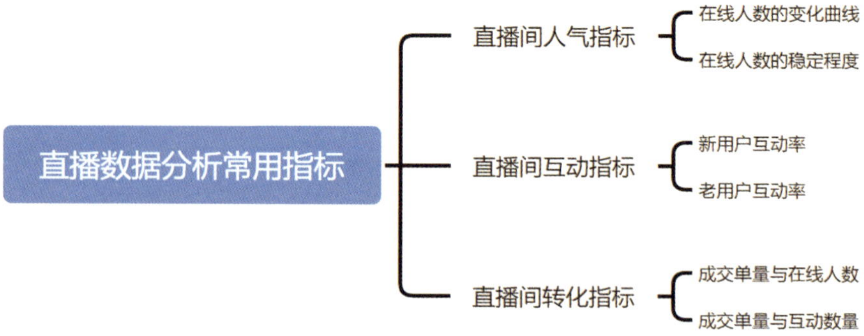

图 12-8 直播数据分析常用指标[①]

（一）直播间人气指标

直播间人气指标，也称为流量指标，主要衡量直播间的观看次数和同时在线人数。这些指标反映了直播间的热度和吸引力，是评估直播内容受欢迎程度和宣传效果的重要指标。对于许多头部网络主播的直播间，用户进入的速度非常快，叠加的在线人数非常高，带来了很高的观看次数。这样的高人气直播间更有可能获得平台系统的更多自动推荐，从而获取更多的曝光机会。主要关注直播间在线人数这一指标，可以从以下两方面进行分析。

1. 在线人数的变化曲线

在线人数的变化曲线可以直观地反映直播间的内容质量。在线人数的变化曲线包含波峰和波谷，波峰代表直播间的人气峰值，波谷代表直播间的人气低谷。一般情况下，直播间在线人数的峰值会出现在有引流活动的时间段，而波谷会出现在引流活动结束之后，通常是因为直播间内容没有留住引流进来的用户，所以才会导致用户大量流失、在线人数骤降的结果。

2. 在线人数的稳定程度

在线人数的稳定程度反映了用户的黏性，即用户对直播内容的持续关注程度。如果直播间的在线人数稳步上涨，表明直播间能够吸引新用户并保持老用户的回流，具有较强的用户黏性。

① 邹益民、马千里：《直播营销与运营》，人民邮电出版社，2022，第 129-132 页。

（二）直播间互动指标

直播间互动指标主要描述直播中用户的互动行为数据，包括点赞、评论、分享和关注等。其中，互动率是评估直播间活跃程度的重要指标之一。互动率指一场直播中参与互动的用户数占直播间用户访问数的比例。互动率是直播间人气活跃程度的核心指标，互动率越高，代表直播间的用户对直播内容的参与程度越高，直播间的活跃程度也就越高，反之亦然。互动率可以从两个维度进行分析。

1. 新用户互动率

新用户进入直播间后积极参与互动的比例。这部分用户通常对直播内容产生了兴趣，并且愿意积极互动。他们的互动率与直播间的新用户转化率相关联，因为良好的互动体验可以促使新用户成为忠诚用户。

2. 老用户互动率

老用户是指曾经观看过直播间的用户，他们对直播内容有持续的关注，并在直播过程中积极参与互动。他们的积极互动行为可以带动直播间的互动氛围，吸引新用户的参与和留存。

通过监测和分析新用户互动率和老用户互动率，网络主播可以识别直播间互动不足的原因，并通过宣传推广提升用户参与感。例如，设计更具吸引力的互动活动、优化内容呈现方式或强化与用户的实时互动交流，从而营造更活跃的直播氛围，吸引更多观众参与，提升直播间的整体影响力和传播效果。

（三）直播间转化指标

直播的目的在于与观众进行互动，建立并深化感情联系，同时提供必要的情感支持，以增强观众的归属感。在直播间内，可以通过以下的关联指标来衡量网络主播的表现效果。

1. 成交单量与在线人数

直播间的成交单量与在线人数可以反映出直播间用户的精准程度，即在线用户中有多少人最终完成了购买，计算方式为：直播间用户的精准程度 = 成交单量／在线人数 ×100%。高精准程度意味着直播间的商品或内容能够吸引并促使用户进行购买，有助于提高销售转化率。一般来说，每场直播中该指标应高于 3%，即有 1000 人在线的直播间，至少要达成 30 单成交量。如果精准程度低于 3%，可能需要考虑采取优化商品展示、改进推广策略或提升内容质量等措施。

2. 成交单量与互动数量

直播间的成交单量与互动数量可以反映出直播间商品的内容策划质量，即互动用户中有多少最终完成了购买。计算方式为：直播间商品的内容策划质量 = 成交单量 / 互动数量 ×100%。高内容策划质量意味着直播间的商品信息和推广方式能够有效吸引用户购买。通常，每场直播中这个数值应该高于 5%，即每 1000 条互动应达成 50 单成交量。如果内容策划质量低于 5%，可能需要考虑优化商品详情页、改进商品推广方式或调整商品定价等措施。①

五、短视频数据分析常用指标

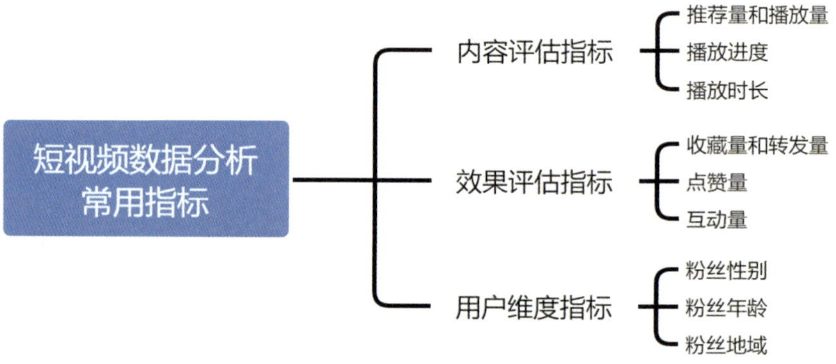

图 12-9 短视频数据分析常用指标

（一）内容评估指标

网络视听节目的内容评估至关重要。良好的内容可作为宣传推广的素材，是获得用户熟悉和认可的重要途径。

1. 推荐量和播放量

推荐量是指平台系统将发布的视频推荐给多少用户观看。这一数据是系统根据多方面因素综合评估而得，包括账号最近一段时间的视频发布情况以及视频内容的受关注程度等。

播放量包括昨日播放量、昨日粉丝播放量、累计播放量等，在不同平台上的计算方式有所不同。昨日播放量表示前一天视频的观看次数。昨日粉丝播放量则表示粉丝在前一天的观看次数，反映了粉丝对内容的互动程度。而累计播放量则是视频

① 徐骏骅、陈郁青、宋文正：《直播营销与运营：微课版》，人民邮电出版社，2021，第 132—133 页、第 137 页。

上线以来的总观看次数，反映了视频的整体用户积累。

2. 播放进度

播放进度涉及平均播放进度和跳出率。平均播放进度指的是所有观看用户对这条短视频的平均播放完成度。跳出率指所有观看用户中，播放时长小于 3 秒的用户占比。这两项数据影响着视频的推荐量和观看体验，如果短视频的播放进度占比较低、跳出率较高，可能意味着内容与用户预期不符，导致用户放弃继续观看。

3. 播放时长

播放时长包括累计播放时长和每日播放时长。累计播放时长反映了用户在平台上的总观看时间，而每日播放时长则反映了用户每日观看所有视频所花费的时间。这些数据综合考虑了所有发布的视频。

以数据驱动宣传推广效果：主播可根据推荐量来保持稳定的更新节奏，以满足平台的活跃度要求并吸引观众。对于高播放量的视频，可以通过重新剪辑、更新标题或突出新亮点来延续其热度。利用播放进度数据，主播可以试验不同的视频风格和内容形式，以找到最能吸引受众的方法。通过深入分析播放时长，主播可以确定受众的兴趣点，并据此调整内容策略，以提高观众的观看体验和满意度。

（二）效果评估指标

1. 收藏量和转发量

收藏是用户在观看短视频后将其收藏以备后续观看的行为，收藏量是指该内容被收藏了多少次，代表用户对短视频内容的肯定和价值认可程度。只有当短视频内容对用户来说具有实用价值时，用户才会选择收藏。为了提高收藏量，网络主播需要增加短视频的推荐量和播放量，并确保内容能够满足用户的实际需求。

转发量也是衡量短视频内容价值的重要指标。转发是用户在观看短视频后分享给其他用户的行为，转发量是指该内容被转发了多少次。用户转发视频可能出于两种原因，一是该内容符合其他用户的需求，二是该内容有助于展示自己的观念。

2. 点赞量

点赞量是评估短视频内容的重要数据之一。用户会根据内容中的正能量、情感表达或网络主播的出色技能等因素进行点赞。点赞量反映了用户对内容的认可和喜爱程度，是用户对内容质量的直接回应。

3. 互动量

互动量通常可以通过评论数来衡量。用户评论短视频不仅是为了表达赞美，还可能包括批评、对观点的讨论等。网络主播可以通过短视频的具体评论了解更多的互动信息，从而更详细地评估内容的质量和用户的反馈。

以数据驱动宣传推广效果：网络主播可以结合收藏、转发、点赞、互动的指标，利用不同平台的特色优势（如微博适合转发，抖音适合点赞互动）分层推广。同时，也可以将收藏、转发、点赞等数据转化为直观的宣传素材。

（三）用户维度指标

用户维度指标是体现用户特征的重要信息。网络主播可以通过分析用户维度相关指标，了解粉丝特征，进而精准定位受众偏好，有针对性地优化内容策略。

1. 粉丝性别

粉丝性别是用户画像的重要组成部分，不同性别的用户群体在内容偏好和互动方式上存在显著差异。例如，女性粉丝更偏爱情感共鸣、生活方式或美妆类内容，而男性粉丝可能更倾向于技术、运动或娱乐话题。网络主播可以根据粉丝性别数据，制作符合目标性别偏好的短视频内容，并制定针对性的推广策略。

2. 粉丝年龄

粉丝年龄直接影响他们的兴趣偏好和内容消费习惯。年轻群体倾向于娱乐化、轻松的内容，而中年或年长用户更偏向实用性和情感寄托类内容。网络主播可以通过数据分析细分目标受众，为每个年龄段制订不同的推广计划，精准投放广告，覆盖率最大化。

3. 粉丝地域

地域数据不仅反映粉丝的分布特征，还能揭示不同地区用户的生活方式和文化偏好。例如，南北方用户对美食内容的偏好可能大相径庭，不同城市用户对节庆活动的参与形式也会有所不同。

网络主播可利用地域数据，通过定制化内容吸引特定区域的用户。同时，可以借助短视频平台的“同城功能”或地域标签，将宣传内容锁定到特定区域，并整合本地元素（如方言、地域特色）增加用户的共鸣。此外，还可以通过跨区域合作活动（如“双城挑战”）进行话题传播，引导更多用户参与讨论，扩大宣传。

第三节 数据分析方法与工具

一、数据分析常用方法

网络主播对收集数据先进行核对、修正，并在完成基础的统计计算后，可以按照不同的需求进行进一步的分析。在数据分析的过程中，常用的分析方法有对比分析法和特殊事件分析法①。

（一）对比分析法

对比分析法是一种常用的数据分析方法，通过对比多组数据，找出其中的差异并揭示数据背后隐藏的问题。基于该方法，网络主播可以更清晰地了解数据之间的关系和变化趋势，从而更好地制定相应的策略和措施。对比分析法又可以细分为同比分析法、环比分析法和定基比分析法。

表 12-1 对比分析法

分析方法	计算方法
同比分析法	同比是指今年第 n 月与去年第 n 月的比值同比 = 本期数据 / 上年同期数据
环比分析法	环比是指报告期水平与前一期水平之比，环比 = 本期数据 / 上期数据
定基比分析法	定基比是报告期水平与某一固定时期水平之比，定基比 = 本期数据 / 固定期数

网络主播团队可以通过对比分析识别数据中的异常情况，从而优化宣传推广策略。这里所说的异常数据，并非指错误或表现差的数据，而是相较于平均水平存在显著差异的数值。例如，若某网络主播的每日粉丝增长量通常在 50—100，但某日

① 邹益民、马千里：《直播营销与运营》，人民邮电出版社，2022，第 129 页。

增长量突然飙升至200人以上。尽管表面上这是一个积极结果，但在数据分析中，同样被视为异常情况。主播团队需要对此特别关注，深入分析引发变化的原因，例如是否由于特别推广活动、生动的内容主题，或外部流量引导。这种分析可以帮助团队挖掘成功经验，优化营销策略，从而实现持续、高效的粉丝增长。

（二）特殊事件分析法

在网络营销过程中，数据异常通常与某些特殊事件密切相关，如平台更新、内容策略调整、市场活动或季节性变化等。通过记录和分析这些事件，网络主播可以更好地理解数据波动的原因，并据此调整策略。实践中，网络主播可以按照以下步骤进行。

事件识别阶段：确定哪些事件可能对数据产生影响。确保所选事件具有代表性，能够反映普遍问题或成功经验，避免选择过于极端或偶然的事件，以免误导分析结论。主播可以通过多场直播的数据对比，筛选出重复出现的事件，确保分析的可靠性；同时，结合定量数据（如观众流失率、互动率）和定性数据（如观众反馈），全面评估事件的影响。

数据记录阶段：在事件发生前后，详细记录相关数据。确保数据收集的全面性，涵盖直播的各个环节（如开场、互动、高潮、结尾）。应避免主观偏见，确保数据分析基于事实而非个人感受。主播可以利用直播平台提供的数据分析工具（如观众留存曲线、弹幕热词分析）获取客观数据，也可通过观众调查来补充数据来源。

事件标记阶段：在数据记录中标记特殊事件的发生，以便后续分析时能够快速识别。例如，主播在数据记录表中明确标记出自己主页风格调整的具体日期。

数据分析阶段：分析事件发生前后的数据变化，确定事件对数据的具体影响。分析时不仅要关注事件本身，还要探究事件发生的背景和原因。例如，观众流失可能是因为内容无聊，也可能是技术问题（如卡顿）。主播可以深入挖掘事件背后的原因，同时结合外部因素（如节假日、热点事件）分析事件发生的背景。

最终，主播可以根据分析结果调整内容策略、营销活动等，以优化业务表现。在实践中，主播可以基于分析结果制订分阶段的改进计划，优先解决最紧迫的问题，然后逐步优化其他方面。通过小范围测试（如试播）来验证改进措施的效果，然后再全面推广。

二、数据分析常用工具

在当前的网络社交平台环境下，主播与创作者们能够利用一系列数据分析工具来提升宣传推广效果。通过简单的数据分析，这些工具能帮助主播精准定位目标观众，优化内容策略，以吸引更多潜在用户并增强互动。

百度指数：主播可以使用百度指数来分析关键词趋势，洞察受众需求的变化。这不仅助力于掌握市场动向，而且有助于调整内容，使之更符合当前用户的需求。

360 趋势：通过 360 趋势，主播能对比关键词的搜索状况，分析两个不同关键词的表现，从而找到更有效的宣传点和话题引入方式。

巨量算数：依托于抖音等平台的数据优势，巨量算数提供实时热点分析，帮助主播迅速把握热门话题并据此制定内容策略，增强观众的关注度和互动率。

神策数据：提供全端的用户行为数据采集与分析，神策数据帮助主播从用户活跃度、支付行为等多维度进行深入分析，优化推广策略，减少流失，提升转化率。

运用好这些数据收集工具不仅可以加强主播对市场的理解，而且可以提升内容的吸引力和互动性，助力主播在竞争激烈的市场中占据有利位置。通过有效利用数据分析，主播可以更好地连接目标观众，实现宣传推广的最大化效果。

三、数据分析常用平台

数据分析是网络主播宣传推广的重要工具，它有助于全面了解账号状态和用户需求。通过精准的数据分析，网络主播可以发现内容传播中的问题，并优化宣传策略以提升推广效率。借助自身或第三方数据平台，主播能够快速获取关键数据，分析用户兴趣和购买需求，从而制定更加针对性的推广方案。在激烈的网络营销竞争中，这种数据驱动的宣传能力帮助主播精准吸引用户关注，强化品牌影响力，提升用户参与度和转化率，进而构建强大的宣传竞争力。

（一）对应平台的官方后台

视频平台通常提供数据统计功能，为网络主播的宣传推广提供支持。主播团队可以通过这些平台的官方后台，获取并分析关键数据，了解内容传播效果和用户行为。以下是常用平台官方后台的相关介绍，能帮助网络主播更好地利用数据优化宣传策略，提升内容覆盖率和影响力。

1. 抖音电商罗盘

抖音电商官方推出的数据工具，为商家、主播和机构提供数据支持，帮助引导宣传推广的精准化，提升业务增长效率。在直播宣传中，团队可以利用“抖音电商罗盘”这一关键工具，获取直播相关数据以优化推广效果。具体应用如下。

直播前宣传准备阶段：宣传团队可以通过“抖音电商罗盘”快速分析同行头部直播间的推广策略，包括内容设计、商品选择和宣传话术等。通过借鉴高流量、高成交的直播案例，团队能够调整自身的宣传方案，优化直播内容，吸引更多用户关注。

直播中宣传监控阶段：借助实时数据监测，团队可以动态跟踪直播核心指标，如流量来源、商品推广表现和观众人群画像。根据数据反馈，及时优化宣传节奏、互动方式和主播话术，确保直播宣传达到最佳效果，并抓住更多转化机会。

直播后推广复盘与诊断阶段：直播结束后，“抖音电商罗盘”提供全面的复盘报告和流量优化建议，帮助团队深入分析直播宣传中的不足之处。通过明确待改进的指标和优化方向，团队可以持续完善宣传策略，提升直播间的曝光量和用户黏性，实现推广效果的持续提升。

2. 快手创作者服务平台

快手创作者服务平台是快手官方推出的一款综合性数据工具，为创作者提供内容和粉丝多维度的分析支持，帮助他们优化宣传策略，提升用户互动率，增强内容传播效果。

内容和粉丝分析：平台提供内容发布和粉丝互动的多维度统计数据，并实时更新热点信息，协助创作者紧跟最新趋势。

作品维度统计：作品统计中，创作者可审视作品发布量、完播率及点赞和评论数，以及新增粉丝数，评估作品用户接受度和互动性。

直播数据趋势：直播数据趋势功能使创作者能监控直播观看数据，包括用户规模和观看时长，分析互动和收益，衡量直播的商业潜力。

用户分析维度：用户分析揭示粉丝增减趋势，粉丝画像和用户分析助力创作者识别核心粉丝群体，对精准营销和内容推广至关重要。

粉丝画像和用户分析：粉丝画像深化对粉丝群体的理解，帮助创作者快速定位喜好其作品的用户，为推广活动提供定制化人群定位。

直播机构数据：直播机构数据功能为机构提供了月度直播关键指标，如总主播数、合作主播数和收益分成，对机构宣传推广和决策至关重要。

3. 哔哩哔哩创作中心

作为UP主的网络主播在哔哩哔哩平台发布网络视听节目后，可以利用哔哩哔哩创作中心追踪其创作内容和相关数据。创作中心提供的数据功能包括数据概览、数据周报、稿件分析、粉丝分析以及专栏数据分析等。

数据概览：提供了UP主账号的关键数据指标，如视频播放量、弹幕数量、点赞数、投币数、收藏和分享数等，以快速了解整体表现。

数据周报：每周更新的数据报告，展示过去一周内视频的表现和粉丝的互动情况，包括新增播放量、新增粉丝等，帮助UP主跟踪短期趋势。

稿件分析：分析单个视频或多个视频的详细数据，包括播放量趋势、用户留存率、播放来源等，帮助UP主了解哪些内容更受欢迎。

粉丝分析：提供粉丝的人口统计信息，如性别、年龄、地域分布等，以及粉丝的活跃时间，帮助UP主更好地了解其粉丝群体。

专栏数据分析：如果UP主同时发布专栏文章，此部分将提供专栏的阅读量、点赞数、评论数等数据，以及读者的反馈和互动情况。

4. 小红书创作服务平台

作为博主的网络主播在小红书发布笔记后，可以通过小红书创作服务平台来查看笔记数据，粉丝数据和MCN博主数据。MCN博主指的是与多频道网络（Multi-Channel Network，MCN）机构签约的内容创作者。

笔记数据：可以查看账号近期的数据表现，包括近期发布笔记的总体表现和单笔记的表现；也可查看分享、点赞、评论、收藏四个维度的数据变化趋势，归纳不同互动行为的笔记特点。

粉丝数据：包括粉丝数据概览、我的活跃粉丝、粉丝画像。通过粉丝主要分布的城市、年龄、兴趣，有针对性地创作更受粉丝欢迎的笔记内容。通过查看粉丝来源，定位近期账号转粉吸引力。

MCN博主数据：包括笔记数据、粉丝数据、商业合作。根据粉丝年龄和所在城市，更好地定位作者带货的品牌和价格对同品类作者的笔记主题、消费数据作比较和归纳，提供互动和涨粉的宣传推广策略参考。

（二）第三方数据分析平台

网络主播团队所在的发布平台通常只能提供有限的信息，为了更全面地分析相关数据，团队可以利用第三方数据分析平台。以下是一些第三方数据分析平台介绍。

1. 蝉妈妈数据平台

蝉妈妈数据平台致力于实现内容营销与电商的数智化经营，驱动品牌新增长。该平台涵盖抖音达人、热销商品、短视频带货、直播带货等详细数据。网络主播可以查看基础数据，如“总粉丝数”和“总点赞数”，也可以通过“基础分析”“直播分析”“视频分析”“带货分析”和“粉丝分析”等多维度进行全面分析。

2. 灰豚数据

灰豚数据是一款专为直播数据分析设计的工具，设置有行业研究院、小红薯版和抖系版。它提供数据大盘、直播分析和商品分析等一系列实用功能。这些功能帮助实时监控直播间的人气、成交和互动指标，并进行流量大盘分析、直播间效果分析、主播分析、粉丝分析和商品分析等。

3. 壁虎看看

壁虎看看专注于短视频和直播电商领域，支持抖音、快手、小红书等多个平台的全面数据分析。借助专业的数据挖掘和多维算法模型，壁虎看看为宣传推广提供多方面支持，包括市场趋势分析、用户画像洞察、舆情监测及数据研究等服务。

利用壁虎看看的直播数据分析功能，网络主播可以深入了解直播传播效果和商品推广表现。例如，通过实时监测直播观看量、用户互动数据及商品转化率，主播能够精准调整宣传内容和选品策略，优化直播推广效果。平台的趋势分析功能还能帮助主播识别当前市场热点，快速响应用户需求，提升内容传播力与用户满意度，进一步增强直播的吸引力和带货能力。

4. 飞瓜数据

飞瓜数据是一款专业的短视频及直播数据查询工具，支持抖音、快手、哔哩哔哩等平台的数据分析。它提供多种服务。飞瓜快手专注于快手短视频与直播电商分析，利用智能化社交媒体数据分析技术，提供电商趋势洞察、爆款商品剖析和投放效果预测，以驱动品牌营销增长。飞瓜哔哩哔哩作为哔哩哔哩的一站式数据服务平台，提供多维找号、投放 / 商品 / 直播分析和账号核心数据监测，助力品牌营销势能的增长。飞瓜智投针对抖音直播带货的精细化运营平台，提供自动全场录像回看功能，通过数据驱动的方式优化直播运营，提高投放效率，考核主播的有效订单，帮助品牌实现直播流量的变现。飞瓜品策作为抖音品牌营销策略分析平台，专注于细分品类分析，提供深入的抖音电商数据分析服务，助力品牌实现精准营销。飞瓜抖音提供抖音短视频与直播电商分析服务，立足于抖音全域兴趣电商，通过电商趋势预测、自品 / 竞品数据分析、达人数据分析等，助力品牌实现品效双赢。

5. 抖查查数据平台

抖查查数据平台专注于直播电商领域的大数据统计与分析，提供专业的数据服务。它为品牌商家和网络主播提供深入的电商数据分析支持，帮助他们洞察市场趋势、优化销售策略。同时，该平台也助力抖音电商领域的新创作者快速融入生态，掌握热点趋势和提升内容创作技巧。抖查查数据平台拥有达人账号 + 短视频创意 + 直播流量 + 直播带货 + 电商选品等五大全维度综合数据分析功能，全面实时精准的数据赋能抖音从业者。

6. 在看直播

在看直播提供直播的数据分析业务，为主播和相关公司提供更好的直播体验，并为用户推荐更好看的直播。目前，它可切换斗鱼平台和虎牙平台，实时查看对应平台的直播排行，可以查看主播直播相关的多项数据，了解最新的斗鱼和虎牙的直播趋势。

第四节 基于数据分析的策略优化

一、关键数据分析

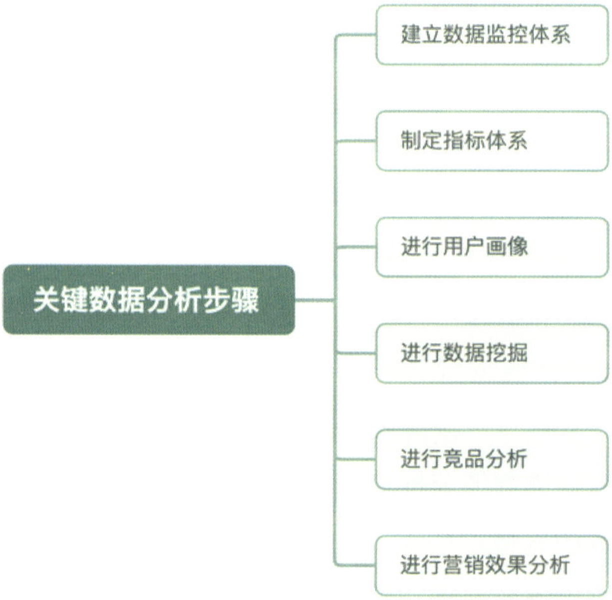

图 12-10 关键数据分析步骤

关键数据分析流程主要可以分为以下几步。

建立数据监控体系：构建实时监控系统，跟踪网站访问量、转化率和用户行为等关键指标，以便及时发现并解决问题。

制定指标体系：根据业务特性和目标，确立指标体系，如 GMV、订单量、用户留存率等，通过分析这些指标的变化来识别问题和机会。

进行用户画像：利用用户数据分析工具，对用户的性别、年龄、地域和消费偏好等进行细分，深入理解用户需求和行为，优化营销策略。

进行数据挖掘：运用数据挖掘技术，探索用户的潜在需求和行为模式，为用户提供更加个性化的产品和服务。

进行竞品分析：分析竞争对手的优势和不足，为电商运营提供有价值的参考和借鉴。

进行营销效果分析：评估电商营销活动的效果，包括广告投放和促销活动的表现，以指导营销策略的优化和调整。

示例：某网络主播团队致力于提升销售和用户参与度。他们首先建立了一个全面的数据监控体系，实时跟踪网站访问量、转化率、用户行为、订单量和用户留存率等关键指标，并设定了自动报警系统，以便在指标出现异常波动时迅速响应。其次，团队根据业务特点，制定了以 GMV 为核心，同时关注订单量、用户留存率和复购率等指标的体系。通过定期分析这些指标，全面评估业务的健康状况。此外，通过用户画像分析，团队发现主要用户群体为 25—35 岁的城市女性，她们对时尚和品质有较高追求。这一发现为后续营销策略的制定提供了重要依据。基于用户画像，团队进一步利用数据挖掘技术，发现用户在搜索“时尚连衣裙”时，经常同时关注“连衣裙搭配”和“连衣裙清洗保养”。因此，他们在商品详情页增加了相关推荐，从而提高了用户关联品的购买量和购物体验。同时，团队密切关注竞品的营销策略、用户群体和产品特点，分析了竞品的优势和劣势。基于这些分析，他们制定了新的营销策略，包括调整广告内容、优化商品推荐算法和增加用户互动等。经过一段时间的实施，团队利用数据分析工具对营销效果进行了评估。结果显示，新的营销策略有效提升了网站的访问量、转化率和用户留存率，使销售和用户参与度得到了显著提升。

二、优化策略制定与实施

数据分析在宣传推广中发挥着关键作用，为策略的制定、优化和执行提供了重要支持。通过深入研究用户画像、观看时长和互动频率等数据，网络主播团队可以精准洞察用户的兴趣、需求以及关注点，同时明确内容的优势和改进空间。这一分析过程帮助团队更好地理解用户行为背后的逻辑，从而制定更有效的推广策略。

数据分析的应用范围广泛，涵盖用户画像、观看时长和互动频率等多维度内容。通过深入解读这些数据，网络主播团队能够快速识别目标用户的兴趣点，发现实际需求与潜在痛点，为内容设计和宣传优化提供了有力依据。这种以数据为导向的分析方法，不仅提高了策略的精准度，还为持续改进宣传效果奠定了坚实基础。

网络主播团队可以基于数据分析结果制定针对性的宣传推广策略。例如，通过分析观看时长较短的用户数据，可以发现内容吸引力不足或传播节奏不佳的问题，从而调整内容设计，优化宣传形式，以提升用户的观看时长和黏性。同样，通过挖掘互动频率较低的用户数据，可以识别互动环节的不足，进而增加有趣的互动方式或推出吸引力更强的福利活动，以激发用户的积极参与性。

在明确宣传优化方向后，团队可以付诸实践。例如，通过引入创意元素改善内容形式、设计贴合用户兴趣的互动环节，以及举办吸引力更强的福利活动来增强用户体验。在实施过程中，网络主播团队需要保持灵活性，密切关注用户反馈和数据变化，随时调整推广策略，以确保宣传效果的最大化。

最后，在策略实施后，团队需要对其效果进行全面评估。通过对比优化前后的数据，了解策略对观看时长、互动率以及用户参与度的影响。这一评估过程不仅是宣传优化的关键环节，还为团队提供了不断完善推广策略的依据。根据评估结果，团队可以进一步调整和优化推广方案，更精准地满足用户需求，全面提升宣传推广效果。

三、优化策略效果分析

网络主播团队可以依据数据分析结果，对宣传推广策略的效果进行全面评估，从用户互动、内容传播效果、产品推广表现和用户留存等多个维度进行深入研究。

在内容传播效果方面，团队不仅可以关注观看人数、人均观看时长、点赞数、评论数等核心指标，还可以关注评估内容对用户的吸引力和参与度。例如，通过分析评论量和互动频率，了解用户需求和兴趣点，进一步优化内容设计和宣传方向。对比不同推广策略实施前后的数据变化，可以帮助团队明确哪些方法最有效，从中汲取经验并持续改进。

在产品推广表现方面，团队可以通过统计产品销售额、成交率等指标的变化，评估推广活动对商品销售和品牌曝光的实际贡献。不仅关注销售额的增减，更需要分析推广活动如何影响用户的购买决策。通过识别用户购买路径中的关键因素，团队能够优化产品呈现方式和宣传策略，进一步提升转化率和用户满意度。

在用户留存和忠诚度方面，团队可以统计用户在平台上的活跃天数、回访率和观看时长等数据，深入分析推广策略对用户长期黏性的影响。用户留存率是衡量用户忠诚度的重要指标，通过评估留存数据，团队可以发现用户对内容的兴趣点，并制订针对性的推广计划，确保现有用户的持续关注，同时吸引新用户加入。

通过这些多维度的分析，网络主播团队能够系统了解策略实施的实际效果，优化宣传方向，设计更符合用户需求的内容和服务，推动品牌的持续成长与传播效益的提升。

思考题

1. 网络营销中数据分析的基本流程包括哪些步骤？
2. 网络营销的数据分析可以给网络主播团队带来什么实效？
3. 如果直播间成交率持续走低，直播团队应进行哪些调整？
4. 网络营销团队在直播中可以利用哪些平台来监控关键指标，这些平台之间有何主要差异？

第十三章 网络主播内容生产能力

章节概述

本章深入探讨了网络主播的角色定位、内容策划、节目生产。这一章旨在帮助网络主播在操作层面了解网络主播内容生产流程。

学习目标

1. 了解如何对自身和账号进行准确定位
2. 掌握如何基于定位进行内容策划
3. 熟悉网络主播在节目制作中的注意事项
4. 理解网络主播在直播节目中需要关注的要点

关键词

主播定位　内容策划　节目生产　节目运营

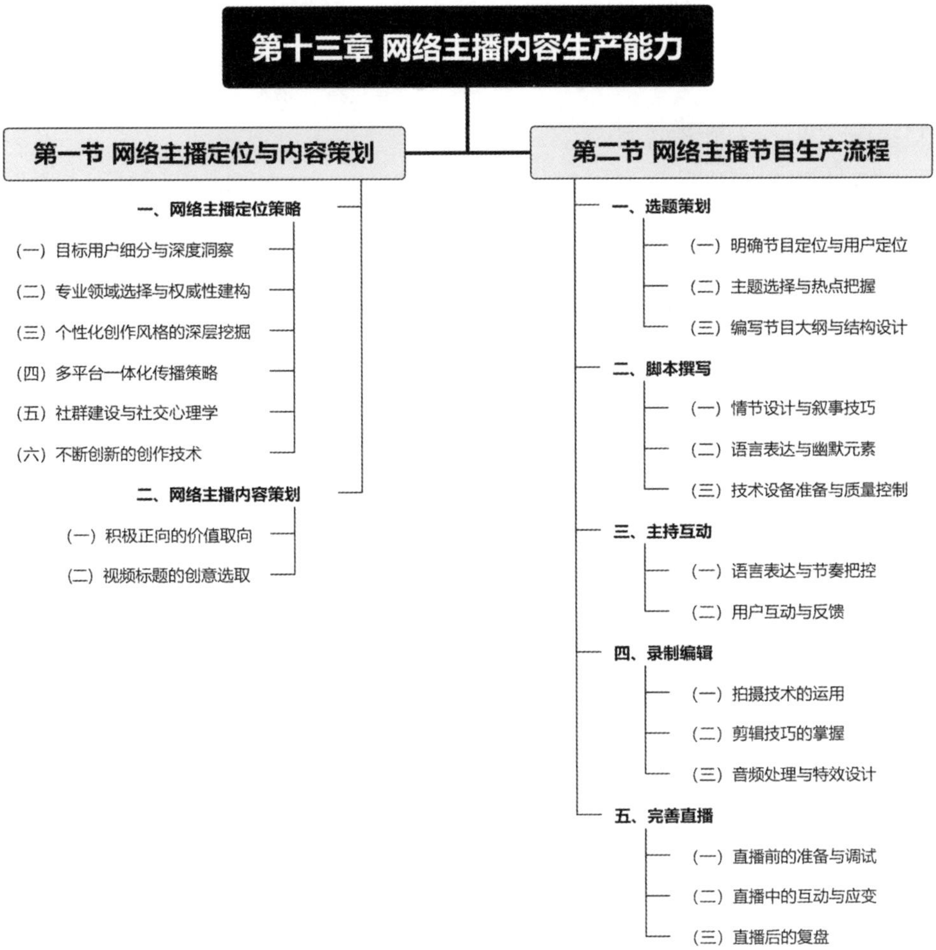

图 13-1 本章脉络图

第一节 网络主播定位与内容策划

一、网络主播定位策略

网络主播在工作中，需要先对自身视频账号进行精准定位。通过对同行业账号的深入观察，根据主播的分类，结合自身情况选择某一垂直领域对自身进行定位。形成鲜明的风格和特点，吸引目标用户的注意并产生认同，对网络主播而言至关重要。

网络主播可通过向自身和制作内容贴上标签，进一步增强用户的记忆点，进而营造良好的氛围。

（一）目标用户细分与深度洞察

网络主播对自身定位的首要步骤是对目标用户进行深度细分与洞察。通过数据分析、调查研究和用户行为分析等手段，网络主播要更准确地把握目标用户的兴趣、需求、价值观，并在此基础上确定个性化的内容定位。

（二）专业领域选择与权威性建构

网络主播应结合自身优势，选择专业领域，并通过内容传播向用户建构自身权威性，包括但不限于对行业趋势的深入理解、专业技能的展示、对相关领域前沿问题的独到见解。

（三）个性化创作风格的深层挖掘

网络主播应培养自身个性化创作风格，在此基础上应了解相关美学、艺术学等专业知识，结合自身兴趣，挖掘并培养与自身特质契合的独特创作手法，包括且不限于语言风格、画面构图、音乐选择等方面。

（四）多平台一体化传播策略

网络主播应结合自身发展需要，策划多平台一体化传播策略，确保在不同的网络平台上保持一致的品牌形象，以扩大影响力。网络主播及团队应通过不同角度深入剖析平台用户特征，从而更有针对性地制定传播策略。

（五）社群建设与社交心理学

在社群建设方面，网络主播可掌握社交心理学相关知识，分析社交网络中的用户行为模式、社交动机等，以此制定更具吸引力的社群互动策略，从而增强与用户之间的互动。

（六）不断创新的创作技术

网络主播应紧跟媒体技术的发展趋势，深入了解虚拟现实、增强现实、人工智能等技术在内容创作中的应用，通过持续创新，网络主播可以在技术和创作形式上保持行业领先地位。此外，鼓励网络主播通过创新工作坊、思维导图、案例研究等方法提升创新思维。在创作过程中应重视知识产权的尊重与保护，避免抄袭或未经授权使用他人作品。

图 13-2 网络主播工作示意图

二、网络主播内容策划

网络主播在确立账号及自身定位后，在制作网络视频时还需进一步明确创作主题，提供有益内容。为了制作出受欢迎的视频内容，网络主播在生产内容时需要注意以下要点：

（一）积极正向的价值取向

网络主播必须切实认识到“积极正向”这一创作要求，优质内容是网络主播的核心竞争力。网络主播在进行主题定位、题材选取、内容输出时，应结合我国文化土壤和语境，做正能量传播。

1. 传递正确价值观

网络主播在创作内容时，应注重传递积极向上的价值观。例如，一些主播通过分享传统文化、民俗技艺等内容，不仅弘扬了中华优秀传统文化，还引发了用户对传统文化的兴趣和关注。这类内容不仅具有文化价值，还能增强用户的文化认同感。再如，不少主播通过展示中国传统书法艺术，吸引了大量书法爱好者的关注，并挖掘了更多潜在用户，并引发了用户对传统文化的兴趣。

2. 助力文化传播

部分网络主播创作的短视频助力于中华优秀传统文化的海外传播，促进文明互鉴。例如，一些主播通过展示中国传统手工艺、地方特色美食等内容，吸引了海内外用户的关注，引发了他们对中华文化的向往。这类内容不仅具有文化传播价值，还能提升主播的国际影响力。例如，通过展示中国园林、建筑、剪纸等艺术，不仅吸引了大量海外用户的关注，引发他们对中华文化的兴趣，还吸引了大量国际游客到中国旅游，文化传播与旅游紧密结合，社会效益和经济效益双丰收。

（二）视频标题的创意选取

网络主播应利用创意标题吸引用户点击观看。在标题选择上，常用的类型有以下几种：

1. 祈使型标题

祈使型标题通过直接引导用户行动，激发用户的观看兴趣。例如，使用“请注意看”“请听我说”“如果让你一辈子只做一件事”等句式，能够迅速抓住用户的注意力。这类标题通常简洁有力，能够直接传递视频的核心内容或亮点。例如，在发布一段关于生活小技巧的视频时，可以使用“请记住这 5 个生活小窍门，让你事半功倍！”的标题，有助于吸引用户。

2. 借势型标题

借势型标题通过结合时事热点、流行语或特殊时间节点，增加用户的关注度和传播度。例如，在春节、中秋节等传统节日期间，使用“春节必备”“中秋特辑”等标题；或在奥运会、世界杯等大型活动期间，结合赛事热点设计标题。这类标题能够借助热点话题的热度，提升视频的曝光率。例如，在运动会期间发布了“运动冠军的日常训练揭秘”的视频，结合赛事热点，吸引了大量体育爱好者的关注。

3. 修辞型标题

修辞型标题通过运用对偶、反问、设问、拟人、谐音等修辞手法，增加标题的文采和吸引力。例如，“是巧合还是命运？”“当美食遇上艺术”等标题，能够引发用户的好奇心，促使其点击观看。这类标题不仅具有文学美感，还能增强视频的传播效果。例如，关于美食制作的视频，可以使用“当传统美食遇上现代科技，会碰撞出怎样的火花？”之类的标题，视角新颖，信息量丰富。

第二节 网络主播节目生产流程

网络主播的节目生产是一个系统化、多环节的过程，涵盖了从前期策划到后期优化的全流程。每个环节都直接影响节目的质量和用户的观看体验。以下将从操作层面，从选题策划、脚本撰写、主持互动、录制编辑、完善直播等环节，梳理网络主播节目生产的操作要点。

一、选题策划

（一）明确节目定位与用户定位

在节目生产之初，网络主播需要明确节目的定位和目标用户群体。节目定位包括节目类型（如娱乐、教育、生活分享等）和风格（如轻松幽默、专业严谨等），而用户定位则需分析目标用户的年龄、兴趣、需求等。例如，针对年轻用户群体，可以选择时尚、娱乐类主题；针对职场人群，则可以分享职业技能或职场经验。

（二）主题选择与热点把握

网络主播应密切关注时事热点、行业动态和社会趋势，选择与用户兴趣点一致的主题。通过结合热点，能够有效提升节目的关注度和传播力。

（三）编写节目大纲与结构设计

在确定主题后，网络主播需要编写节目大纲，设计节目结构。大纲应包括开场白、主要内容、互动环节和结尾等部分。合理的结构设计能够增强节目的连贯性和吸引力。

二、脚本撰写

（一）情节设计与叙事技巧

对于娱乐类或故事性较强的节目，情节设计至关重要。网络主播可以运用悬念、高潮、情感渲染等叙事技巧，增强节目的吸引力。如，在讲述一个故事时，可以通过设置悬念引发用户的好奇心，或通过情感渲染引发用户的共鸣。

（二）语言表达与幽默元素

脚本中的语言表达应简洁明了，符合目标用户的阅读习惯。同时，适当融入幽默元素能够提升节目的趣味性。

（三）技术设备准备与质量控制

在脚本撰写过程中，网络主播还需考虑技术设备的运用，如摄像设备、灯光、音响等。例如，在拍摄美食节目时，可以使用高分辨率摄像机捕捉食物的细节；在录制音乐节目时，则需确保音响设备的高质量。此外，脚本中应明确质量控制要求，确保音视频和图像达到预期效果。

三、主持互动

（一）语言表达与节奏把控

网络主播在主持节目时，应注意语言表达的流畅性和节奏的把控。在直播中，可以通过适当的语速变化和停顿来突出重点内容，吸引用户的注意力。

（二）用户互动与反馈

互动是网络直播的重要特点。在直播中网络主播可以通过提问、投票等方式引导用户参与，同时应积极与用户互动，及时回应评论和提问，增强用户的参与感和黏性。

四、录制编辑

（一）拍摄技术的运用

网络主播应根据节目类型选择合适的拍摄设备。例如，在拍摄旅游节目时，可以使用稳定器确保画面的稳定性；在拍摄访谈节目时，则需注意灯光和角度的调整，突出主持人和嘉宾的形象。

（二）剪辑技巧的掌握

网络主播应熟练使用视频编辑软件，合理剪辑素材，保持节目的连贯性和节奏感。可以通过跳切、转场等手法增强画面的动感，激发用户的观看兴趣。

（三）音频处理与特效设计

网络主播应确保音频清晰，合理运用音效和背景音乐。在制作情感类节目时，可以选择舒缓的背景音乐增强情感表达；在制作搞笑类节目时，则可以加入夸张的音效提升趣味性。

五、完善直播

图 13-3 网络主播直播流程

（一）直播前的准备与调试

网络主播应熟悉平台规则，调试设备，规划直播内容；可以提前发布直播预告，吸引用户关注；在直播前进行设备测试，确保画面和音频的正常运行。

（二）直播中的互动与应变

直播过程中，如果用户提问较多，网络主播可以灵活调整互动环节，增强用户的参与感。同时，网络主播还需具备较强的应变能力，在出现技术故障时，及时调整内容，保持直播的流畅性。

（三）直播后的复盘与优化

直播结束后，网络主播应进行复盘，分析直播数据，总结亮点和不足；可以通过后台数据了解用户的观看时长、互动情况等，为下一次直播提供优化建议。

网络主播的节目生产是一个复杂而系统的过程，涉及多个环节的紧密配合，以上流程仅为常见标准，不同类型的网络主播可以根据实际情况加以调整和优化节目生产环节。

思考题

1. 网络主播如何保持个人定位风格在直播和录播中的统一？
2. 网络主播的节目内容生产环节中的核心是什么？

第十四章 网络主播用户服务

章节概述

随着互联网技术的发展、市场竞争的加剧和用户个性化需求的日益显著，维持有价值的用户关系已成为服务战略的重点。本章讨论了用户关系管理的关键方面，包括用户生命周期、用户画像、用户增长策略和分层策略，并提出了适应网络用户生命周期的服务策略。通过这些策略，网络主播团队可以更好地了解用户特征，针对不同用户的需求调整服务策略，不断提升用户的满意度，从而提升用户价值。

学习目标

1. 了解网络用户生命周期的划分
2. 理解网络用户关系管理的含义和重要性
3. 学习网络用户画像的构建、分析和应用方法
4. 了解网络用户增长策略和网络用户分层策略
5. 根据不同生命周期的用户需求调整服务策略

关键词

网络用户生命周期　网络用户关系管理　网络用户画像
用户增长策略　用户分层策略

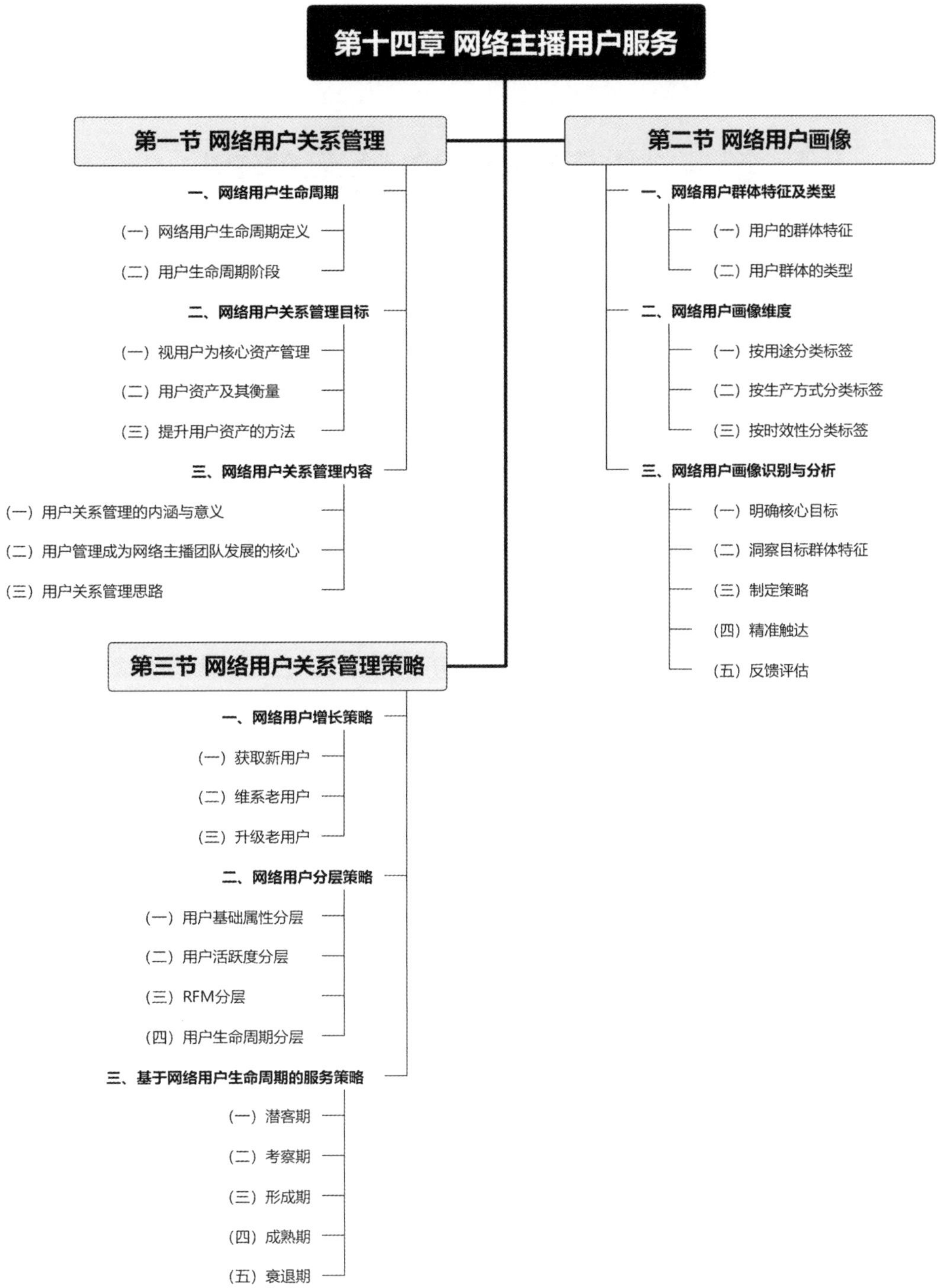
第十四章 网络主播用户服务
第一节 网络用户关系管理
一、网络用户生命周期
（一）网络用户生命周期定义
（二）用户生命周期阶段
二、网络用户关系管理目标
（一）视用户为核心资产管理
（二）用户资产及其衡量
（三）提升用户资产的方法
三、网络用户关系管理内容
（一）用户关系管理的内涵与意义
（二）用户管理成为网络主播团队发展的核心
（三）用户关系管理思路
第二节 网络用户画像
一、网络用户群体特征及类型
（一）用户的群体特征
（二）用户群体的类型
二、网络用户画像维度
（一）按用途分类标签
（二）按生产方式分类标签
（三）按时效性分类标签
三、网络用户画像识别与分析
（一）明确核心目标
（二）洞察目标群体特征
（三）制定策略
（四）精准触达
（五）反馈评估
第三节 网络用户关系管理策略
一、网络用户增长策略
（一）获取新用户
（二）维系老用户
（三）升级老用户
二、网络用户分层策略
（一）用户基础属性分层
（二）用户活跃度分层
（三）RFM分层
（四）用户生命周期分层
三、基于网络用户生命周期的服务策略
（一）潜客期
（二）考察期
（三）形成期
（四）成熟期
（五）衰退期

图 14-1 本章脉络图

第一节 网络用户关系管理

一、网络用户生命周期

（一）网络用户生命周期定义

网络用户的生命周期涵盖从用户初次了解网络主播团队到业务关系终止的整个过程。此过程呈现明显的阶段性特征，每个阶段都需要特定的管理策略。用户生命周期的判断标准因团队而异，导致结论可能存在差异。

在全媒体时代，用户生命周期的特征经历了显著变化。信息检索成本的降低使网络主播与用户的沟通更直接、更快捷。销售渠道的多元化让用户能在不同的主播或平台间选择，降低了忠诚度。在互联网时代，用户生命周期缩短成为普遍现象。新技术推动用户需求和期望持续提升，要求网络主播团队紧跟市场变化，调整产品以满足需求。用户生命周期不仅反映用户自身特点，还体现了国家或地区的技术变革反应速度和市场环境的整体变迁轨迹。

（二）用户生命周期阶段

用户生命周期可分为三个主要区域：用户获取、用户增值和用户留存，共涵盖潜客期、考察期、形成期、成熟期和衰退期五个时期[①]。潜客期属于用户获取阶段，此时，用户以“潜在用户”的身份出现。此时用户的价值相对较低，通常出现在网络主播团队的各种促销活动和接触点中。用户增值阶段涵盖考察期、形成期和成熟期，用户从对网络主播团队的产品萌生兴趣，到逐渐增加与网络主播团队的互动与交易，再到形成稳定的客户关系，用户对网络主播团队的价值逐渐提升。用户留存阶段主要指衰退期，在这个阶段，用户带给网络主播团队的价值逐渐减少。值得注意的是，用户流失和衰退可能发生在任何阶段，并非仅在成熟期之后。

① 马宝龙、李晓飞、姚卿：《客户关系管理数字化时代的客户运营》，清华大学出版社，2023，第27—28页、第142页。

二、网络用户关系管理目标

对网络主播团队而言，要形成主播认同、实现长期的品牌建设，关键在于关注并充分满足用户需求，提升用户体验，维持良好的用户关系。用户关系管理的核心目标是增强用户的参与感和归属感，形成稳定的支持和互动。用户是网络主播团队生成视听内容的受众，通过提供高质量的内容和服务，团队能够有效增强用户的忠诚度，进而助力网络主播长远发展。

（一）视用户为核心的关系管理

在数字经济时代，用户的价值不仅体现在经济回报上，更在于其对网络主播个人品牌和服务的认可。网络主播团队应将用户视为重要伙伴，注重通过优化服务和提升体验来加强用户关系管理。通过深入了解用户需求并提供个性化内容和互动，团队能够提高用户的忠诚度和粘性。当网络主播能够为用户创造独特且有价值的体验时，将有助于其在激烈的市场竞争中形成难以复制的竞争优势。

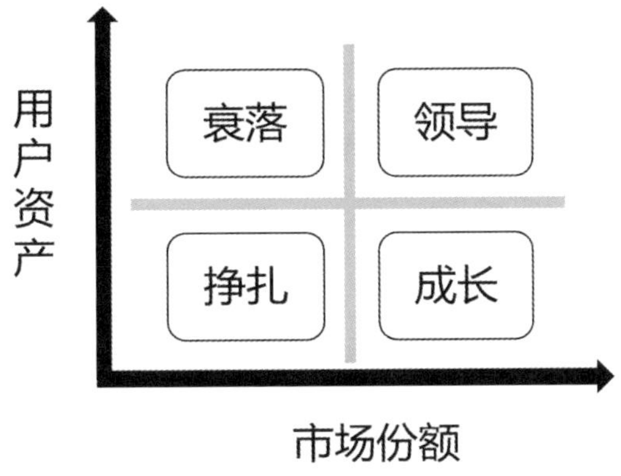

图 14-2 网络主播团队发展前景评估

通过图 14-2 可见，用户资产和市场份额的组合可以较完整地评估网络主播团队的发展前景。在左上角的“衰落”象限中，团队的用户资产较高，但市场份额较低。这表明该团队虽然拥有一定的用户资源，但由于市场影响力不足，难以吸引更多用户或扩大市场覆盖范围，从而面临增长乏力的风险。而右上角的“领导”象限则代表着团队在用户资产和市场份额方面都处于较高水平，表明其在行业中占据主导地位，具备极强的竞争力，是网络主播团队追求的理想发展状态。相比之下，左下角的“挣扎”象限则处于用户资产和市场份额双低的状态。这样的团队既缺乏市场基础，又缺少核心用户资源，发展前景不明朗，甚至可能面临被市场淘汰的威胁。右下角的“成长”象限则表现出用户资产较低但市场份额较高的特点。这类团队在市场中已经有了一定的影响力，若能加强对用户资产的积累和维护，仍有可能实现快速增长，并逐步迈向“领导”象限。综上所述，网络主播团队应通过有效的策略提升用户资产和市场份额，努力向右上角的“领导”象限迈进，以实现可持续的增长与竞争优势。网络主播团队应以提升用户资产和市场份额为目标，逐步迈向“领导”象限，以实现可持续发展和竞争优势。

（二）用户资产及其衡量

用户资产（Customer Equity，CE）代表网络主播团队在某一特定时刻所有用户的终身价值总和，是衡量团队市场竞争力的关键指标。用户资产主要由价值资产、品牌资产和维系资产三部分组成，如图 14-3 所示。这样的划分方式有助于我们更深入地理解用户资产的不同维度及其内涵。

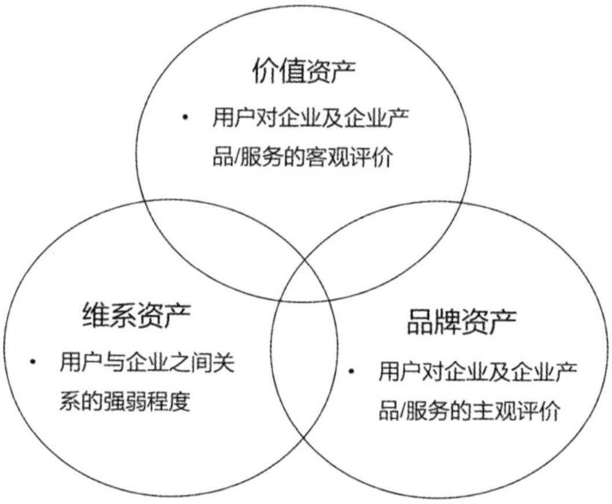

图 14-3 用户资产的驱动因素

价值资产是用户对网络主播团队及其产品服务的客观评估，也是团队维持用户关系的必要条件。增加价值资产意味着提升网络主播团队产品服务的创造价值能力。例如，某平台所提出的“多、快、好、省”是提升价值资产的形象表述。在聚集用户、维系用户及向用户匹配产品过程中，平台始终坚持减少中间环节，在第一时间为消费者提供优质的产品及满意的服务，确保商品价格低且质量有保证，这些做法有效提升了平台的价值资产。

品牌资产是用户对网络主播团队品牌的主观和无形的评估，它超越了客观的价值感受。这种评估受到用户的消费体验和用户与品牌的关系的影响。为了提升品牌资产，需要采取有效的传播策略来吸引用户。同时，要考虑用户的品牌选择是否与他们的情感、生活方式和生活体验紧密相连。此外，培养用户对品牌的归属感，让他们将品牌视为自己身份的一部分，也是提升品牌资产的重要途径。

维系资产是通过网络主播团队的用户关系维系活动和关系培养活动而获得的资产，它强调用户和网络主播团队之间的关系。提升维系资产需要考虑用户最近一次购买的是什么、用户能否从与网络主播团队的关系中获益，以及网络主播团队能否从与用户的关系中获益。例如，互联网公司通过建立官方论坛、举办同城会、网络平台抽奖、设计大赛等活动增加与用户的互动，维系和拉近团队和用户间的关系，增加用户的生命周期长度，从而维系资产。

在网络主播团队的不同发展阶段，价值资产、品牌资产和维系资产在用户资产中所占的比重不同。初创期，价值资产是主要推动要素；成长期，品牌资产发挥重要作用；市场成熟期，维系资产成为关键。当然，价值资产在大部分时间都是非常重要的，是实现用户资产的首要条件。

网络主播团队应根据发展阶段和市场竞争，合理分配资源并制定策略，提高各类资产的水平，从而提升用户资产总值。通过不断优化产品 / 服务、加强品牌建设、提高用户维系能力，网络主播团队可以更好地吸引和保留用户，实现可持续发展和长期价值创造。

（三）提升用户资产的方法

用户资产作为网络主播团队的核心资产，其价值会随着市场环境和用户需求的变化而波动。为了提升用户资产，网络主播团队可以从以下几个方面着手。

首先，扩大用户规模是提升用户资产的关键。网络主播团队需积累足够规模的可盈利用户，以此为基础管理和开发用户资产。例如，网络主播通过提供免费内容积累用户群，进而在用户基础足够大时推出付费内容或服务，从而实现从免费到付费的转变。因此，网络主播团队需要不断地拓展市场，提高品牌知名度和口碑，吸引更多潜在用户的关注和信任。

其次，提高用户保留率也至关重要。在成功获取用户后，网络主播团队需要采取一系列措施来保持用户的忠诚度和满意度，使其成为网络主播团队的长期合作伙伴。网络主播团队可以通过优化产品或服务质量、提供个性化的服务和关怀、建立社区和社群等方式来增强用户的归属感和信任感，从而降低用户流失率。

再次，增加用户的边际收益也是提升用户资产的有效方式。网络主播团队可以通过深入挖掘用户的消费需求和习惯，提供更加个性化和增值的产品或服务，来实现用户价值的最大化。

最后，降低用户获取成本也是关键策略之一。在市场竞争激烈的今天，获取新用户的成本越来越高。因此，网络主播团队需要通过创新营销策略和技术手段来降低用户获取成本。例如，利用社交媒体和内容营销来提高品牌知名度和口碑，通过数据分析来精准定位目标用户，利用广告投放和搜索引擎优化等技术手段来提高网站的流量和转化率等。

因此，提升用户资产需要网络主播团队综合施策，包括扩大用户规模、提高用户保留率、增加用户的边际收益以及降低用户获取成本等。通过不断优化产品或服务、加强品牌建设、提高用户维系能力，网络主播团队可以更好地吸引和保留用户，实现可持续发展和长期价值创造。

三、网络用户关系管理内容

（一）用户关系管理的内涵与意义

用户关系管理（CRM）是网络主播团队的重要战略，它运用先进技术来分析用户数据，挖掘用户需求和行为模式，以提供定制化服务，强化用户忠诚度。包含下述关键点：首先，CRM 不仅是技术，更是网络主播团队的核心战略。它涉及网络主播团队的各个环节，旨在以盈利方式管理用户关系。为了有效实施 CRM，网络主播团队需要在战略、组织、人员和技术上进行全面调整。其次，实现用户价值和网络主播团队价值的平衡是 CRM 的核心目标。为用户创造优异价值是关键，但这也会增加网络主播团队成本。因此，网络主播团队需要在为用户创造价值的同时，确保自身的盈利。再次，有效的用户互动是 CRM 成功的关键。网络主播团队需要管理所有与用户的接触点，优化全情景价值，捕捉用户信息，包括需求、偏好和特征建议。最后，信息技术是 CRM 的技术支持。互联网、大数据和人工智能等技术帮助网络主播团队整合用户信息，制定和实施有效的 CRM 战略。

此外，不同用户有不同的价值和需求。网络主播团队应专注于最有价值的用户，并根据用户价值进行差异化管理。用户关系管理的核心在于通过管理和服务用户来实现用户价值最大化。现代管理学之父彼得·德鲁克（Peter F.Drucker）指出用户购买和消费的并不只是产品，而是价值。在搜索成本、知识限制、能动性和收入水平的约束下，用户通常会追求价值最大化，并选择传递最大的价值产品购买。也就是说，用户的最终目的在于寻求用户价值最大化而作出购买决策的选择。用户在购买决策中往往会权衡产品带给他的利益和成本。产品或服务能够带给用户的利益往往是多方面的，包含产品本身的功能利益（如手表可以显示时间）、形象利益（如手表可以作为时尚装饰品）、社会利益（如手表可以展示社会地位）等，而用户在获取这些利益的同时也要支付成本，包括货币成本、时间成本、风险成本等。

在人类社会从“产品”导向时代转变为“用户”导向时代的今天，用户的选择决定着网络主播团队的命运。故网络主播团队需结合目标用户群体与产品或服务特征凸显竞争优势，对网络主播团队与用户发生的各种关系进行全面管理，竭尽所能以实现用户价值的最大化。网络主播团队与用户之间的关系，不仅包括销售过程所发生的业务关系，如签订合同、处理订单、发货、收款等，还包括在营销及售后服务过程中发生的各种关系。此外，网络主播团队服务人员对用户提供的报道活动、各种服务活动、服务内容、服务效果的记录等，以及在网络主播团队市场调查活动和市场推广过程中与潜在用户发生的关系，都是网络主播团队与用户接触全过程所发生的多对多关系。

（二）用户管理成为网络主播团队发展的核心

用户管理是网络主播团队为提高核心竞争力而建立的以用户为中心的发展战略，涵盖识别、选择、转化、发展和维系用户所需的全部商业过程。随着数字化技术和移动互联应用的发展，用户管理成为网络主播团队参与用户资源竞争、提升核心竞争力的重心。在这个连接和争夺用户资源的时代，网络主播团队需要恪守以下用户管理法则。

1. 将用户的利益放在首位

将用户利益置于首位意味着网络主播团队必须将用户需求作为战略决策的核心，主动识别并全面理解用户需求，在产品销售和服务交付的战略选择中真正以用户的利益为首要决策出发点。如果没有做到这一点，或者过于重视团队自身利益，就有可能失去用户的信任，遭遇舆论危机。

2. 聚焦用户满意度目标

用户的满意度反映了他们获得的预期价值。网络主播团队想要真正赢得用户，就必须将经营目标的重心聚焦于用户满意度，回归产品和服务本身为用户创造和传递价值。大多数公司都面临着来自股东和债权人的各种压力，他们首先从网络主播团队的财务报告中寻找相关信息。前者更加关注团队的盈利能力，后者更加关注偿债能力，而二者优先考虑的均是自身利益，却忽略了实现用户预期的价值。

许多经营者被投资者所左右，他们为投资者服务，没有做到真正地以用户为中心，有时甚至不惜伤害用户的利益来换取资本市场的回报。例如，为了增加产品利润，增加一些华而不实的功能，还打出提升性价比的营销噱头；为了吸引用户的目光，做出不能兑现的承诺。这些做法没有以用户满意度为首要目标，不利于网络主播团队长期发展。

3. 向用户提供一体化服务

网络主播在提供卓越产品的同时，也应提供优质服务以赢得用户认可。一体化服务是一个包含有形产品、服务、信息、用户关怀和其他增值服务要素的整合，协调一致的产品与服务集合。提供这种服务的网络主播团队具备以下特征：形成协同一致的组织，具备灵活、敏捷和创新的特质；实现无缝的内部运作协同，更好地响应用户请求；培养以用户为导向的文化，主动适应不断变化的用户需求；改变绩效考核的导向，以创造用户价值为基本目标。

4. 基于大数据分析增强用户关系管理

在大数据时代，数据量巨大且类型多样，传统的用户数据收集和分析方法已无法满足需求。以用户为中心、以用户需求为导向的发展宗旨，推动了大数据分析技术在新型用户关系管理战略中的应用。网络主播团队可以利用这些技术提供更好的用户体验，并实现销售、服务和产品的个性化和定制化。这有助于更有效地进行用户识别、获取、挽留和赢回，从而提升用户管理的效率和效果。图 14-4 为大数据技术增强网络主播团队用户关系管理战略的基本框架。

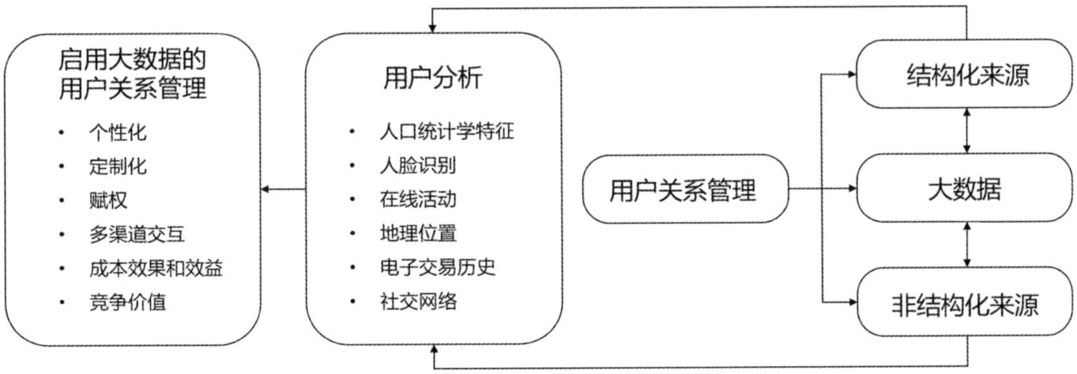

图 14-4 大数据技术增强网络主播团队用户关系管理战略的基本框架

大数据技术在用户关系管理中的核心价值在于其强大的数据收集、存储和分析能力，为网络主播团队提供了深入了解用户需求的途径。随着互联网技术的发展，网络主播团队与用户之间的沟通互动渠道日益丰富，这也带来了数据量的增加。通过大数据分析技术，网络主播团队不仅能获取传统的结构化数据，还能高效地收集多元渠道的非结构化数据，涉及用户生命周期的心理与行为。这使得网络主播团队能够更精准地预测用户的兴趣和需求。

大数据能够为网络主播团队提供用户的全方位视图，包括人口统计特征、线上活动行为、地理位置、线上交易历史记录、社交媒体生成内容等，以便更全面、更系统地了解用户，详尽地勾勒出用户画像。凭借大数据分析技术，网络主播团队可以快速有效地从海量数据中找到目标用户的有效数据，通过对数据的深度加工和挖掘，找出提升用户价值和团队竞争力的方法。这有助于网络主播团队更好地理解用户需求和行为模式，制定更有效的策略来提升用户体验，包括提供个性化服务和产品、加强用户互动、打通多元渠道连接、有针对性地投放资源，提高效率并优化用户体验。

大数据技术在网络主播团队的用户关系管理中具有巨大的潜力，同时也带来了多方面的挑战。网络主播团队需要深入理解这些挑战，并采取相应措施应对挑战。

专业技术支持：大数据的获取和分析需要专业知识和工具。缺乏这些可能导致数据分析不准确或效率低下，影响用户关系管理效果。因此，网络主播团队需要不断学习先进的数据分析技术，并加强与专业机构的合作。

用户行为监测：跟踪用户的消费链是挑战性任务。网络主播团队需要建立全面的数据监测和分析体系，深入挖掘用户行为和需求，理解购买决策过程，并建立跨渠道的用户关系管理策略，确保一致的用户体验。

用户友好型工具：为了提高用户参与度和数据质量，网络主播团队需要开发用户友好型的数据分析工具，帮助用户更好地理解团队数据，并提供更好的使用体验。同时，加强与用户的沟通和互动，合法收集用户数据。

数据真实性和安全性：数据的真实性和安全性是网络主播团队面临的重要挑战。需要采取有效的技术和管理措施，确保数据的真实性和完整性，并与数据供应商和第三方机构合作，建立可靠的数据共享和保护机制，保护用户隐私和团队利益。

（三）用户关系管理思路

用户关系管理是一个系统且持续的过程，其核心在于不断完善和优化（见图 14-5）。

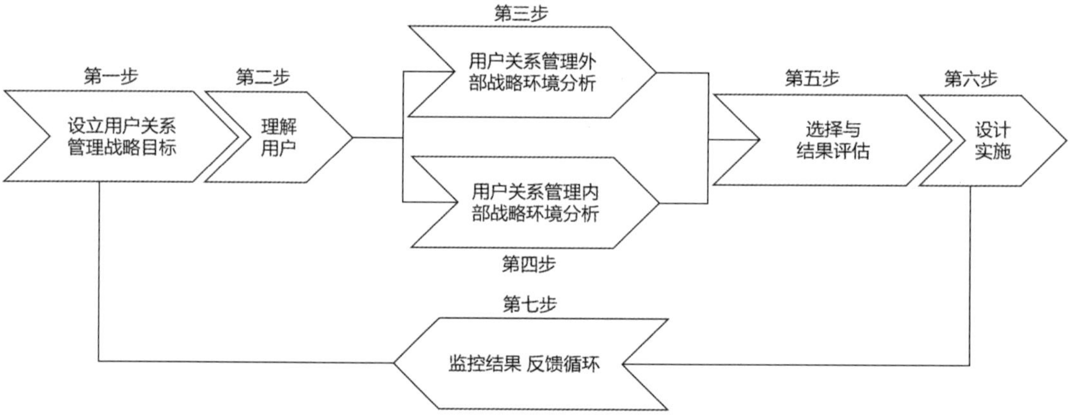

图 14-5 用户关系管理思路

首先，网络主播团队需基于内外部环境的理解及自身条件的评估，明确用户关系管理的战略目标。这些目标不仅关乎网络主播团队的整体和全局发展，还需充分考虑用户需求。为了深入理解用户需求，团队需要建立多种沟通渠道，确保随时掌握目标用户的期望和需求。在明确了战略目标后，团队需深入分析内外部环境，评估各种影响因素，确保在满足用户需求的同时，最大化地发挥自身能力。在这个过程中，团队需要找到平衡点，既满足用户需求，又发挥自身优势。其次，团队需根据设定的标准评价各项指标，确保能全面反映用户关系管理的效果。在实施过程中，团队需注意细节，确保每一步有效。最后，团队需持续评价实施效果并进行反馈。通过不断调整改进战略，团队可以不断完善用户关系管理，实现用户价值最大化的最终目标。在这个过程中，团队需保持灵活性和创新性，以适应市场和用户需求的变化。用户关系管理是一个动态的过程，要求网络主播团队持续关注、理解并满足用户需求，同时发挥自身优势，实现用户价值和团队价值的最大化。

第二节 网络用户画像

一、网络用户群体特征及类型

（一）用户的群体特征

互联网时代催生的技术和平台深刻改变了用户的生活方式与消费方式，呈现出虚拟化、智能化及数字化的趋势。用户的日常活动，包括学习、工作、购物、娱乐、社交，都与网络环境密切相关，无形中催生了用户群体以下新特征。

1. 个性化偏好增强

数字时代网络用户的个性化偏好增强，他们寻求定制体验，不再满足于标准化产品和服务。网络技术的普及和发展，用户通过搜索引擎、社交媒体和个性化推荐系统获取信息，萌生出多样的个性化需求；而网络将生产者与消费者直接相连，大大降低了沟通成本，提升了定制化服务的可能性。

2. 行为不确定性增加

相较传统用户，网络用户的选择范围更广，行为不确定性增加，更难以预测。技术发展带来网络平台的兴起，提高了内容、产品和服务方面信息获取和传播的效率，但也增加了接收冗杂信息的可能性，导致消费者行为趋于感性化和非理性化。

3. 行为社交化

社交媒体平台的广泛应用使用户行为更加社交化。用户倾向于在社交媒体上分享购物体验、产品评价，并依赖朋友、意见领袖的建议进行决策。在社交网络中，社交媒体的功能已经不仅仅是休闲与浏览咨询，而是已经成为用户进行购买产品和服务购买与消费的重要渠道。

4. 注重多渠道消费体验

与传统消费者相比，网络用户更注重多渠道消费的综合体验。尽管电商平台提供了线上购物的便利，但用户仍然渴望线下实体店的亲身购物体验。数字技术允许用户线上查询商品信息，并在线下实体店亲身体验试穿，实现一体化购物流程。用户逐渐从产品消费转向体验消费，部分用户对消费过程中的愉快体验的关注甚至超过了产品和服务的价值本身。

5. 追求高效率消费

网络用户追求购物和服务获取过程中的高效率体验，并对产品和服务的配送速度和响应时间有更高要求，这体现了他们对消费效率的强烈追求。互联网使用户能够快速发出需求信息，并通过在线渠道迅速获取所需信息，实现信息的快速反馈和需求满足。例如，用户希望在直播中的互动评论得到网络主播的解答，下单后，他们期望能够及时发货和配送。

（二）用户群体的类型

网络用户扮演着多重角色，他们不仅是网络购物者，也是社交互动者、内容创作者和信息消费者。网络购物者追求便捷和高效的购物体验；社交互动者希望在网络平台上建立和维护社交关系；内容创作者致力于展示他们的创造力和独特观点；信息消费者需要了解多样化的消费内容。理解和把握这些用户的偏好和行为变化对网络主播团队至关重要。通过利用技术深入了解用户特征，并提供针对性的服务，网络主播可以更有效地进行营销。

1. 网络购物者

网络购物者希望利用网络获得便捷、高效的购物体验。他们通过网络搜索产品信息、比较选项，并完成购买，重视网络购物的多样性和便捷性。这些用户活跃在电商平台和关注产品评价、测评的社交媒体上，希望借鉴真实的消费体验，获取最新的产品信息、服务或优惠，并寻找购物灵感。

2. 社交互动者

社交互动者希望在网络平台上建立和拓展社交关系。他们通过网络平台寻找情感支持和共鸣，享受与他人分享和交流的愉悦。这些用户希望在社交互动中获得情绪陪伴和满足感。他们在社交媒体上非常活跃，经常参与点赞、评论等活动，积极关注他人动态，并分享自己的生活，以此在社交媒体上建立个人形象。

3. 内容创作者

内容创作者希望在网络上展示其创造力和独特观点。他们通过分享作品和建立个人品牌来获得共鸣和认可。这些用户关注热点话题和行业动态，并希望其创作内容能被广泛传播，吸引其他用户的关注。

4. 信息消费者

信息消费者希望在网络上获取多样化的内容。他们可能为了寻求学习专业知识或解答生活困惑，也可能为了消磨时间而获取娱乐信息。这些用户可能会关注各领域的关键意见领袖，并偏好特定的聚焦内容，通过网络来满足好奇心或打发闲暇时间。

二、网络用户画像维度

在当前时代，网络用户的身份和行为信息已数字化，他们在网上的使用痕迹能被记录下来。这能形成详尽的用户数据，进而描绘精确的用户画像。用户画像是一个基于用户的社会属性、生活习惯和消费行为等信息构建的标签化模型，具有多维性、标签化、动态性和时效性等特点。标签可以根据不同的分类方式分为多个维度，如用途、生产方式、时效性等①。

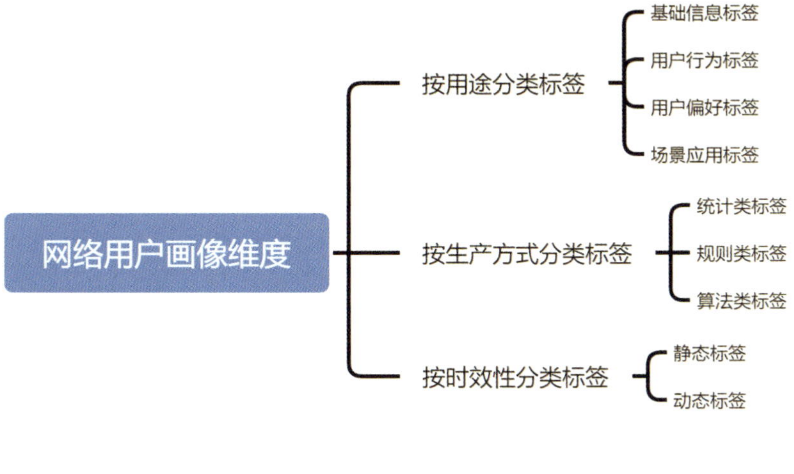

图 14-6 网络用户画像维度思维导图

① 史雁军：《数字化客户管理：数据智能时代如何洞察、连接、转化和赢得价值客户》，清华大学出版社，2018，第 68-71 页。

（一）按用途分类标签

按用途对标签进行分类，可以将网络用户画像分为基础信息、用户行为、用户偏好、场景应用等维度。

基础信息标签主要描述用户的基础属性，包括自然属性、社会属性、业务属性等。自然属性主要包括姓名、性别、年龄、地域、教育水平、出生日期、星座、手机、邮箱等个人信息。这个维度的标签具有较高的稳定性和较长的时效性。社会属性主要包括用户的婚姻状况、家庭情况、行业类型、社交关系、社交/信息渠道偏好、社交活跃度等方面的信息。业务属性主要包括用户的会员等级、生命周期、用户忠诚度标签、消费水平、活跃度等信息。业务属性标签的应用可显著提升用户分层的准确性和效率。

用户行为标签描述用户在最近一段时间内的各类行为，包括访问、浏览、点赞、评论、关注、收藏、下单、购买、售后等。实践中已提炼出的常见标签包括设备类型、访问渠道、访问时长、访问频次、活跃度、近 7 天上网时段、近 30 天收藏品类、近 30 天消费频度等。

用户偏好标签描述用户对产品或服务品类、品牌、价格区间、营销渠道、营销方式的偏好特征。用户偏好标签可以通过分析用户的使用历史、搜索查询、浏览轨迹、收藏项和互动行为等数据来精准提炼。

场景应用标签依据特定营销场景的业务需求定制，利用该场景下的历史数据，精确识别目标用户，明确了标签需求的时机和场景特征。

（二）按生产方式分类标签

标签可以根据其生产方式被分类为统计类、规则类和算法类。这些分类反映了它们在生产方法、开发难度和成本上的差异。

统计类标签以其明确的实际含义和较低的构建难度，成为用户画像构建的基础。统计类标签可以从数据库直接获取（如注册信息），或通过简单的统计得到，用于描述客观事实。例如，性别和年龄等基本信息可以从用户的注册资料中直接获取，而像近 7 日活跃天数、累计购买金额和累计购买次数等指标，则可通过对用户访问和消费数据的统计分析获取。

规则类标签根据用户行为和既定规则产生。将用户浏览、下单、消费等行为轨迹转化为标签，描述用户的业务属性。例如，电商平台上“经常消费”标签可定义为“近 30 天消费次数≥ 2”；“活跃用户”标签可定义为“过去 30 天发生 a 行为 x 次”或“过去 30 天发生 b 行为 x 次”。

算法类标签通常由机器学习算法基于现有数据进行挖掘和训练产生，当现有数据和规则无法直接得出结论时使用。它们多用于预测判断，如相似人群扩散、流失用户预测、付费用户预测等，其开发周期长、成本高。例如，如果用户注册时未提供性别信息，可以利用其行为习惯来推断性别；通过分析消费习惯来评估购买意愿；以及根据退货等行为来预测用户的风险等级等。

（三）按时效性分类标签

标签根据其时效性可被分为静态标签和动态标签。

静态标签用于描述那些不随时间变化的固有属性，如性别、出生日期等自然属性；而用户学历、职业等社会属性虽然可能变化，但变动频率通常较低。

动态标签针对那些频繁变化且不稳定的特征，必须定期更新以维持其有效性，如近 7 天的购买次数或近 30 天的加购次数等行为指标。随着标签数量的增加，查找难度也随之增大，因此实施分级管理变得尤为重要。常见的分级结构包括一级标签（如自然属性）、二级标签（如年龄）和三级标签（如 18—45 岁）等。通过利用丰富的用户数据，可以提炼出多维度的标签，构建出立体的用户画像，进而全面了解用户的身份背景和行为特点，从而采取更具针对性的营销活动。

三、网络用户画像识别与分析

通过在不同用户端采集数据，我们能够收集到丰富的基础数据，用以构建一个包含多维度和多层级标签的用户画像系统。这有助于在多种场景中应用用户画像，以分析和指导营销决策。网络用户画像的应用流程通常包括明确核心目标、洞察目标群体特征、制定策略、精准触达和反馈评估等关键环节①。

（一）明确核心目标

设定明确核心目标是整个用户画像应用流程的关键，它在为业务发展指明了方向。在实际应用中，核心目标涵盖提高产品销量、增加用户互动或提升品牌知名度等。

① 史雁军：《数字化客户管理：数据智能时代如何洞察、连接、转化和赢得价值客户》，清华大学出版社，2018，第 68-71 页。

在这一阶段，需要将核心目标进一步细化为更具体、更易于操作的子目标。例如，如果核心目标是“提高新品销量”，子目标可以细化为“提高流量”“增强用户黏性”“提高转化率”等。这些子目标应具备可测量性和可实现性。

（二）洞察目标群体特征

洞察目标群体特征，以“找到对的人”，确保营销活动的准确性。利用构建好的用户画像标签体系，团队可以通过关键标签对用户进行有效的分层、分群，常用的分层方法涉及用户价值、用户活跃度等方面。每个用户群都有其独特性，通过标签团队可以筛选出与达成核心目标最相关、最具潜在价值的目标人群，作为后续策略应用的对象。

（三）制定策略

制定策略是将用户洞察转化为具体行动的关键。这需要根据目标用户画像定制营销策略，确保信息传达的准确性。策略包括确定营销主题、激励方式、推广渠道，并根据不同场景定制个性化内容和激励计划。实施方式有精准广告推送、联合营销活动和场景营销等，以实现有效的用户沟通和品牌推广。

（四）精准触达

精准触达是将策略以恰当的方式传递给目标用户的过程，涵盖接触点和渠道——所有与用户建立联系的手段。选择合适的触达方式对运营效果至关重要。在这一阶段，确保信息的准确性和时效性至关重要。利用用户画像深入洞察目标用户的特征，结合业务场景和用户的偏好，选择最佳的渠道、接触点和时机，以实现精准触达并激发用户的积极响应。触达方式可分为外部触达和内部触达。外部触达主要涉及吸引新用户和召回旧用户。常见的拉新方式包括广告、搜索引擎营销、社交媒体、自媒体、直播和线下门店活动等；召回旧用户的方式则包括短信、电子邮件和应用推送等。内部触达则侧重于引导和转化现有用户，方法包括弹窗通知、站内消息、个性化内容和产品推荐，以及聊天助手等。触达规则可分为单次触达、定期触达和基于用户行为的触发式触达等。

（五）反馈评估

营销闭环的完成依赖于多环节的反馈评估。这一阶段需要构建一个合适的指标体系，并选择合适的评估方法，对营销活动的效果进行量化分析。监测用户数据和行为，进行持续的用户洞察，识别用户反馈，进而优化和迭代营销策略，这有助于不断改进产品和服务，逐步实现既定目标。

例如，某零食企业通过分析用户画像发现，Z 世代的年轻消费者开始成为肉脯类产品的消费主力人群。Z 世代消费者出于健身、减肥、减脂的需求，对肉脯类产品的营养性有更高的期待，同时普遍认为市面的肉脯口感偏硬，营养性有待提升。该企业深度挖掘这些需求，探索创新研发路径，通过改进配方和工艺，成功推出了高蛋白肉脯新品，满足了消费者对营养和健康的追求。新产品推出后，企业还需制定有效的策略和触达方式，确保产品能够触及目标消费者。该零食企业选择让新品高蛋白肉脯与知名综艺 IP 联名，利用深度的 IP 捆绑和优质口碑双重效应，赢得广泛的市场认可与曝光。同时，企业以创新电商为渠道载体，以优质内容为兴趣传播，将产品卖点、渠道运营和明星 IP 充分结合，进一步带动产品触达更多消费者。通过场景营销，代言人通过小红书、抖音等网络平台发布相关产品信息，迅速吸引了互联网 Z 世代群体。此外，代言人携手头部网络主播走进各平台直播间，发挥引流效应，激活潜在用户，实现商业价值突破。

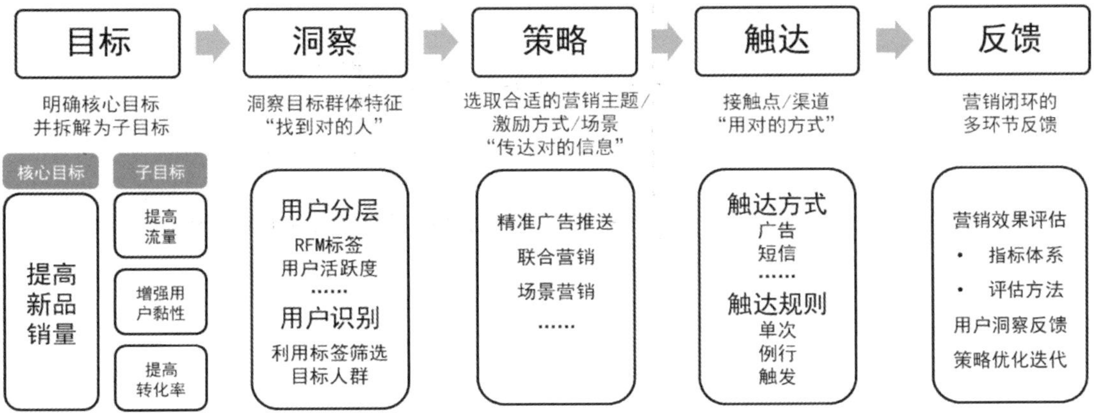

图 14-7 网络用户画像的应用流程

第三节 网络用户关系管理策略

网络用户关系管理的核心在于，基于用户画像提供个性化服务，以维护和增强用户关系。网络主播应实施多样化策略以扩大用户基础，这包括吸引新用户和提升现有用户的价值。同时，对现有用户进行细致分层，根据其特点定制管理策略，以提升用户价值。此外，针对用户生命周期的不同阶段，提供定制化服务，满足其特定需求。

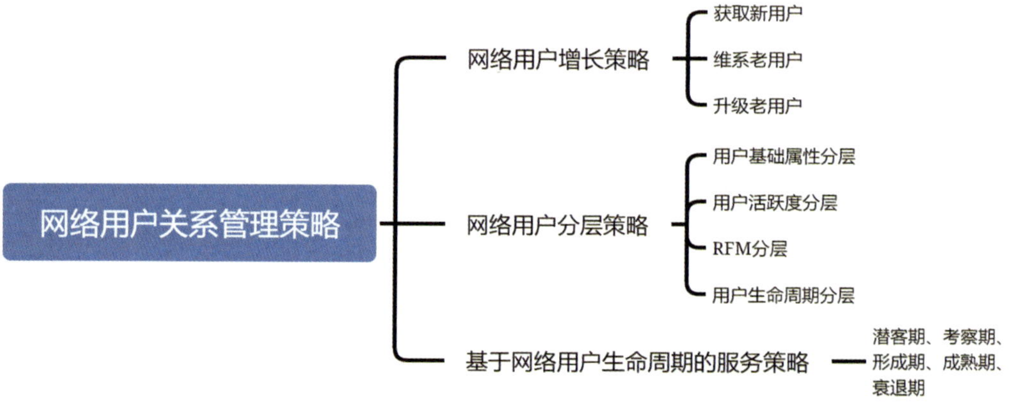

图 14-8 网络用户关系管理策略思维导图

一、网络用户增长策略

为了实现网络用户数量的增长、持久度的延长和深度的拓展，可以实施以下三大策略：首先，专注于吸引新用户以扩大用户基础；其次，致力于挽留现有用户以保持用户关系的稳定性；最后，深度开发老用户以提高他们的忠诚度和价值[①]。

① 王永贵、项典典：《数字营销——新时代市场营销学》，高等教育出版社，2023，第 288-290 页。

（一）获取新用户

获取新用户是维持充满活力的用户基础的关键，同时也是网络主播团队保持竞争优势的关键。新用户包括那些尚未了解团队产品或服务的潜在客户，以及竞争对手的客户。吸引新用户主要通过两种方式：一是在现有市场中吸引他们，二是开拓新的市场细分。

用户获取是一个多步骤的过程，包括评估潜在用户、挖掘需求、分析产品或服务与需求的匹配度，以及确保用户在首次消费后感到满意。在制定用户获取策略时，应考虑用户旅程的各个阶段，包括用户在进入直播间之前、之中和之后的心理和行为变化。

针对这些变化，网络主播团队需要制定相应的用户获取策略。例如，在用户进入直播间之前，他们可能在不同平台上使用移动设备进行搜索和浏览。团队应利用数字技术来识别和分析潜在用户画像，并通过精准广告、关键意见领袖的推荐等营销手段，全方位地接触目标用户群体。

（二）维系老用户

挽留老用户并避免现有用户流失对于实现持续增长和盈利至关重要。网络主播团队应利用用户数据分析用户特征、购买偏好、行为模式、当前及潜在价值和管理成本，以识别并专注于挽留关键的核心用户，并实施分层管理策略。同时，通过提高用户转换成本、建立预防机制，并加强与用户的互动，持续提升用户满意度。用户挽留受到产品质量、服务、感知价值、满意度、转换成本、团队竞争力和市场环境等多种因素的影响。提升用户忠诚度是挽留用户的关键指标，高忠诚度的用户不仅对喜爱的产品和服务有持续的强烈消费意愿，而且倾向于重复购买，不易受外部环境变化或竞争对手营销活动的影响。然而，在网络平台环境中，管理用户忠诚度变得更加困难，因此留住老用户的任务也更加艰巨。为了更有效地维系现有用户，网络主播应采用适应网络环境的新策略，如利用用户对移动设备社交活动的偏好，通过点赞、分享等互动形式来培养用户忠诚度，这些都是口碑营销的关键组成部分。

（三）升级老用户

用户深度开发的目的是提高用户关系的质量和进一步挖掘用户的潜力。传统上，这侧重于为用户创造更多价值，激励他们增加购买行为。这通常包括交叉销售和购买升级两个主要策略。交叉销售通过识别并满足用户需求，提供不同产品或服务，是加强用户关系的关键，它不仅能增加用户对多样化产品的购买，还能扩大与用户的互动，提高品牌忠诚度，并降低用户流失率，提升用户关系的整体质量。购买升级旨在通过引入新产品或服务升级，鼓励用户从较低盈利性的产品转向更高盈利性的选择，利用用户对现有产品或服务的满意度作为基础。

综合来看，网络主播可以利用网络媒体平台的新技术，分析用户特征和偏好，精准识别目标群体，并有针对性地设计和执行用户获取、挽留和深度开发的策略，以促进用户的持续增长。

二、网络用户分层策略

用户分层策略通过根据用户的特征、行为或其他标准进行分类和分组，使得营销和运营活动能够更加精准和高效。网络用户分层通常基于多个维度，如人口统计属性、内容互动、行为特征、交易记录和用户生命周期等。典型的分层策略包括用户基础属性分层、用户活跃度分层、RFM（最近购买时间、购买频率、购买金额）分层以及用户生命周期分层等。

（一）用户基础属性分层

用户基础属性分层是一种普遍采用的方法，它根据用户的年龄、性别、地理位置、职业等基本信息来对用户进行分类。这种方法因其简单直观而易于实施，能够迅速对大规模用户群体进行有效分类。然而，由于基础属性的稳定性，这种方法可能不足以全面捕捉用户变化的需求和行为模式。例如，网络主播可以依据用户的年龄和性别进行市场细分，进而向不同年龄段的女性用户群体推送定制化的美妆产品。

（二）用户活跃度分层

用户活跃度分层是一种基于用户在平台上活跃程度的分类方法。通过分析用户登录、浏览、点赞、评论、收藏和购买等行为数据，用户可以被划分为高活跃度、中活跃度和低活跃度三个层级。这种方法有助于洞察用户的忠诚度和黏性，为制定精准的营销策略提供依据。例如，网络主播可以利用社交媒体平台的数据分析工具，根据用户的登录频率和在线时长，将用户定级为超级用户、高级用户和普通用户，并针对不同层级的用户推荐定制化内容。

（三）RFM 分层

RFM 分层方法依据用户的最近一次消费（Recency）、消费频率（Frequency）和消费金额（Monetary）三个维度进行用户分类。通过分析用户的消费记录中最近消费时间、消费频率和消费金额上的表现，用户被划分为高价值、中价值和低价值的群体。RFM 分层方法综合考量了用户的购买行为和消费能力，全面反映了用户价值，有助于精确识别高价值用户群体，从而提升营销效率和投资回报率。例如，网络主播可以利用电商平台的数据，根据用户的消费金额和频率，将用户定级为不同的会员等级，并提供相应级别的产品和服务。

（四）用户生命周期分层

用户生命周期分层策略根据用户在生命周期中的位置来分类用户。通过判断用户的注册状态、活跃度、购买频率等指标，将用户分为潜在用户、新用户、老用户、回流用户等群体。此方法使企业能够根据用户的具体阶段特征和需求，提供相应的产品或服务，从而提高用户的转化率和留存率。例如，在电商直播中，网络主播可以向新用户推送专属优惠券以加速其转化；对于不活跃或流失的用户，则可以采取挽回措施，如发送个性化的召回信息或优惠券。

网络主播应根据自身的业务特点和营销目标，选择最合适的用户分层策略，以精确定位目标用户群体并提升营销成效。

三、基于网络用户生命周期的服务策略

网络用户的生命周期通常划分为潜客期、考察期、形成期、成熟期和衰退期这五个阶段。基于这些阶段的特点，网络主播应调整服务策略以满足不同用户的特征和需求，持续提升用户满意度，并增加用户价值。

（一）潜客期

潜客期的用户尚未与网络主播或品牌建立任何联系，处于一个高度不稳定的阶段。这个阶段的用户虽对产品或服务有初步认识，但还未形成购买决定。用户他们对品牌的信任和投入尚浅，同时寻求消费习惯和心理预期的一致性。网络主播在潜客期的主要目标是识别并吸引潜在用户，通过精准的策略和渠道，展示产品或服务的价值定位，以激发新用户的兴趣，并与之建立联系。例如，可以通过社交媒体广告、直播活动预告等形式来吸引潜在用户的注意力。

（二）考察期

考察期的用户开始对产品或服务产生兴趣，但仍然在观察和比较不同选项。此时，用户可能已对品牌或网络主播有了一定程度的内心认同，但消费决策仍然谨慎。在这一阶段，用户在做出购买决策前，用户需要投入时间和精力来搜集和评估信息。因此，网络主播在考察期的服务重点在于提供丰富的信息，辅助用户做出购买决策，并促进首次购买。网络主播和品牌可以通过提供额外的免费服务和非物质利益，如详尽的产品信息、实时的产品演示、用户评价的展示以及优质的客服咨询，来向用户传达关心和重视，满足他们的需求，推动他们做出购买选择。

（三）形成期

形成期的用户与网络主播团队之间的交易或互动日益频繁，彼此间的信任关系逐步建立。该阶段的用户对产品或服务有明确需求，不仅关注价格和服务质量，还重视与品牌间接的互动和沟通机会，展现出明确的购买意向。网络主播团队在此阶段的服务重点在于提供个性化服务和专属优惠，增强用户的消费体验，从而提升用户的持续消费意愿和忠诚度，努力将用户培养成为品牌的高价值客户。例如，团队可以根据用户的特定需求，提供定制化的产品组合或服务方案，并搭配价格优惠及优质服务承诺，以满足用户的期望。

（四）成熟期

成熟期，用户与网络主播团队之间已建立起长期稳定的合作关系，对商品、品牌或主播本人展现出高度信任，这标志着关系强度达到顶峰。用户在这一阶段期待持续获得高品质产品和服务，对团队的其他产品或服务持开放态度，并寻求增值服务与个性化关怀。

因此，服务的重点应转向提供非物质利益，如会员特权、定制化专属礼品等，以进一步增强用户忠诚度和提升满意度。同时，通过粉丝群交流、直播间互动等渠道加强沟通，深入了解用户需求和反馈，不断优化产品和服务。

（五）衰退期

衰退期的用户对产品或服务的兴趣和购买频率开始逐渐下降。这通常是因为用户对产品或服务失去兴趣或不满，导致他们寻求替代选项，从而减少了对现有产品或服务的消费。因此，网络主播团队应密切监控用户行为，及时识别并响应用户流失迹象，采取措施以提高衰退期用户的活跃度，防止用户流失。网络主播服务的目标是挽留老用户，通过密切关注用户反馈和行为变化，建立预警机制来识别高风险用户，迅速解决他们的问题，并提供持续的支持和服务，以延长用户生命周期。例如，通过提供全面的售后支持、及时的问题解答和有吸引力的优惠回馈等措施，努力实现用户的挽留。

通过实施基于网络用户生命周期的服务策略，网络主播和品牌能够更精准地满足用户在不同阶段的特性和需求，有效提升用户的忠诚度和满意度。此外，根据用户所处生命周期的阶段特点采取定制化服务措施，能够实现营销策略的精准执行，进一步增强用户价值。

思考题

1. 在实际直播过程中，网络主播可以采用哪些策略来加强用户关系管理？
2. 不同直播类型在网络用户画像识别与分析方法上存在哪些异同？
3. 在网络用户生命周期的不同阶段，主播面临哪些挑战？如何应对这些挑战？

参考文献

1. 郑成思 . 知识产权法教程 [M]. 北京：法律出版社，1993：1.
2. 陈健 . 知识产权法 [M]. 北京：中国政法大学出版社，2022：13.
3. 袁文全，毛嘉 . 新业态下网络主播法律地位认定及权益保障的制度回应 [J]. 武汉大学学报（哲学社会科学版），2022,75（6）：144—153.
4. [美] 保罗·莱文森 . 莱文森精粹 [M]. 何道宽，译 . 北京：中国人民大学出版社，2007：4（前言）.
5. 张颂 . 中国播音学 [M]. 北京 ： 北京广播学院出版社，2003：45.
6. 赵厚池 . 抖音电商从入门到精通：直播与短视频数据分析和运营 [M]. 北京：清华大学出版社，2022.
7. 邹益民， 马千里 . 直播营销与运营 [M]. 北京：人民邮电出版社，2022.
8. 马宝龙， 李晓飞， 姚卿 . 客户关系管理：数字化时代的客户运营 [M]. 北京：清华大学出版社 . 2023.
9. 史雁军 . 数字化客户管理：数据智能时代如何洞察、连接、转化和赢得价值客户 [M]. 北京： 清华大学出版社， 2021.
10. 王永贵， 项典典 . 数字营销：新时代市场营销学 [M]. 北京：高等教育出版社，2023.